Collection Domaines d'activités GPME

BTS

1re & 2e années

2e ÉDITION

GPME Gestion de la PME

Communication

Domaines d'activités 1 2 3 4

Sous la direction
de Madeleine Doussy

José Gil
Marianne Greffe-Guimard
Anne Véré

Nathan
TECHNIQUE

ISBN : 978-2-09-167290-8

Avec ce livre, une licence i-Manuel 2.0

Le i-Manuel 2.0, un outil simple d'utilisation qui reprend l'ensemble des contenus de ce livre sous forme numérique et interactive.

Il permet d'accéder au contenu de ce manuel à tout moment et en tout lieu sur un ordinateur ou une tablette. L'utilisateur peut donc passer du papier au numérique et choisir le support qui lui convient le mieux selon le travail à faire et le lieu où il se trouve.

Une véritable interactivité entre l'enseignant et sa classe

- **Vidéoprojeter** en classe les activités, les documents et les corrections pour animer les cours et travailler collectivement.
- **Piloter la classe** en assurant le suivi du travail des élèves à distance et en cours (recevoir et envoyer du travail, faire des commentaires, intervenir en temps réel).
- **Intégrer et envoyer à la classe**, à un ou plusieurs élèves, **des documents personnels**.
- **Afficher les corrigés** ou la correction individuelle du travail de l'élève.
- **Télécharger le livre** pour une utilisation sans connexion.
- **Imprimer** les documents nécessaires pour mettre les élèves en **situation d'examen**.

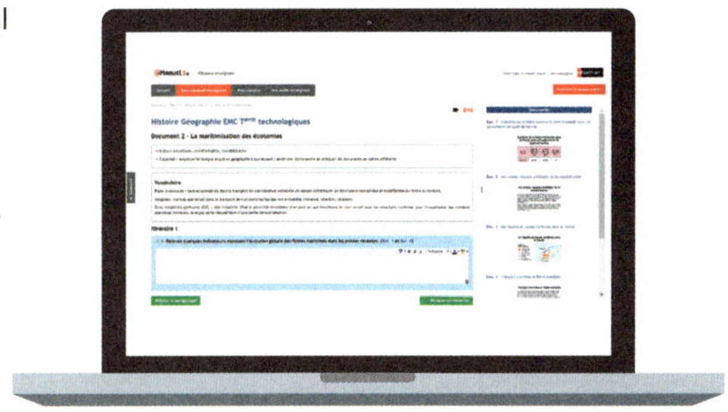

Des fonctionnalités innovantes pour favoriser l'intérêt, la motivation et l'implication des élèves

- **Saisir les réponses** en travaillant sur ordinateur ou tablette.
- **Faire les activités et les exercices**, préparer ou réviser le cours **en classe ou à la maison**.
- **Accéder** aux **ressources numériques**, vidéos, fichiers élèves (Word, Excel, GeoGebra...).
- **Sauvegarder** au **format Word** le travail effectué dans un dossier (classeur).
- **Envoyer le travail** au professeur.
- **S'enregistrer** pour les activités orales.
- **S'auto-évaluer**.

Toutes les infos et les tutos sur www.nathan.fr/i-manuel2

Avec ce livre, des ressources numériques en accès direct

Flashez les QR Codes avec votre smartphone ou saisissez les mini-liens associés pour accéder à des vidéos, animations, QCM...

SOMMAIRE

Liste des fiches ressources

Chapitre 1

Analyser une situation de communication

▸ **RÉFÉRENTIEL** **S 5.1.** Enjeux et concepts de base de la communication

Situation professionnelle

RhôneTNI, entreprise de transport national et international, assure le transport de marchandises et le transport frigorifique dans toute la France et l'Europe. Les plus grands groupes industriels spécialisés dans l'acier, la chimie, la papeterie et les machines-outils utilisent ses services pour le transport de palettes et de chargements lourds (jusqu'à 30 tonnes).

RhôneTNI gère son propre parc de poids lourds, tous géolocalisés. Elle emploie 152 salariés. Son dirigeant, Franck Genepi, est un chef d'entreprise dynamique. Lorsqu'on le rencontre, il donne d'emblée une bonne impression : apparence séduisante et chaleureuse, aisance naturelle. Il n'est pas avare de paroles encourageantes et bienveillantes envers ses collaborateurs. Il consulte ses salariés, discute avec eux quand il y a un problème à résoudre. Mais il est très exigeant et attend des résultats. Lorsque le secteur du transport traverse des difficultés, cela se perçoit aussitôt : M. Genepi peut devenir cassant, tenir des propos maladroits à l'encontre de ses collaborateurs, être moins à l'écoute. Le poids des responsabilités l'affecte alors visiblement.

M. Genepi est solidement épaulé par Julie, attachée de direction, efficace et fiable dans le travail, discrète et réservée sur sa vie personnelle.

Les relations humaines au sein de la société sont cependant satisfaisantes. Les salariés communiquent entre eux et l'ambiance de travail est la plupart du temps chaleureuse et conviviale.

1 Analyser un processus de communication interpersonnelle

Floriane, étudiante en BTS Gestion de la PME, a sollicité un stage de six semaines dans l'entreprise. Vous êtes chargé(e) de la recevoir.

Fiche ressource 1

1. **Quel type de communication cet entretien illustre-t-il ? Justifiez votre réponse.**
2. **Retrouvez dans l'entretien les objectifs poursuivis par chacun des acteurs (se connaître, connaître l'autre, établir et entretenir des liens avec les autres, obtenir l'adhésion d'autrui, influencer pour dominer).**
3. **Les deux acteurs en présence exercent-ils une influence l'un sur l'autre ? Pour quelles raisons ? Par quels moyens ?**
4. **Quel est le résultat de ces interactions à la fin de l'entretien ?**

Annexe 1 L'entretien avec la stagiaire

L'entretien dure une demi-heure. Vous posez de nombreuses questions à Floriane pour explorer ses motivations : pourquoi a-t-elle choisi de faire son stage chez RhôneTNI ? Qu'est-elle capable d'apporter à l'entreprise ? Vous testez sa réactivité aux questions posées.
Floriane essaie de se montrer convaincante. Elle espère vraiment obtenir ce stage ; il y a longtemps qu'elle est en recherche et l'un de ses amis lui a parlé positivement de RhôneTNI. Elle fait valoir ses compétences linguistiques utiles dans ce secteur d'activité.
À la fin de l'entretien, vous demandez à Floriane si elle a des questions à vous poser. Vous l'assurez qu'une réponse lui parviendra par courriel sous quinze jours. Elle sera sans doute favorable car elle vous a fait une très bonne impression.

2 Identifier les acteurs en présence

Franck Genepi est amené à communiquer avec de nombreuses personnes au cours d'une même journée. À son arrivée au bureau, très pressé, comme d'habitude, il croise Julie, l'attachée de direction. Il regarde sa montre : il a rendez-vous avec l'expert-comptable, un partenaire indispensable et sérieux, qu'on ne fait pas attendre.

Fiches ressources 1 2

1. **Quelles sont les caractéristiques de chacun des acteurs (statut, rôle, éléments de personnalité) ?**
2. **Quel est le rapport de place entre les acteurs dans la situation 1 ? dans la situation 2 ?**
3. **Interprétez le type de position en référence au cadre professionnel.**

Annexe • Deux situations de communication

Situation 1

Situation 2

3 Repérer les enjeux des acteurs

Vous devez rendre compte des résultats d'une enquête de satisfaction clientèle à M. Genepi. Celui-ci vient de vous passer un coup de fil pour vous dire qu'il vous attendait dans son bureau. Vous passez la tête par la porte entrouverte. Assis à son bureau, il est au téléphone. Il vous jette un coup d'œil mais, visiblement, il a une urgence à traiter.

« Bonjour. Je vous dérange ? La présentation des résultats de l'enquête ne prendra que peu de temps. *Hésitant(e).* Je peux revenir quand vous serez moins occupé… »

M. Genepi fait patienter son interlocuteur et vous indique : « Je suis en communication avec un client, mais je ne vous ai pas oublié(e). Demandez à Julie de consulter mon agenda pour vous fixer un autre rendez-vous. »

1. **Quels sont les enjeux dans cette situation de communication (enjeux identitaires, enjeux d'influence, enjeux relationnels) ?** Fiche ressource 2
2. **Qualifiez le contexte temporel et son impact sur la communication.** Fiche ressource 3

4 Analyser la notion de territoire en milieu professionnel

Chez RhôneTNI, comme dans toutes les organisations, les individus « marquent leur territoire ». Ainsi :
- les cadres ont des places de parking réservées, nominatives ;
- les chauffeurs de poids lourds personnalisent la cabine de leur véhicule ;
- Julie, collaboratrice directe de M. Genepi, a placé des photos de ses enfants sur son bureau ;
- un fournisseur étale toute sa documentation sur votre bureau sans vous demander l'autorisation.

- **Que traduisent ces façons d'occuper l'espace professionnel ?** Fiche ressource 2

5 Analyser l'impact de la notion de territoire sur la communication

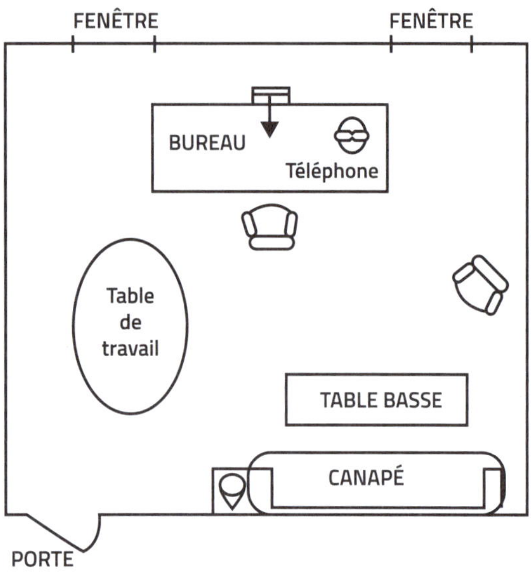

Franck Genepi occupe un vaste bureau de 25 m², moderne, avec vue sur un magnifique jardin. Ses proches collaborateurs ont facilement accès à lui car la porte est le plus souvent entrouverte, il suffit de frapper avant d'entrer. Julie, l'attachée de direction, occupe le bureau attenant.

1. **L'agencement du bureau de M. Genepi correspond-il à l'identité de son occupant ? à son statut ?**
2. **Que représente pour M. Genepi le bureau dans lequel il travaille ?**
3. **Distinguez trois zones dans ce bureau. Délimitez-les en les hachurant.**
4. **Indiquez la fonction remplie par chacune de ces zones et à quel type de communication elle est réservée.**
5. **Quelle peut être l'influence de cette disposition spatiale sur le comportement attendu des visiteurs ?**

6 Se positionner à la bonne distance

Au cours de la semaine, vous rencontrez de nombreux interlocuteurs avec lesquels vous entretenez des rapports plus ou moins familiers. Votre positionnement se traduit dans la distance que vous établissez entre vous.

1. **Dans chacune des situations, la distance entre les interlocuteurs est-elle adaptée à la situation de communication ? Justifiez.** Fiche ressource 3
2. **Quel intérêt ces conventions présentent-elles ?**
3. **Que traduit l'agencement des places assises lors de la négociation avec le fournisseur ?**

▶▶▶

Annexe 1 La bonne distance dans les relations de travail

Il existe un espace invisible qui nous entoure et dont la pénétration peut être ressentie comme une agression : par exemple, entrer brusquement dans un bureau sans avoir frappé à la porte, le fait qu'un inconnu s'approche très près de quelqu'un… Bien communiquer, c'est trouver la bonne distance avec son interlocuteur. Cette distance varie avec les cultures, la nature des relations…

Généralement, on distingue :

– la distance intime, inférieure à 40 cm, qui mobilise nos cinq sens et plus spécifiquement la vision, l'odorat, le toucher. Si cette distance est imposée, l'individu tend à adopter une attitude de réserve et de défense ;

– la distance personnelle, de 40 à 120 cm, qui est la distance habituelle dans les conversations courantes ;

– la distance sociale, de 120 à 360 cm, qui sépare plus nettement les individus et leur permet de prendre du recul. Les détails intimes ne sont plus perceptibles.

D'après E.T. Hall.

Annexe 2 Vos rencontres de la semaine

1. Vous croisez le chef d'atelier.

2. Vous recevez un fournisseur.

7 Prendre en compte le contexte temporel de la communication

M. Genepi est de plus en plus débordé. Il lui arrive souvent de commencer les réunions en retard, de faire attendre ses collaborateurs à qui il avait donné rendez-vous. Même si ceux-ci apprécient « le patron » pour sa force exemplaire de travail, ils s'en plaignent entre eux. Or, le temps que l'on se donne pour échanger avec autrui détermine la qualité de la communication.

Fiche ressource 3

Mise en situation

1. Comment les collaborateurs peuvent-ils interpréter les retards et les délais d'attente que M. Genepi leur impose ?
2. Cela traduit-il des traits de sa personnalité ?
3. Quel message véhiculent au contraire les personnes ponctuelles ?

8 Interpréter les signes verbaux

Les salariés de RhôneTNI échangent beaucoup entre eux, dans les bureaux comme dans l'entrepôt. Ils parlent de leurs dossiers, de leurs problèmes, ils cherchent des informations… Leurs échanges mélangent bien souvent différents registres en fonction du contenu de leur conversation : professionnel ou personnel, propos anodins ou relevant de commérages.

Fiche ressource 4

1. **Qualifiez le registre de langue utilisé par les chauffeurs livreurs quand ils sont en tête-à-tête. Se comprennent-ils sans ambiguïté ?**
2. **Quel est le registre de langue utilisé par le chef de la plateforme logistique ?**
3. **Interprétez le rapport de place des différents acteurs à partir de leur registre de langue.**
4. **Analysez la variation du registre de langue du livreur dans la dernière réplique du dialogue.**
5. **Relevez les phrases remplissant une fonction sociale, une fonction instrumentale, une fonction cognitive.**

Annexe 1 Dialogue sur la plateforme logistique

Deux chauffeurs livreurs de l'entreprise attendent le chef de la plateforme logistique :

« Salut. Comment ça va ? Tu n'as pas l'air en forme.

– Un peu grippé mais j'en ai surtout marre d'attendre. J'ai mal garé le bahut, je vais encore attraper un avertissement. J'ai déjà eu une prise de bec avec lui, il n'a pas digéré.

– Oui, il est plutôt cool, notre chef, mais les clients attendent. On doit bosser, nous ! »

Le chef de la plateforme arrive :

« Bonjour. Veuillez m'excuser pour cette attente, messieurs. L'état des palettes a bien été vérifié et les documents de livraison sont prêts. Vous pouvez y aller. Ne perdons plus de temps, c'est un client exigeant prêt à se plaindre au moindre retard !

– Je suis très mal garé, je ne souhaite pas avoir un nouvel avertissement. Je me dépêche ! »

Annexe 2 Les fonctions du langage en situation de travail

Les fonctions du langage en situation de travail

Une fonction instrumentale : lorsque l'on donne des ordres, répartit des tâches, explique comment les réaliser.

Une fonction sociale : lorsque l'on établit le contact, parle de ses émotions, crée du lien social.

Une fonction cognitive : lorsque l'on formule un besoin, un problème, fait part d'une décision, argumente pour convaincre.

9 Apprécier le « poids des mots »

Vous participez à une réunion organisée par la direction commerciale. Luc, un des commerciaux, arrive avec cinq minutes de retard. Différentes réflexions fusent :
– Jaouen, *ironique* : Il a encore dû rester coincé dans l'ascenseur ou manquer l'autobus…
– Le directeur commercial, *conciliant* : Assieds-toi, Luc, la réunion commence.
– Bernard, *péremptoire* : Oui, mais il est toujours en retard, c'est inexcusable ! Il fait toujours attendre les autres ! Et encore, je reste poli !

1 **Analysez le contenu des remarques de Jaouen et de Bernard.** Fiche ressource 4

2 **Quelle est, d'après vous, l'intention de celui qui les émet ? la façon dont Luc lui-même pourrait les interpréter ?**

10 Choisir les expressions appropriées

EXPERTISE

M. Genepi a bien compris que parler au personnel est parfois compliqué. Il pense souvent avoir dit quelque chose d'anodin. Mais devant la réaction de ses interlocuteurs, il constate que ceux-ci peuvent interpréter de façon négative ses propos… et *vice versa.* C'est alors le début d'une discussion qui peut installer rancœurs, malentendus. Aussi, il essaie de respecter des règles de communication pour faciliter la relation.

1 **Trouvez, dans chacune des expressions (colonne 1), le mot ou la formulation qui impacte négativement le sens de la phrase. Pourquoi ?** Fiche ressource 4

2 **Apportez une amélioration à la formulation susceptible d'éviter des réactions négatives.**

Les expressions à éviter	Les réactions possibles
« C'est un bon travail, mais il y a des points à éclaircir. »	« Il n'est jamais content ! Toujours quelque chose à ajouter… »
« Tu n'as pas sorti le transpalette du camion bâché ? »	« De quoi m'accuse-t-il encore ? »
« Je veux une mobilisation totale du personnel de l'entrepôt sur les questions de sécurité. »	« On ne l'a pas attendu pour s'occuper de notre sécurité. »
« Tu dois arriver plus tôt demain pour rattraper ton retard. »	« Je le sais que je suis en retard ! Il n'a pas besoin de me le faire remarquer. »

11 Interpréter les silences

EXPERTISE

M. Genepi téléphone à Julie, l'attachée de direction.
(Rapidement) « Julie, je vous ai bien communiqué le dossier du litige avec notre client Joffrin ? »
Silence de Julie.
(Il insiste.) « Vous savez, les impayés du client Joffrin… »
Silence de Julie.
M. Genepi, *perplexe, puis sur un ton autoritaire, reprend en articulant* : « Je vous l'ai bien communiqué au moins ce dossier ? Il y a environ une semaine. »
Nouveau silence embarrassé de Julie.

1 **Comment interprétez-vous les silences de Julie ?** Fiche ressource 5

2 **Quelle peut être la réaction de M. Genepi face à tous ces silences ?**

12 Les signes non verbaux et leur interprétation

EXPERTISE

Vous participez à des entretiens d'embauche conduits par la DRH, Souhila Flavi, et le directeur commercial. Vous recevez trois candidats qui ont été convoqués pour un poste de commercial. Dès le premier regard, on peut percevoir un aspect de leur personnalité, grâce à différents signes.

1. **Quels sont les signes non verbaux à partir desquels se construit une impression sur chacun des candidats ?** Fiche ressource 5
2. **L'interprétation de ces signes sera-t-elle obligatoirement partagée par les trois recruteurs ? Quelles sont les limites de l'interprétation de ces signes non verbaux ?**
3. **Décrivez le comportement de chaque candidat en reprenant chacun des signes repérés.**
4. **Au cours des entretiens d'embauche, les réactions du directeur commercial se manifestent à travers plusieurs gestes (annexe 3). Proposez des interprétations possibles.**

Annexe 1 Le langage paraverbal

La communication interpersonnelle n'est pas seulement faite de mots : regard, expressions faciales, gestes, attitudes, déplacement du corps sont susceptibles d'agir comme des signes et d'intervenir dans la régulation des activités humaines.

Sciences Humaines, « La communication. État des savoirs ».

Annexe 2 Les candidats à l'embauche

Arnaud

Samuel

Jasmine

Annexe 3 Les gestes du directeur commercial

- Son pied martèle discrètement le sol sous la table.
- Il se frotte pensivement le menton, le coude appuyé sur la table.
- Il croise les bras sur sa poitrine.
- Il consulte furtivement son mobile.

1 La communication interpersonnelle : les acteurs

I Le processus de communication interpersonnelle

La communication interpersonnelle se déroule entre deux acteurs. Elle se construit à partir des interactions, c'est-à-dire des influences réciproques qui s'exercent entre les deux acteurs au fur et à mesure du déroulement de leur échange. Elle peut se réaliser en face-à-face ou à distance.

II Les caractéristiques des acteurs dans ce processus

1. Le statut
C'est la place qui est donnée à un individu au sein d'un groupe. Elle induit le type de communication que l'individu va établir avec les autres. Le statut professionnel est repérable par un titre ou une fonction. Il oblige ou permet à un individu certains comportements. Il détermine les attentes réciproques des deux interlocuteurs.

Exemple : le manager donne un ordre à un collaborateur car il est son supérieur hiérarchique. Il/elle obéit à sa consigne.

2. Le rôle
C'est l'ensemble des comportements attendus d'un individu.

Exemple : le manager attend de son collaborateur de l'efficacité, de l'initiative, de la discrétion.

Il peut y avoir conflit de rôle lorsque l'un des deux acteurs adopte un comportement différent de celui attendu compte tenu de son statut.

Exemple : un supérieur hiérarchique manquant d'autorité.

3. L'identité
L'identité d'un individu est constituée de l'ensemble de ses caractéristiques sociales (groupe d'appartenance, de référence, statut…). L'identité varie en fonction de la position sociale du moment. Elle entraîne des comportements différents pour un même individu, mais aussi pour ses interlocuteurs qui s'adaptent aux différentes identités de l'autre.

Exemple : un individu peut être à la fois manager (position sociale dans le travail), père (position sociale familiale), mais également grand joueur de golf (position sociale dans un loisir).

4. La personnalité
Les traits de personnalité définissent la manière d'agir habituelle, persistante d'une personne, ce qui rend son comportement prévisible.

Exemple : personne stable, autonome, soumise…

5. La culture
La culture d'un individu est ce qu'il a en commun avec les autres membres du groupe, comme les normes ou les valeurs. La façon dont un individu décode un message dépend en grande partie de sa culture.

III Le rapport de place entre les acteurs

Une organisation fonctionne à partir du rapport de place établi entre les individus, c'est-à-dire la façon dnt les individus se déterminent les uns par rapport aux autres. Le fait que la place des acteurs soit bien identifiée permet aux interlocuteurs d'éviter les malentendus ou les conflits en adoptant des codes, notamment verbaux, adaptés aux diverses situations.

Exemple : en matière de règles de politesse, on dira « Salut ! » à un collègue mais on sera plus déférent avec le PDG : « Bonjour, monsieur. Comment allez-vous ? »

Dans une relation professionnelle, une place se définit toujours par rapport à une autre place, parfois schématisée dans un organigramme faisant apparaître la hiérarchie entre les personnes. On parle alors de position hiérarchique.

2 Interpréter le comportement des acteurs en milieu professionnel

I À partir des types de position hiérarchique

L'analyse de la relation établie entre deux acteurs en fonction de leur position hiérarchique respective conduit à diverses observations. Par exemple :
– une trop grande intimité ou familiarité comme une trop grande distance peuvent nuire à la qualité de la relation ;
– le supérieur hiérarchique occupe une place qui peut le conduire à dominer, diriger l'échange, faire preuve d'autorité, influencer. Le collaborateur doit s'adapter tout en s'affirmant ;
– une bonne collaboration s'établit si les deux acteurs peuvent échanger, confronter leurs points de vue et, quand il y a désaccord, trouver des solutions ensemble.

II À partir des enjeux de la communication

Un enjeu est ce qu'un individu ou une entreprise a à gagner ou à perdre, ce qu'il/elle risque lorsqu'il/elle s'engage dans une situation de communication. On identifie plusieurs types d'enjeux.

L'enjeu identitaire	**Exemple**
Au sein de l'entreprise, chaque individu a un statut et un rôle qui définissent sa position dans sa relation aux autres. L'enjeu identitaire engage l'image de soi ou celle de l'entreprise.	Lors d'une réunion, le dirigeant s'exprime en premier. Sa position de supérieur hiérarchique se traduit par un temps de prise de parole important. Les subalternes ne lui coupent pas la parole, n'interviennent plus quand il signifie la fin de la réunion par une conclusion.
L'enjeu d'influence	**Exemple**
Dans une situation de communication, chaque acteur cherche à influencer l'autre afin de le faire adhérer à son point de vue, d'obtenir la réalisation d'un travail…	Un dirigeant établit son influence par un rapport de force (pression, intimidation) ou par un rapport de séduction (complicité, sympathie).
L'enjeu relationnel	**Exemple**
La communication est un passage obligé pour entrer en relation avec autrui. L'enjeu est donc de « réussir » la communication, notamment en respectant un cadre de référence.	Émetteur(s) comme récepteur(s) ont pour cadre de référence les nombreux rituels qui codifient la relation : règles de politesse, de savoir-vivre, présentation, remerciements, code vestimentaire.

III À partir des stratégies des acteurs

Dans toute relation interpersonnelle, les acteurs utilisent, consciemment ou non, des stratégies qui aident à décoder leur comportement :
– s'appuyer sur son pouvoir hiérarchique pour imposer ;
– chercher à influencer au moyen de la manipulation, de la séduction ;
– éviter, faire semblant de ne pas voir, faire preuve d'inertie ;
– être agressif, menaçant pour imposer un avis, un point de vue.

On distingue :
– les stratégies inconscientes (non calculées) qui consistent à influencer l'autre sans le vouloir réellement du fait de sa personnalité, son charisme, son statut… ;
– les stratégies conscientes (calculées) qui consistent à influencer activement l'autre de façon intentionnelle.

3 Analyser les éléments du contexte et leur impact sur la communication

La communication mettant en relation deux individus est largement influencée par les éléments du contexte dans lequel elle se déroule. Ces éléments ne sont pas neutres et peuvent avoir des effets positifs ou négatifs sur la qualité de la communication.

Le contexte matériel		
Dans quel lieu se déroule l'échange ?	Le lieu doit être propice à un échange de qualité, que l'entretien soit formel ou informel, prévu ou inattendu.	– Dans le bureau du manager ? – Dans le bureau de l'assistant ? – Devant l'ascenseur ? – Dans le couloir ? – Sur le parking de l'entreprise ?
Comment l'espace est-il aménagé ?	L'aménagement induit la place que va occuper chacun des interlocuteurs, donc influencer la communication (aspects verbal et non verbal).	– Assis côte à côte ? – En face l'un de l'autre ? – Séparés ou pas par un bureau ? – Distance physique ?
Quelles sont les conditions matérielles ?	Les éléments matériels jouent un rôle important dans l'interaction.	Agencement et ergonomie des postes de travail : dimensions de l'espace, décoration, sonorisation, luminosité, température…
Le contexte temporel		
Le moment et la durée de l'échange ont-ils été prévus, organisés ?	Le choix du moment et la fixation à l'avance ou non de la durée de l'échange influencent la communication entre les locuteurs.	Échange-t-on dans : – un moment de suractivité, de tension ? – un moment de détente convivial ?
Le contexte social		
– Qui sont les acteurs ? – Quels sont leur statut, leur rôle, le rapport de place ?	Chacun « sait » à qui il s'adresse et adapte son propre positionnement par rapport à l'autre.	L'autre est-il : – un supérieur ? – un collègue à égalité ? – un subalterne de rang inférieur ?
Le contexte culturel et managérial		
– Quelle est la culture de l'organisation ? – Quel est le type de structure ? – Quel est le style de management ?	La prise en compte des éléments liés à l'environnement, à la culture de l'organisation permet de mieux appréhender le type de relation s'y déroulant.	Le style de management est-il : – directif ? – paternaliste ? – participatif ?
Le contexte idéologique		
Y a-t-il des éléments idéologiques, des valeurs qui influencent l'échange ?	La convergence ou la différence idéologique peut rapprocher ou éloigner des interlocuteurs s'ils ont des *a priori* irréconciliables.	– Points de vue politiques opposés ? – Croyances religieuses différentes ? – Système de référence commun ou trop éloigné ?

FICHE RESSOURCE

4 Les modes de communication verbale

I Différences entre communication orale et communication écrite

La communication verbale peut être écrite ou orale.
– Dans la communication orale, l'émetteur (ou locuteur) et le récepteur (ou interlocuteur) sont, en principe, en présence l'un et l'autre. D'autres éléments sont aussi importants : l'expression du visage, les gestes, les intonations de la voix…
– Dans la communication écrite, le destinataire est éloigné, le message doit donc être complet, achevé, lisible, précis. Le vocabulaire est en général plus élaboré qu'à l'oral.

II L'importance des mots dans la communication verbale

1. Le sens des mots

– Le sens dénotatif est la signification objective ou descriptive d'un terme. C'est le sens que donne le dictionnaire. Il correspond à celui que les membres d'une même communauté culturelle attribuent aux mots.

Exemple : le mot « candidat » signifie « personne qui postule à un emploi, un diplôme, qui se présente à un examen ».

– Le sens connotatif est la signification émotionnelle ou idéologique qui s'ajoute à la signification de base d'un mot, le sens particulier que les locuteurs donnent aux mots.

Exemple : « flic », « poulet », « gardien de l'ordre », « gardien de la paix » et « agent de police » désignent une même personne mais chaque terme a une signification émotionnelle/idéologique.

2. Le poids des mots

Pour que la communication verbale soit fructueuse, il faut savoir reconnaître les déformations de sens, les méprises, les interprétations erronées.
Ils ne sont pas toujours maîtrisés et correctement utilisés. Le locuteur peut, de bonne foi ou non, utiliser des mots qui apaiseront ou au contraire des mots qui créeront des conflits.

Exemples :
- Expressions qui peuvent amener un conflit : « Ce n'est pas vrai ! », « Ça reste à prouver ! », « Ça n'a pas de sens ! », « Vous ne devriez pas dire ça… »
- Expressions qui apaisent : « Vous avez raison », « Je comprends ce que tu veux dire », « Je souhaite… », « Je parle sous votre contrôle », « Vous allez y arriver… »

III Les registres de langage

Selon le milieu culturel, social des acteurs, la langue est diversement employée.
Il existe plusieurs niveaux ou registres de langage.
– **Le langage familier :** l'émetteur ne surveille pas son langage. Il emploie des mots ou des expressions populaires (verlan ou argot proscrit dans le milieu professionnel).

Exemples : « avoir la crève », « avoir la dalle », « avoir des tunes », « avoir une super caisse ».

– **Le langage courant :** c'est le langage usuel. Il utilise une syntaxe correcte et un vocabulaire simple.

Exemples : « Pourrais-tu me donner le dossier ? », « Je suis très contente de nos résultats… »

– **Le langage soutenu (ou précieux) :** il correspond au langage littéraire écrit. Il utilise une syntaxe et un vocabulaire recherchés moins utilisés au quotidien.

Exemples : « Je me suis mépris sur ce collègue », « Je vous restitue votre dossier *(au lieu de "rendre")*. »

5 La communication non verbale

La communication ne passe pas uniquement par les mots mais aussi par le paralangage, c'est-à-dire les gestes, les postures, les façons d'occuper l'espace, les intonations de la voix, les silences, le tout dans un contexte donné. Cette communication non verbale exerce des influences réciproques ou interactions entre des individus qui dialoguent. Cependant, ces signes sont parfois très ambigus et peuvent créer des malentendus. De même qu'un mot peut avoir plusieurs significations, le signe non verbal doit être décodé en fonction du contexte de la situation, de la personne, des codes culturels.

I L'apparence

L'apparence générale d'une personne émet certains messages car c'est ce qui est immédiatement perçu par son entourage. L'apparence corporelle et la présentation expriment l'image qu'elle veut donner aux autres.

Exemples : des vêtements à la dernière mode, une coiffure soignée, un maquillage discret ou vulgaire.

II La posture

Les postures (position ou attitude du corps) transmettent souvent le degré de sociabilité à un moment donné. Les différents signes liés à la posture, émis de façon volontaire ou non, renseignent les autres personnes sur les états émotionnels et l'envie de communiquer ou non.

Les bras croisés expriment la fermeture, l'hostilité. Le froncement de sourcils exprime le désaccord.	Le regard pensif, les yeux au ciel expriment le doute, montrent que la personne ne souhaite pas affronter le regard de l'interlocuteur.	Un regard perplexe implique que la personne cherche une approbation extérieure.

III Les gestes

Ils remplissent de multiples fonctions :

– directement traduisibles en mots, ils ont une signification propre aux membres d'une communauté ;

L'index tendu pointe vers quelqu'un. C'est un geste accusateur, menaçant. Il renforce le message verbal qu'il accompagne : « Vous, ça suffit ! »	La main à plat est un geste d'apaisement, un appel au calme, à baisser le ton : « Calmez-vous, arrêtons la discussion. »	Le réconfort par le contact implique un geste chaleureux de compassion, exprime de la sympathie, l'assurance d'un soutien : « Je comprends votre peine. »

– ils permettent de régler, de contrôler ou de coordonner les échanges, de rassembler, de s'opposer ;
– adaptatifs, ils satisfont un besoin personnel ;

Exemples : repousser ses cheveux vers l'arrière afin de dégager son visage, retirer un fil sur la veste de son interlocuteur.

– non universels, ils sont parfois source de confusions, d'erreurs lorsqu'ils sont méconnus.

Exemple : le geste ci-contre a des valeurs différentes en Suède et au Moyen-Orient. Il signifie « bien, c'est d'accord, c'est bon » en Suède mais il a un sens très provocant au Moyen-Orient.

IV Le visage, le regard, le sourire

Ce sont des éléments essentiels dans toutes les situations de communication directe.
Le visage, par des mimiques, peut exprimer les émotions les plus fondamentales.

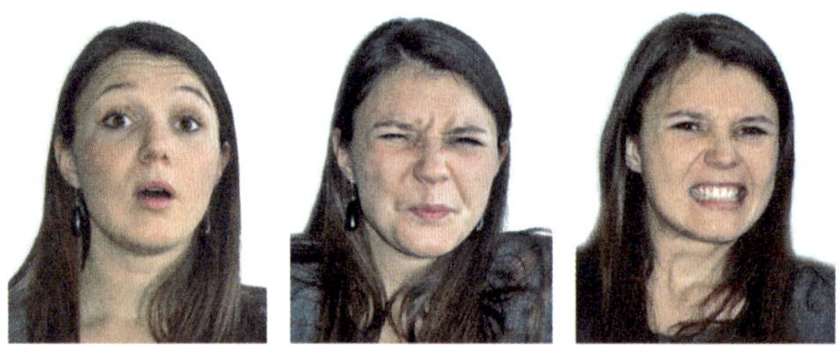

Surprise **Dégoût** **Colère**

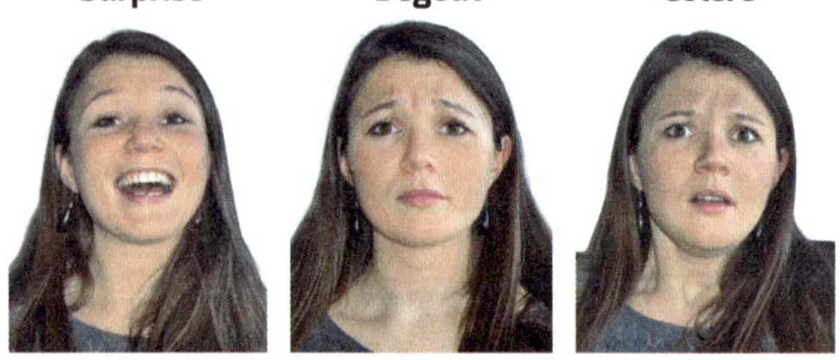

Joie **Tristesse** **Peur**

Le regard nous renseigne sur la nature de la relation existant entre les interlocuteurs ; il a toujours été investi d'un pouvoir d'action sur autrui. Le contact visuel direct peut être une marque d'honnêteté et de franchise dans certains pays ; il peut être inconvenant et signifier un manque de respect dans d'autres.
Le sourire est un signifiant comportemental, porteur de sens. Le sourire qui évoque la joie a des chances de détendre les relations, il rassure, désamorce l'agressivité.

V La dimension vocale de la parole

Il s'agit du timbre de la voix, son débit, son intensité, les intonations, les accents, les pauses.

VI Les silences

Les silences font aussi partie de la communication ; ils donnent au locuteur le temps de réfléchir, de transférer la parole à l'interlocuteur. Ils divisent le discours en unités compréhensibles. Ils peuvent donner du poids à ce qui a été dit, mais peuvent également servir à empêcher la communication. Ils peuvent exprimer l'angoisse ou tout simplement qu'il n'y a plus rien à dire.
Là aussi, le silence est perçu différemment selon les codes culturels. Pour nous, il est parfois ressenti comme source de malaise et les interlocuteurs tentent de l'éviter. En Asie, on accepte très bien des temps de silence prolongé dans une discussion.

Analyser une situation de communication interpersonnelle

Deux salariés d'une agence de communication, Clément Joly, collaborateur de la DRH, et Yamina Karoui, assistante commerciale, échangent sur leur perception respective de la personnalité de Juliette Giusti, la directrice RH. La scène se déroule dans le bureau de l'assistante commerciale qui attend la visite de la DRH.

VIDÉO

Consigne

- Visionnez la vidéo puis répondez aux questions suivantes.

liennathan.fr/z78g9x

I. Repérer les éléments du contexte
Questions
1. Quels sont le statut et l'identité de chacun des acteurs de cette situation ?
2. Comment qualifiez-vous l'attitude de Yamina au début de la situation ?

II. Analyser la séquence : dialogue entre Clément et Yamina
1. L'échange est-il formel ou informel ? Où se déroule-t-il ? Quel type de communication s'établit entre les deux acteurs ?
2. Les acteurs se tutoient-ils ? Qu'implique le tutoiement dans une relation ?
3. Quel est le contenu de la conversation ?
4. Quelle est la distance physique entre les acteurs ?
5. Que déduisez-vous de ces éléments sur les relations entre Clément et Yamina ?
6. Quels sont les comportements observables de Clément ? Qu'en déduisez-vous sur sa personnalité ?
7. Quels sont les comportements observables de Yamina ? Qu'en déduisez-vous sur sa personnalité ?
8. Caractérisez l'échange entre Yamina et Juliette.
9. D'après vous, Yamina a-t-elle un préjugé sur Juliette ? Comment la perçoit-elle ?
10. Comment Juliette perçoit-elle Yamina ?
11. Quels problèmes ces différences de perception peuvent-elles engendrer ?
12. Quelles émotions Yamina éprouve-t-elle aux différents moments de cette rencontre ? Ces émotions changent-elles sa perception de la situation ?
13. Relevez dans le dialogue les expressions qu'elle utilise pour exprimer son stress et son inquiétude.
14. Quelles sont les conséquences d'un comportement négatif dans un service ?

Observer/analyser une situation de communication interpersonnelle

L'analyse des enjeux d'une situation et des enjeux propres à chacun des acteurs permet de comprendre le déroulement du processus de communication, les objectifs poursuivis et les stratégies que mettent en œuvre les intéressés pour les atteindre.

Caractérisation de la situation		
Qui sont les acteurs ?		
Quelle est leur position les uns par rapport aux autres ?		
Quel est l'objet de leur rencontre ?		
Dans quel lieu, dans quel espace se fait la rencontre ?		
Quel est l'enjeu de la situation ?		
Caractérisation des objectifs		
	Clément	**Yamina**
Quel(s) objectif(s) poursuit chacun des acteurs ?		
Comment qualifier ces objectifs respectifs ? En quoi influencent-ils la relation entre les deux acteurs ?		
Quelle est la distance entre les acteurs ? Que traduit-elle au niveau de leur relation ?		
Caractérisation des enjeux de chacun des acteurs		
Quels sont les comportements de chacun des acteurs ?		
Y a-t-il un enjeu identitaire ?		
Y a-t-il un enjeu relationnel ?		
Y a-t-il un enjeu d'influence ?		
Y a-t-il un enjeu territorial ?		
Analyse de la communication verbale et non verbale		

Chapitre 2

Adopter des attitudes professionnelles

RÉFÉRENTIEL **S 5.1.** Enjeux et concepts de base de la communication

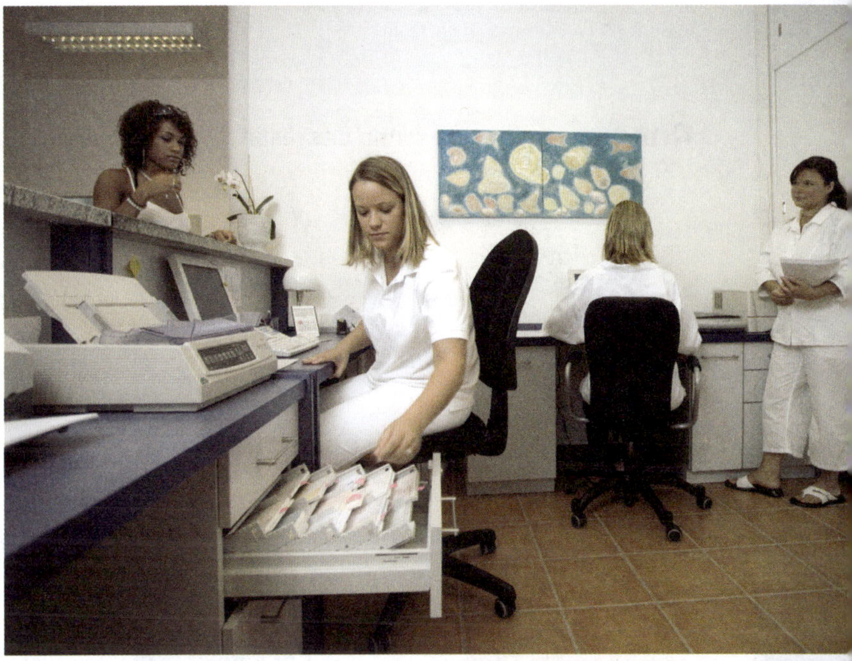

Situation professionnelle

Vous effectuez votre stage dans un centre de santé associatif indépendant, le centre Descartes, implanté dans un arrondissement de Paris dans un quartier à faible densité de professionnels de santé libéraux.

L'équipe des professionnels salariés est composée de 3 médecins généralistes, 1 masseur-kinésithérapeute, 1 pédicure podologue, 1 sage-femme, 2 chirurgiens-dentistes, 2 assistantes dentaires, 2 infirmiers et 1 assistante sociale (à mi-temps). Le centre répond aux attentes de ces jeunes professionnels : travail en équipe, diversification de leurs activités soignantes, meilleure conciliation entre vie professionnelle et vie privée. Ils apprécient tout particulièrement de travailler dans une structure aux horaires souples, où ils n'ont pas à remplir de tâches administratives, contrairement à l'exercice libéral. Outre la dispense de soins, le centre Descartes mène également des actions de prévention, d'éducation pour la santé ainsi que des actions sociales.

Le secrétariat médical compte 3 secrétaires.

Vous travaillez en étroite collaboration avec Julien Jolly, le directeur salarié de l'association, qui assure la gestion administrative et financière du personnel et de la structure. Il met en œuvre les décisions de l'assemblée générale et du conseil d'administration, ainsi que le projet d'établissement.

Lorsqu'il vous accueille, Julien Jolly attire votre attention sur les attitudes professionnelles à adopter et à respecter en toutes circonstances dans ce milieu de travail particulier.

AUDIO

1 Analyser la qualité d'écoute

Julien Jolly vous a confié la réalisation d'une enquête de satisfaction en début de stage. Durant une semaine, les secrétaires ont remis un questionnaire à chaque patient lors de son enregistrement à l'accueil, à remplir durant son passage en salle d'attente. Vous avez ainsi traité 122 questionnaires récupérés dans la boîte déposée à cet effet sur le comptoir de l'accueil. Vous rendez compte de vos résultats à M. Jolly.

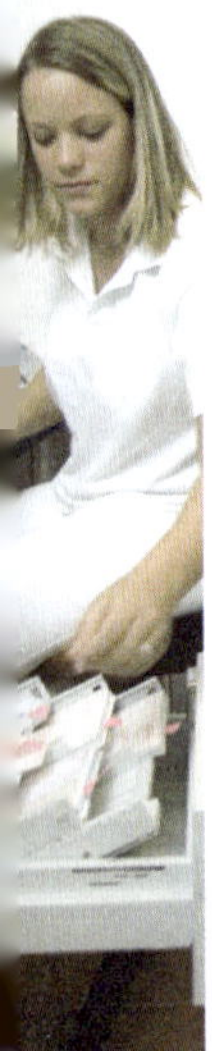

Fiche ressource 1

1. **En quoi M. Jolly et vous-même avez fait preuve d'une qualité d'écoute active ? Quels sont les différents procédés utilisés ?**
2. **Relevez les signes non verbaux qui viennent en appui de l'attitude d'écoute active.**

Annexe • Compte rendu des résultats de l'enquête de satisfaction

liennathan.fr/uf47i6

Julien Jolly vous accueille dans son bureau, souriant. Vous vous installez l'un en face de l'autre.

Julien Jolly : Je suppose que vous avez fini d'exploiter les réponses à notre questionnaire…

Vous : Effectivement, comme convenu, voici le compte rendu. *Soulagé(e) et satisfait(e) d'avoir respecté les délais, vous lui tendez votre rapport en souriant.* Nous avons obtenu un taux de retour très satisfaisant : 80 % des patients ont répondu ! Concernant l'accueil du secrétariat, le personnel est disponible, aimable et souriant ; il est à l'écoute et apporte des réponses claires. Les nouveaux horaires des permanences sociales sont unanimement appréciés.

M. Jolly feuillette le rapport avec intérêt. Il semble vouloir repérer les éventuels dysfonctionnements.

J. Jolly : Oui, mais mise en attente téléphonique pour prise de rendez-vous un peu longue… *Il continue de parcourir le rapport et lève un regard interrogateur sur vous, surpris.* Étonnant ! 40 % des réponses signalent un non-respect de l'anonymat lors de l'enregistrement à l'accueil !

Vous : Vous trouverez aussi quelques remarques négatives concernant la propreté des abords extérieurs du centre de santé. L'absence de notre concierge durant ses trois semaines de congé a eu des conséquences…

J. Jolly, *silencieux, réfléchit…* **:** Pour toutes les questions dont le résultat sera inférieur à 80 % de satisfaction, des actions d'amélioration doivent être proposées. Je compte sur vous pour me faire rapidement des propositions ! Je souhaite sensibiliser l'ensemble des salariés lors d'une réunion.

Vous : Une réunion qui rassemblerait médecins et personnel du secrétariat ? À quel moment ? *Vous prenez des notes.*

AUDIO

2 Identifier les causes d'un manque d'écoute

M. Jolly reçoit Bénédicte, l'une des secrétaires, qui a insisté pour avoir un entretien avec lui. Il se doute qu'une fois de plus, elle vient se plaindre de Johanna, une de ses collègues, et c'est donc à contrecœur qu'il la reçoit. Lorsqu'elle entre, il est assis à son bureau, terminant un dossier urgent de demande de subventions. En effet, le centre, pourtant bien géré, n'atteint l'équilibre financier que grâce à diverses subventions provenant de la ville, du conseil départemental et de l'agence régionale de santé. Ce dossier délicat doit être discuté sous peu avec l'expert-comptable, en présence du président du conseil d'administration de l'association.

1. **Relevez les éléments du contexte qui font obstacle à une écoute active.**

Fiche ressource 1

2. **Comment le manque d'écoute de chaque interlocuteur se manifeste-t-il ?**

Annexe 1 La situation dégradée du climat de travail au sein du secrétariat

En août dernier, Johanna a été embauchée en tant que secrétaire intérimaire afin de compenser les absences pour congés d'été. Bénédicte a travaillé avec elle. À l'automne, il a fallu pourvoir le poste d'une secrétaire ayant démissionné. Les médecins, satisfaits des prestations de Johanna, ont décidé de la recruter après avoir demandé à Bénédicte et aux autres secrétaires l'ayant côtoyée de donner leur avis sur elle. Seule Bénédicte a été catégorique : « Avec Johanna, ce sera le début des ennuis ! » Mais cette mise en garde n'a pas été suivie et des affrontements verbaux ont rapidement éclaté entre Bénédicte et Johanna.

Annexe 2 L'entretien du directeur avec Bénédicte

liennathan.fr/qt84b5

À l'entrée de Bénédicte dans son bureau, Julien Jolly ne lève pas les yeux, plongé dans son dossier.

Bénédicte : Excusez-moi, M. Jolly, comme convenu, je viens vous parler.

Julien Jolly : Je vous écoute, mais j'ai très peu de temps.

Bénédicte : Je sais que vous êtes très occupé mais c'est important. Ça ne va pas du tout avec Johanna ! Elle veut tout diriger à peine arrivée !

Le téléphone sonne. M. Jolly décroche et se concentre sur l'appel.

J. Jolly *conclut avant de raccrocher* **:** C'est bien, je vous donne une réponse en fin de journée.

Bénédicte *reprend* **:** Elle me demande de changer mes horaires pour l'arranger. C'est hors de question ! *Elle parle très vite.* Elle est en train de comploter pour monter les autres collègues contre moi et...

J. Jolly *l'interrompt, agacé* **:** Écoutez ! Tout ce qui importe, c'est que vos histoires ne détériorent pas l'accueil du secrétariat. Nos patients n'ont pas à les subir !

Anne, *une autre secrétaire, ouvre discrètement la porte* **:** M. Jolly, l'expert-comptable est arrivé. Il vous attend.

J. Jolly *semble soulagé de ne pas avoir à prolonger l'entretien avec Bénédicte* **:** Désolé, mais un dossier important m'attend !

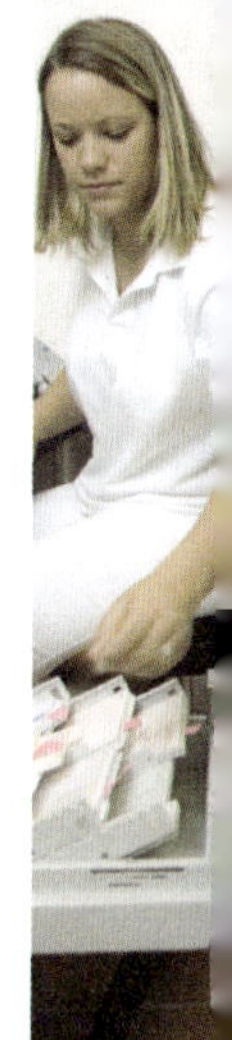

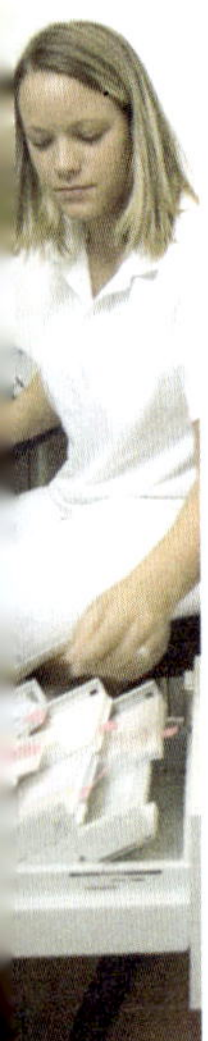

3 Utiliser des techniques de clarification du sens

Lors de ses réunions bilan trimestrielles avec les professionnels de santé, M. Jolly est souvent amené à leur faire clarifier leurs propos. Cela aide Anna, la secrétaire en charge de la mise en forme et de la finalisation des comptes rendus trimestriels, qu'elle rédige à partir de ses notes et de celles du directeur.

- **Reliez chaque début de phrase à la technique de reformulation qu'il introduit. Justifiez chacun de vos choix.**

Fiche ressource 1

« Si je comprends bien, je restitue les principales idées de votre discours... »	●	●	Reformulation résumée
« Qu'avez-vous voulu dire par... ? »	●	●	Reformulation reflet
« Vous venez juste de dire que... » *Silence*	●	●	Reformulation élucidation ou clarification
« Je reprends vos propos afin de vérifier que tout le monde les interprète de la même façon : ... »	●	●	Reformulation écho

4 Faire preuve de discrétion à l'égard d'un client

Julien Jolly a été surpris en apprenant les résultats de l'enquête de satisfaction : 40 % des patients interrogés signalaient un non-respect de l'anonymat lors de l'enregistrement à l'accueil. Il vous demande de rédiger une note rappelant, de façon générale, les comportements professionnels et les attitudes de discrétion dont doit faire preuve l'ensemble du personnel en toutes circonstances.

- **Rédigez les recommandations de discrétion à rappeler à l'ensemble du personnel.**

Annexe • Extrait d'un article paru dans la gazette du milieu médical

Exercer en milieu médical, quel qu'il soit, impose de respecter quelques règles : mettre en sécurité les dossiers à caractère professionnel, surtout s'ils doivent être emportés au domicile personnel ; éviter d'aborder des problèmes professionnels en présence d'un public non concerné, de parler de son vécu professionnel à son entourage proche (familial ou amical), notamment ce qui touche à la situation des patients [...].

5 Faire preuve de discrétion à l'égard d'un salarié

À votre arrivée au centre de santé, à 8 h 30, Gisèle, l'infirmière qui assure la permanence ce matin-là, vous interpelle dans l'entrée. Elle pense que des erreurs ont été commises dans le calcul de sa paie. Ses propos risquent d'être entendus par les patients qui arrivent. Gisèle a un caractère affirmé, elle attend des réponses immédiates à ses questions et s'énerve rapidement si elle ne les obtient pas. Vous savez que vous devez prendre quelques précautions.

1. **Repérez les difficultés particulières du contexte de cette situation de communication.**
2. **Quelle attitude adoptez-vous ? Justifiez votre réponse.**

6 Faire preuve d'empathie

EXPERTISE

Vous êtes le témoin silencieux de ces deux situations qui se déroulent au secrétariat médical.

- **Analysez l'attitude empathique ou non du ou des acteurs dans chacune des situations, en écrivant « Oui » ou « Non » dans la grille de lecture.**

Fiche ressource 1

Situation 1

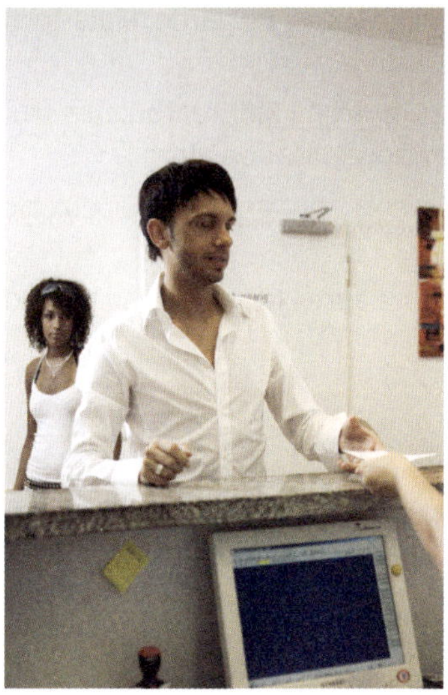

Anne, secrétaire médicale, reçoit un patient à l'accueil. Celui-ci a des problèmes financiers d'accès aux soins médicaux.

Anne : Bonjour, M. Lepic.

M. Lepic : Bonjour. Je dois commencer aujourd'hui une série de 10 séances d'ostéopathie avec le docteur Pong. *Il marque un temps d'hésitation.*

Anne *l'encourage à poursuivre* **:** Oui ?...

M. L. : J'apprends que je ne suis pas remboursé par ma mutuelle. *Il hésite à nouveau.*

Anne, *attentive* **:** Un instant, je consulte votre dossier... Effectivement, vous avez raison.

M. L. : 50 € la séance ! Pensez-vous que le docteur Pong peut établir une facture au nom de ma conjointe ?

Anne : Écoutez, je vous comprends. Je pense qu'il n'acceptera pas mais je vais quand même lui demander... *Elle appelle le médecin et lui parle à voix basse de la situation de M. Lepic... Ayant raccroché, elle s'adresse au patient :* En fait, il vous demande de régler la première séance. S'il estime qu'un deuxième rendez-vous est nécessaire, et si vous êtes motivé pour vous investir dans le traitement, il vous proposera une solution.

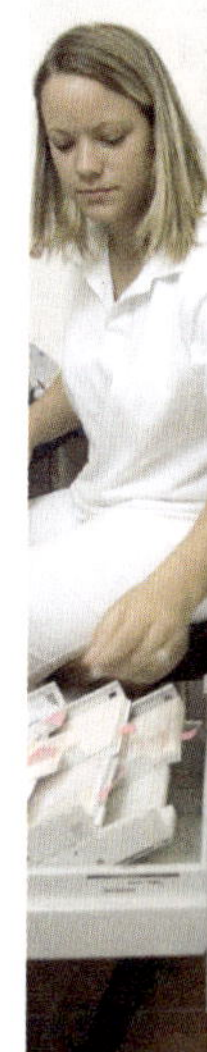

Annexe • Grille de lecture

Anne...	Oui/Non
... démontre sa capacité à ressentir, comprendre ce que son interlocuteur éprouve. Elle se met à la place de l'autre pour mieux comprendre son point de vue.	
... laisse l'autre s'exprimer.	
... prend en considération les propos et points de vue de l'autre.	
... démontre une ouverture et une attention particulière envers son interlocuteur.	
... dépasse ses propres préjugés sur la personne.	
... cherche à réellement comprendre pourquoi l'autre a agi de telle ou telle façon.	
... prend le temps, avant de juger l'autre, de s'intéresser à ses motivations, ses circonstances personnelles, son parcours.	

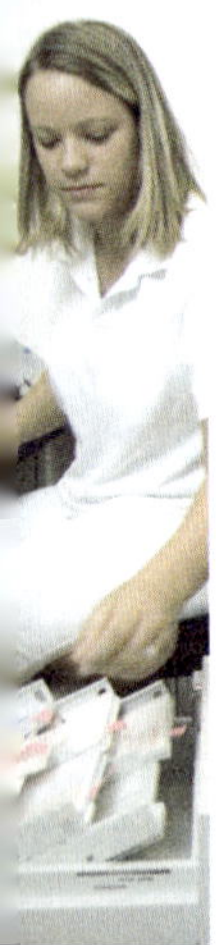

Situation 2

À l'approche des vacances scolaires, Bénédicte et Johanna, les deux secrétaires, ont une discussion durant leur pause.

Johanna : Alors, as-tu réfléchi à ma demande ?

Bénédicte *regarde ailleurs* **:** Quelle demande ?

Johanna : Tu sais bien ! Ça m'arrangerait de prendre ma semaine de congé à la Toussaint pour en profiter avec mes enfants qui seront en vacances.

Bénédicte : Oui, mais c'est à mon tour de prendre cette semaine-là. C'est à toi d'assurer la permanence.

Johanna : Je sais mais je n'ai pas de solution de garde. Mets-toi un peu à ma place !

Bénédicte : C'est ton problème, pas le mien ! Moi, j'ai toujours trouvé une solution, c'est une question d'organisation alors…

Johanna *lui coupe la parole* **:** Tes enfants sont grands ! Tu peux bien penser aux autres, non ?

Bénédicte, *quittant les lieux* **:** Je ne vois pas pourquoi je passerai toujours après les autres au prétexte que je n'ai plus d'enfants à charge. Et puis tu es la dernière arrivée !

Annexe • Grille de lecture

La personne…	Oui/Non	
	Bénédicte	**Johanna**
… démontre sa capacité à ressentir, comprendre ce que son interlocuteur éprouve. Elle se met à la place de l'autre pour mieux comprendre son point de vue.		
… laisse l'autre s'exprimer.		
… prend en considération les propos et points de vue de l'autre.		
… démontre une ouverture et une attention particulière envers son interlocuteur.		
… dépasse ses propres préjugés sur la personne.		
… cherche à réellement comprendre pourquoi l'autre a agi de telle ou telle façon.		
… prend le temps, avant de juger l'autre, de s'intéresser à ses motivations, ses circonstances personnelles, son parcours.		

7 Décoder des consignes de travail

Vous recevez souvent des consignes de travail de M. Jolly. Le directeur du centre est pressé, sous tension ou détendu. En fonction des circonstances, ses consignes sont plus ou moins directes, plus ou moins claires.

1. **Caractérisez chacune des consignes : est-elle explicite ou implicite ?** Fiche ressource 2
2. **Comment interprétez-vous ces consignes ?**
3. **De quels compléments d'information auriez-vous éventuellement besoin pour réaliser le travail demandé ?**

▶▶▶

Annexe • Les consignes de travail reçues du directeur

- « Je serai au conseil d'administration lundi prochain. En mon absence, vous me représenterez vendredi à la réunion des copropriétaires de l'immeuble. »
- « N'oubliez pas d'envoyer le courrier à mon confrère, le docteur Bonnet. »
- « M. Rudy n'a toujours pas reçu notre mail. »
- « J'aimerais que vous réfléchissiez aux problèmes que nous rencontrons avec le secrétariat. »
- « J'attends votre rapport demain matin. »
- « Il me faudrait votre compte rendu au plus tôt. »
- « Combien de temps vous faut-il pour rédiger ce compte rendu ? »
- « Je souhaiterais avoir un rapport sur cet incident. »
- « Occupez-vous de mon déplacement à Nantes la semaine prochaine. »
- « Encore une fois, le résultat des prélèvements envoyés au labo n'est pas revenu. »
- « Pouvez-vous prendre en notes ? »
- « Avez-vous bien retenu la salle de réunion pour toute la matinée du lundi 10 ? »
- « Envoyez-lui un courrier avec accusé de réception ! »
- *Devant les retards de plus en plus fréquents et absences répétées de Bénédicte :* « Il faut se rendre à l'évidence, les solutions proposées n'ont pas fonctionné. On ne peut pas en rester là. Il faut que ces abus cessent ! »

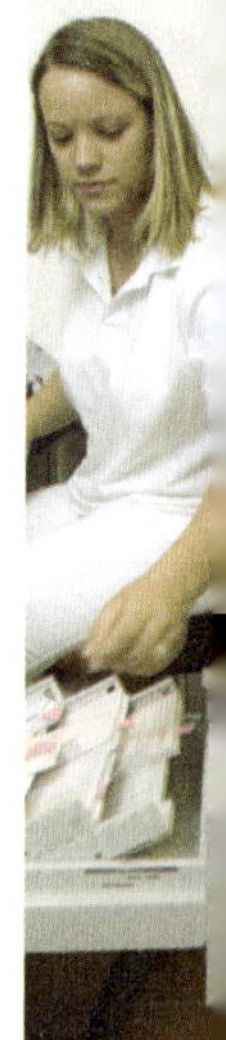

AUDIO

8 Analyser les malentendus découlant de consignes implicites mal interprétées

EXPERTISE

M. Jolly sort de sa réunion avec l'expert-comptable. Il reconduit celui-ci vers la sortie, vous aperçoit et vous interpelle vivement. Il semble agacé.

1. **Analysez les raisons pour lesquelles vous n'avez pas compris les consignes.** Fiche ressource 2
2. **Quelle question auriez-vous dû poser pour éviter ce malentendu ?**
3. **Comment le dissiper ?**

Annexe • Votre discussion avec Julien Jolly

liennathan.fr/8aae34

Julien Jolly : Où étiez-vous passé(e) ? La rencontre avec l'expert-comptable vient de se terminer et vous n'étiez pas là !

Vous : Je suis désolé(e) mais je n'avais pas compris que je devais assister à cette réunion. Vous avez juste évoqué cette rencontre sans plus de précision. Lors de sa dernière visite, je n'y assistais pas…

J. Jolly : Vous deviez être là ! En plus, vous avez oublié de préparer des photocopies de quelques pièces du dossier de demande de subventions sur lequel nous avons travaillé. J'ai dû les faire au milieu de la réunion !

Vous, *confus(e), hésitant(e)* **:** Je crois que vous les avez demandées à Anne, du secrétariat, mais vous savez bien qu'elle est actuellement en arrêt maladie.

M. Jolly s'éloigne en haussant les épaules. Il semble avoir compris qu'il y a eu un problème dans la communication antérieure.

AUDIO

9 Réaliser une prise de notes pour recueillir des consignes de travail

EXPERTISE

Julien Jolly vous associe à la préparation du stand du centre Descartes sur le Salon « Santé, paramédical et sport » qui se tiendra à l'espace Champerret à Paris le mois prochain. Il a organisé une séance de travail pour vous donner les principales informations liées à cet événement. Vous prenez des notes avec méthode.

liennathan.fr/2ms9h3

- **Procédez à la prise de notes pour recueillir les consignes de travail.**

Fiche ressource 3

Annexe • La préparation de votre prise de notes avant la réunion

Vous savez qu'il arrive que M. Jolly ait un débit de parole rapide, saute d'une idée à l'autre, perde le fil de son discours. Aussi, vous vous êtes organisé(e) afin d'optimiser votre prise de notes. Vous avez :
– prévu une quantité de feuilles suffisante afin de n'utiliser que le recto pour ne pas perdre de temps en retournant chaque feuille ;
– numéroté les feuilles ;
– inscrit les différentes rubriques sur certaines feuilles pour les thèmes connus à l'avance ;
– consulté l'ordre du jour ;
– prévu des stylos et des crayons de couleurs différentes pour mettre en évidence les titres, sous-titres, transitions ;
– gardé en tête la règle d'un paragraphe par idée ;
– laissé de l'espace pour pouvoir compléter une idée ou revenir en arrière.

10 Exploiter une prise de notes

EXPERTISE

Une fois la réunion de travail terminée, vous n'avez pas pu exploiter vos notes, pris(e) par d'autres priorités. Deux jours après, vous avez enfin un moment pour les relire et les transformer méthodiquement en un écrit lisible. En effet, Julien Jolly, s'appuyant sur le fait que cette manifestation a lieu chaque année, souhaite conserver une trace écrite compréhensible de sa préparation.

1. **Transformez vos notes en un écrit lisible.**
2. **Déduisez la liste des actions à mener.**

Fiche ressource 3

Annexe • La méthode de travail retenue

Pour exploiter vos notes de façon méthodique :
– vous les rassemblez, les relisez, les complétez si nécessaire ;
– vous réactivez les idées essentielles (colonne de droite). En effet, après deux jours, un effort de mémoire est nécessaire ;
– vous triez et supprimez les informations redondantes ;
– vous construisez une structure, un plan ;
– vous déduisez les actions à mener.

11 Respecter les codes propres à la rédaction d'un courriel

EXPERTISE

Il est l'heure pour vous de quitter le bureau. Vous rédigez rapidement un courriel à l'adresse de Julien Jolly, mais prenez cependant le temps de le relire avant de l'expédier.

- **Quelles sont les corrections à apporter à ce message, sur la forme et sur le fond ?**

Fiche ressource 4

Annexe • Le courriel adressé au directeur du centre

Destinataire : julien.jolly@CentreDescartes75.fr
Objet : Envoi CR

Bonjour,
Désolé(e), manque de temps pour vous faire parvenir le CR suite à notre réunion.
Le secrétariat n'a pas eu le temps de le taper.
Je pense l'envoyé dès demain.
Je profite de ce mail pour vous adresser une demande d'absence. Les raisons : je suis convoqué(e) pour me présenter à l'épreuve du permis de conduire.
Cordialement,

12 Rédiger un courriel à l'adresse du personnel médical

Julien Jolly vous communique des informations à adresser au personnel du centre de santé.

1. **Établissez la liste de diffusion des destinataires.**
2. **Rédigez le message.**

Mise en situation
Fiche ressource 4

Annexe • Informations à communiquer au personnel médical et au secrétariat

Nouveaux horaires d'ouverture du centre Descartes, applicables au 2 janvier : en continu du lundi au vendredi de 8 h 30 à 19 h et le samedi de 9 h à 13 h.
Rappel des jours fériés de fermeture : 1er janvier, lundi de Pâques, 8 mai, Ascension, lundi de Pentecôte, 14 juillet, 15 août (Assomption), 1er novembre (Toussaint), 11 novembre, 25 décembre (Noël).
En PJ : pour le personnel médical, planning de présence à compléter et à renvoyer au secrétariat.
Invitation à un pot convivial pour le départ en retraite des médecins généralistes Xing et Roche, contribution au cadeau à remettre au secrétariat.

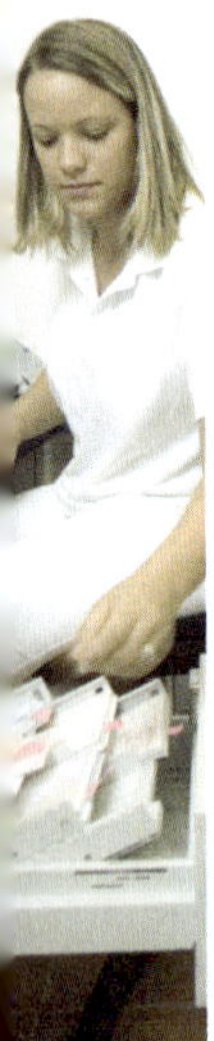

13 Rédiger un courriel à l'adresse d'un fournisseur

À l'ouverture d'un colis contenant des appareils médicaux, vous constatez qu'il manque un tensiomètre. La livraison n'est donc pas conforme au bon de commande. Vous avez signalé cette non-conformité sur le bon de livraison en présence du livreur. Le centre Descartes entretient de bonnes relations avec ce fournisseur depuis plusieurs années. Au regard de cet incident exceptionnel, un simple courriel semble suffisant.

- **Rédigez le courriel à l'adresse du fournisseur.**

Fiche ressource 4

Annexe • Les informations à communiquer au fournisseur

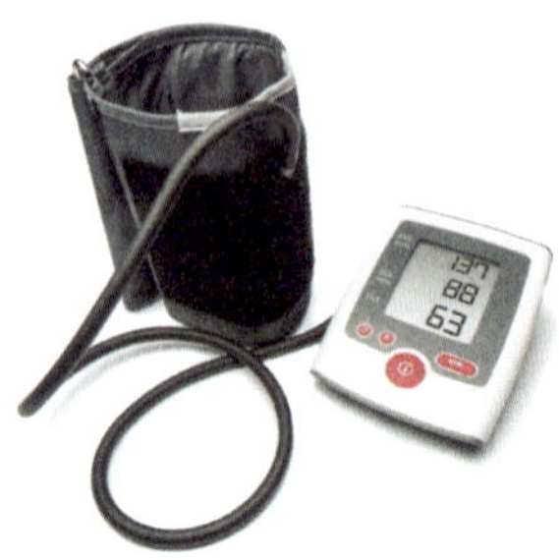

- Référence du bon de commande : AM15062019
- Date de livraison : 22/06/N
- Désignation de l'article manquant : tensiomètre Omron M7 Intelli IT
- Référence au catalogue fournisseur : TOMM7

14 Répondre au courriel d'un prestataire de services

Le secrétariat a reçu un courriel qu'il vous transfère.

- **Rédigez le courriel de réponse à cette demande.**

Fiche ressource 4

Annexe • Le courriel de l'organisateur du salon

Madame, Monsieur,

Faisant suite à votre inscription par formulaire Internet, nous vous confirmons l'inscription du centre de santé Descartes pour le Salon « Santé, paramédical et sport » qui se tiendra à l'espace Champerret à Paris les 8 et 9 novembre N.

Nous sommes en mesure de vous proposer l'emplacement de 12 m^2 correspondant à votre demande. Cette réservation sera confirmée dès réception d'un chèque d'acompte de 210 €.

Merci de nous confirmer au plus vite cette réservation et de nous communiquer le plan de votre stand.

Nous vous prions d'agréer, Madame, Monsieur, nos respectueuses salutations.

L'équipe d'organisation

1 L'écoute active

I La notion d'écoute active

Écouter activement consiste à se centrer sur l'échange et à faciliter l'expression de l'autre. L'écoute active conditionne de façon indispensable la qualité de la communication interpersonnelle entre deux individus.

II L'attitude professionnelle d'écoute active

La mise en place d'un comportement professionnel d'écoute de qualité suppose les attitudes suivantes :

Une ouverture compréhensive	L'ouverture consiste à accepter ce que dit l'autre, sans *a priori*, en évitant tout jugement et toute évaluation sur ce que l'autre exprime. On parle d'une écoute compréhensive et non interprétative ou évaluative.
La neutralité du locuteur pour instaurer un climat de confiance	La neutralité suppose que le locuteur ne porte pas de jugement négatif ou positif sur ce que l'autre dit ou fait pour éviter de créer ou renforcer une relation de dépendance. En effet, tout jugement négatif risquerait de bloquer l'expression de l'autre, voire le rendre agressif. *A contrario*, celui qui reçoit un jugement positif agira, souvent de façon inconsciente, dans le seul but de continuer à recevoir des évaluations positives.
Un intérêt réel du locuteur aux propos de l'autre	Cet intérêt se manifeste notamment à travers la capacité à reformuler les propos de son interlocuteur. La reformulation consiste à redire en d'autres termes, et d'une manière plus concise et plus explicite, ce que la personne vient d'exprimer afin d'obtenir son accord sur ce qui vient d'être dit.
L'utilisation de techniques de reformulation, de clarification du sens	· La **reformulation résumée** : le locuteur traduit l'essentiel de ce que l'autre a voulu dire. · La **reformulation reflet** : le locuteur utilise d'autres termes équivalents qui paraphrasent ou reflètent les propos que l'autre vient de tenir. · La **reformulation élucidation** ou **clarification** : le locuteur renvoie à son interlocuteur le sens de ses propos afin de s'assurer qu'il a bien compris. Il est certes facile de poser des questions, mais c'est tout un art de poser des questions pertinentes pour obtenir des informations précises et non ambiguës. · La **reformulation écho** : elle consiste à reprendre les derniers mots prononcés par l'autre pour l'encourager à continuer à parler.
Un comportement d'empathie	L'empathie repose sur le contrôle de ses propres réactions, parfois affectives, afin de se rendre disponible. C'est une manière de ressentir ce que l'autre ressent. L'empathie doit être active et transmise.

FICHE RESSOURCE

2 Le recueil et l'application efficaces des consignes

Les consignes ont pour but de donner des indications sur le travail à faire, sa planification (immédiat ou non, urgent ou non), les conditions dans lequel il doit être réalisé.

I Le décodage des consignes

Les consignes ne sont pas toujours clairement énoncées et peuvent donner lieu à une mauvaise interprétation. Les modes grammaticaux employés (l'indicatif, l'infinitif ou le conditionnel) permettent d'exprimer des ordres, des suggestions, des souhaits...

1. Les consignes explicites

Ce sont des consignes, souvent des ordres, clairement formulées, compréhensibles et ne donnant pas lieu à interprétation.

Exemples : « Je vous demande de rédiger une note dans laquelle vous mettrez en évidence... »
« Allez me chercher le dossier Justin. »

2. Les consignes implicites

Ce sont des consignes qui ne sont pas clairement verbalisées. Leur sens n'est compréhensible que par déduction.

Exemples : « Je vous laisse vous occuper du dossier Taupin. Vous connaissez mon point de vue. »

Pour arriver à comprendre et interpréter des consignes implicites, il faut une bonne connaissance de l'entreprise, de son mode fonctionnement, utiliser sa propre expérience de la relation que l'on entretient avec le manager. Seule une solide connaissance de ses habitudes permet de déduire les différentes tâches à accomplir : préparer les éléments d'un dossier, faire les photocopies nécessaires, vérifier si des rendez-vous ont bien été pris...

II Les techniques de compréhension des consignes

1. La demande de précision, d'approfondissement

Si on ne comprend pas les consignes, leur clarification s'obtient au moyen de questions.
Une **question fermée** appelle une réponse binaire : « Oui » ou « Non ».

Exemple : « Avez-vous envoyé le courrier à M. Fabre ? »

Une **question ouverte** appelle une réponse détaillée.

Exemple : « Avez-vous réfléchi au contrat de renouvellement de notre abonnement ? »

Pour obtenir un fait. *Exemple :* « À quelle date voulez-vous fixer la prochaine réunion ? »
Pour recueillir un avis. *Exemple :* « Que pensez-vous de ce nouveau matériel ? »
Pour recueillir un sentiment. *Exemple :* « Êtes-vous satisfait de votre nouveau poste ? »

2. La reformulation

La reformulation consiste à reprendre ce que l'interlocuteur exprime dans le but de réduire les incertitudes, de vérifier que ce qui a été dit a été bien compris pour éviter les malentendus.

Exemples : « Si j'ai bien compris, vous pensez que... », « Vous préférez le lundi à 18 h plutôt que le mardi à 15 h, c'est bien cela ? »

3. La synthèse partielle

Elle permet de marquer la fin d'une séquence de communication avant de passer à la suivante. Il s'agit de résumer les idées évoquées, les décisions prises.

3 Les techniques de prise de notes

I L'utilisation de mots-clés ou de phrases clés

Seuls les mots-clés ou les idées principales sont retenus. Les mots non indispensables à la compréhension (adjectifs, pronoms…) sont supprimés.

Exemple : « Je vous demande de bien vouloir envoyer un courrier à notre fournisseur Clément afin de lui demander ses tarifs concernant… » devient « courrier fournisseur Clément tarifs… »

On parle de style télégraphique (transformation des groupes verbaux en groupes nominaux).

Exemple : « relancer clients non-respect délai factures > 30 jrs »

II L'utilisation d'abréviations

Une abréviation s'obtient par l'omission de certaines lettres d'un mot.

Exemples

ds = dans	m^ = même	p = page	lgts = longtemps
c^ = comme	nb = nombre	pdt = pendant	rv = rendez-vous
ms = mais	cf = conférer, voir	cpt = cependant	ns = nous
qq = quelque	qqf = quelquefois	tt = tout	vs = vous
ss = sans	svt = souvent	ê = être	dvp = développement
nbx = nombreux	tjs = toujours	st = sont	
avt = avant	pb = problème	tps = temps	

III Exemples de symboles

= égal à	≡ équivalent à	∀ pour tout
≠ différent de	Σ somme de, au total	∈ appartient à
+ plus	∃ existe	♀ femme, féminin
– moins	∄ n'existe pas	♂ homme, masculin
< inférieur à *ou* vient de	^ au point de vue de	÷ (par) rapport (à)
> supérieur à *ou* d'où	≈ semblable à, ressemble à	↦ à partir de
± plus ou moins	↗ augmente	? question
// parallèlement à	↘ diminue	Δ attention
>< s'opposent	↬ jusqu'à	

IV Les attitudes professionnelles pour une prise de notes efficace

1. La mémorisation

Prendre en notes exige une bonne mémoire. L'entretien de sa mémoire se fait au moyen d'exercices réguliers.

2. La concentration et l'attention

Il faut pratiquer une écoute active : le manager peut répéter à plusieurs reprises une même idée tout en la formulant de façon différente. Il faut donc être particulièrement attentif pour repérer la structure de l'exposé : l'introduction, les différentes parties, les transitions, les phrases ou les mots-clés…

3. L'entraînement

Un entraînement intensif est indispensable car la prise de notes est un exercice difficile et complexe.

FICHE RESSOURCE

4 Le message électronique (ou courriel)

En milieu professionnel, le courrier électronique reste le support de communication le plus utilisé en interne, entre collègues, comme en externe, pour établir une communication rapide avec les partenaires de la PME. Sa rédaction pour des usages professionnels nécessite l'application de quelques règles.

I L'adresse courriel professionnelle

Une adresse courriel professionnelle est constituée du nom et du prénom (signature de l'identité de l'émetteur).

II Le(s) destinataire(s)

L'adresse du ou des destinataires doit être vérifiée. Une grande attention doit être apportée aux destinataires à mettre en copie, surtout pour les courriels à contenu confidentiel.

III L'objet

L'objet, premier élément lu par le destinataire, doit être bref et précis (exemples : « Rendez-vous du… », « Compte rendu de… »). Si le message est vraiment urgent, il est possible d'indiquer « Urgent » en début d'objet. Pour un courriel collectif ou adressé à l'entreprise, on pourra préciser le nom du destinataire (exemple : « À l'attention de Monsieur le DRH - CV poste Community Manager »).

IV Le corps du message

Il commence par une appellation correcte du destinataire (« Monsieur X » ou « Madame Y ») ou par sa fonction (exemple : « Monsieur le Directeur »). Commencer par un « Bonjour », plus familier, ne s'utilise qu'entre collègues.

V Le contenu

Il doit être concis et précis, d'un style neutre, présenté en plusieurs paragraphes pour améliorer la clarté. Les abréviations et points d'exclamation sont à proscrire pour éviter un ton trop personnel. Dans un courriel professionnel, le vouvoiement est une marque de politesse, surtout s'il s'agit de relations d'affaires avec un partenaire externe. Le tutoiement ne sera utilisé que si l'un des interlocuteurs le propose dans le but de rendre la relation moins formelle ou si les deux interlocuteurs se tutoient déjà dans le cadre de leurs relations professionnelles au quotidien. En cas d'erreur commise, la présentation d'excuses est de mise.

VI La relecture du contenu

La relecture, obligatoire, permettra de vérifier la forme (respect de l'orthographe et des règles de ponctuation, usage correct des majuscules) et le fond (message sans ambiguïté, sans risque de fausse interprétation).

VII Une conclusion polie

Un courriel se conclut par un remerciement pour l'attention portée au message puis par une formule de politesse du type : « Cordialement », « Bien cordialement », « Respectueusement » ou « Bien à vous », marque de respect envers le destinataire.

Réussir son stage grâce à des attitudes professionnelles

Vous allez effectuer votre stage dans une PME qui vous accueillera pour six semaines.
Vous vous préparez en réfléchissant aux attitudes professionnelles à adopter. En effet, vous voulez mettre toutes les chances de votre côté pour valider votre diplôme, enrichir votre CV, voire être embauché(e).

Consignes

1. Lisez la fiche « Réussir son stage en entreprise grâce à des attitudes professionnelles » en page suivante.
2. Au fur et à mesure du déroulement du stage, cochez les cases quand vous pensez avoir mis en œuvre les moyens nécessaires pour réussir votre stage.
3. À partir des scénarios proposés, simulez la situation de communication dans laquelle vous jouez votre propre rôle.

Scénario 1 — Avant l'entretien pour un stage

Vous vous entraînez à réaliser une brève présentation de vous-même qui véhicule une image positive.

Scénario 2 — Deux semaines avant le début du stage, vous avez rendez-vous avec le chef d'entreprise.

Acteur 1
Le chef d'entreprise
(joué par votre professeur)

Il vous accueille avec bienveillance mais dispose de peu de temps.

Acteur 2
Vous-même, stagiaire

Vous montrez que vous vous êtes informé(e) sur l'entreprise. Vous vous renseignez sur les modalités du stage, vos missions.

Scénario 3 — En milieu de stage, vous faites le point avec votre tuteur.

Acteur 1
Votre tuteur

Il vous écoute attentivement et vous donne des conseils.

Acteur 2
Vous-même, stagiaire

Vous rendez compte d'une de vos missions. Vous montrez que vous allez prendre en compte les conseils dispensés.

Scénario 4 — En fin de stage, vous prenez congé de votre tuteur.

Acteur 1
Votre tuteur

Satisfait de vous, votre tuteur vous reçoit bien volontiers.

Acteur 2
Vous-même, stagiaire

Vous tenez à laisser une excellente impression de votre passage dans la PME.

Réussir son stage en entreprise grâce à des attitudes professionnelles

S'affirmer, avoir confiance en soi grâce à une meilleure connaissance du lieu de stage et de ses modalités	
Moyens :	
• Vous présenter de façon synthétique et communiquer une image positive de vous-même.	☐
• Vous renseigner sur l'entreprise (activité, CA, organigramme...).	☐
• Vous informer sur le stage lui même (détail des missions, identification du tuteur, déplacements à prévoir, horaires).	☐
• Vous adapter à la culture d'entreprise en respectant les codes vestimentaires (costume, tailleur, tenue décontractée...) et les usages (organisation hiérarchique, déjeuners entre collègues...).	☐

Développer des comportements professionnels durant le stage	
Moyens :	
• Respecter les horaires de travail, avoir une tenue correcte, veiller à la correction de son langage.	☐
• Être force de propositions et prendre des initiatives. Si les missions confiées manquent de contenu ou ne sont pas du niveau BTS, se montrer proactif : demander des missions supplémentaires, proposer son aide.	☐
• Être curieux et échanger avec l'entourage professionnel, notamment demander des explications, parler de ses éventuelles difficultés.	☐
• S'intéresser aux autres services, aux différents métiers, à l'organisation de l'entreprise.	☐

Entretenir de bonnes relations avec votre tuteur afin d'alimenter votre réseau professionnel.	
Moyens :	
• Faire preuve d'écoute (écouter ses conseils : points forts et points à améliorer).	☐
• Faire preuve de courtoisie (soumettre son travail, rendre compte de ses missions, demander l'avis de son tuteur).	☐
• Vous préparer à un entretien bilan avant la fin du stage.	☐
• Garder le contact (courriel de remerciements).	☐
• Évoquer la possibilité d'une future collaboration lorsque la fin du stage arrive.	☐

Collecter, organiser des informations recueillies Il s'agit d'anticiper la rédaction des documents qui constitueront le dossier de l'épreuve E4 et au-delà se projeter dans un futur emploi.	
Moyens :	
• Prendre des notes, classer les informations recueillies au fur et à mesure, tenir un journal dans lequel sont décrites vos impressions afin de prendre du recul.	☐
• Rédiger les compétences et connaissances acquises susceptibles d'intéresser un futur recruteur.	☐
• Mettre à jour votre CV.	☐

Chapitre

3 Communiquer en face-à-face et au téléphone

▶ **RÉFÉRENTIEL** **S 5.5.** Communication orale interpersonnelle

Situation professionnelle

Vous venez d'être recruté(e) par la société City Tours, le plus grand opérateur mondial de visites touristiques en bus découverts, qui déploie ses activités dans dix capitales européennes.

Sa plateforme « Accueil clients » se situe rue Auber à Paris, à proximité des grands boulevards, lieu de passage important de touristes. Elle est ouverte 7 jours sur 7, de 9 h à 20 h.

Vous travaillez en étroite collaboration avec Mme Fauvet, la directrice commerciale de City Tours : « Notre société, spécialiste de visites touristiques, est aujourd'hui riche de plus de vingt années d'expérience. La clé de notre succès est de comprendre chaque ville, son caractère, sa culture ainsi que ses points d'intérêt. Notre objectif est de fournir un service de qualité exceptionnelle et de faire vivre une expérience touristique unique aux millions de clients que nous accueillons chaque année. »

Mme Fauvet accompagnera votre intégration au sein de l'entreprise. Afin de vous préparer à votre fonction, qui comprendra la supervision de la plateforme d'accueil, elle vous propose une immersion d'une semaine au contact de la clientèle.

Avantages City Tours

Le meilleur prix !
Audioguides en 9 langues
10 arrêts dans Paris
40 monuments incontournables
Bus chauffés en hiver
Bus couverts en cas de pluie

1 Accueillir, identifier le(s) besoin(s) du client

Un couple de séniors entre dans la plateforme d'accueil de la rue Auber. Les deux visiteurs feuillettent, l'air indécis, les dépliants et brochures mis à disposition en libre-service sur les présentoirs. Ils semblent prêts à repartir... Vous vous dirigez vers eux.

1. **Proposez une phrase de prise de contact.**
2. **Préparez des questions pour identifier les besoins de ces clients.**

Fiche ressource 1

2 Informer, sécuriser et rassurer un client

Après la prise de contact, le couple de séniors semble prêt à recevoir des informations plus précises avant de se décider à réserver un circuit parmi les trois proposés.

1. **Présentez l'offre de l'entreprise (les circuits proposés dans Paris).**
2. **Préparez des réponses rassurantes et sécurisantes à l'intention de clients exprimant des inquiétudes (risque de fatigue, manque de temps pour visiter tous les sites...).**

Annexe • Le détail des différents circuits

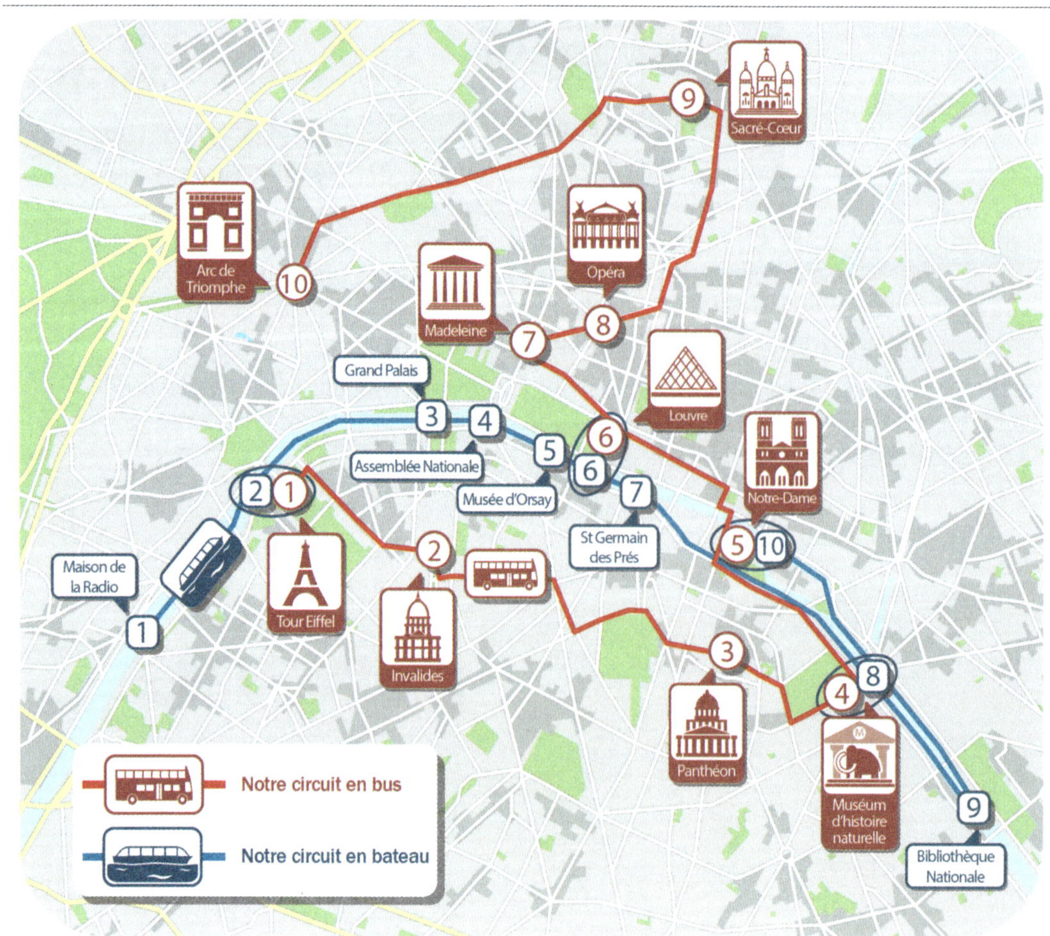

3 Accueillir et informer un client étranger

EXPERTISE

Le fait que vous parliez deux langues étrangères a favorisé votre recrutement au sein de City Tours car la clientèle se présentant sur la plateforme est composée à 80 % d'étrangers. Vous aimez particulièrement pratiquer l'anglais. C'est donc avec plaisir que vous accueillez un couple de visiteurs britanniques et leurs deux enfants.

Fiche ressource 1

1. **Procédez à l'accueil.**
2. **Présentez l'offre « Pass City Tours » 1 jour pour découvrir Paris.**

Annexe • Offre « Pass City Tours »

UN DUO EXCEPTIONNEL POUR DÉCOUVRIR PARIS !

Pass valable 1 jour

Circuit complet de la capitale, montée et descente à volonté

- 10 arrêts dans Paris (Opéra, Notre-Dame, Arc de triomphe, tour Eiffel...) pour vous permettre d'être au plus près des sites essentiels de la capitale ou de vos lieux de visite.
- Croisière de 1 heure sur la Seine, embarquement au pied de la tour Eiffel.

✔ ***Montée et descente à volonté / 10 arrêts dans Paris***
✔ ***Arrêt à 2 pas de l'embarquement, au pied de la tour Eiffel***
✔ ***Horaires libres***
✔ ***Gratuit pour les enfants de – de 10 ans***

Tarif : ~~35 €~~ 30 € / pers.

4 Mettre en attente

En pleine période d'affluence, vous êtes occupé(e) à renseigner un client. Un chauffeur livreur se présente, un bon de réception à la main pour signature. Il veut déposer plusieurs cartons de brochures et dépliants dans l'espace d'accueil. Vous lui demandez de patienter quelques instants pour respecter les consignes de sécurité et éviter qu'il n'encombre l'entrée de la boutique.

- **Procédez à la mise en attente.**

Fiche ressource 2

5 Orienter

Le responsable d'une grande enseigne de mode veut louer deux bus pour un événement privé. Il a pris rendez-vous avec Mme Fauvet pour négocier la location. À son arrivée, celle-ci est retenue par une communication téléphonique.

1. **Faites patienter le visiteur durant 5 minutes.**
2. **Orientez puis introduisez ce visiteur important auprès de Mme Fauvet.**

Fiche ressource 2

6 Filtrer un visiteur en face-à-face

Un visiteur entre dans la boutique et la traverse, sans vous regarder ni vous adresser la parole, puis frappe à la porte du bureau de Mme Fauvet. Or, celle-ci est en entretien et vous a précisé qu'elle ne devait pas être dérangée. Vous interpellez la personne.

Le visiteur : Tiens, Mme Fauvet a un secrétariat maintenant… Bonjour. Je suis Pierre Renaud.

Vous : Bonjour, Monsieur. Je travaille avec Mme Fauvet. Souhaitiez-vous la voir ?

P. Renaud : Oui, je la connais bien. Je l'ai déjà rencontrée.

Vous : Il est préférable de prendre rendez-vous car Mme Fauvet ne pourra pas vous recevoir ce matin, elle est déjà en rendez-vous. Mais peut-être puis-je vous être utile, et répondre à vos besoins ?

P. Renaud : Ah non, certainement pas ! J'ai rencontré un problème avec une réservation pour un groupe de 25 touristes chinois et j'ai l'habitude de m'adresser à elle. Donnez-lui mon nom, elle me recevra…

1. **Analysez la situation.**
2. **Proposez une suite à donner à cette situation de face-à-face.**

Fiches ressources 1 2

7 Réussir un accueil téléphonique

AUDIO

Situation 1 liennathan.fr/29rd8q

– J'hésite entre le City Tours de 2 heures et le Pass 1 jour. Que me conseillez-vous ?

– À votre place, je prendrai le Pass 1 jour. Il vous permet de monter et descendre du bus à volonté pendant une journée avec 10 arrêts dans Paris. C'est le top !

– Oui, mais c'est le circuit le plus cher et il risque d'être un peu éreintant avec un jeune enfant en poussette…

– Mais vous ne ratez rien des plaisirs que vous offre cette expérience unique ! Enfin, vous faites ce que vous voulez, mais pour moi, c'est vraiment le plus intéressant.

– Je vais quand même prendre le temps pour comparer les prix et évaluer la fatigue.

– Vous avez tous les renseignements horaires et tarifs sur notre site Internet, à vous de voir !

Situation 2 liennathan.fr/52dps9

– J'hésite entre le City Tours de 2 heures et le Pass 1 jour. Que me conseillez-vous ?

– Combien de temps allez-vous séjourner à Paris ?

– Un long week-end en famille,

– Pour qui voulez-vous réserver ?

– Deux adultes et trois enfants, dont un de 1 an et demi, encore en poussette. Les autres sont infatigables !

– Voulez-vous que je calcule les coûts de chaque option ?

– Non, merci, j'ai déjà trouvé les tarifs sur votre site Internet.

– Alors, avez-vous sélectionné, dans la deuxième option, les arrêts qui vous semblent intéressants et le temps approximatif de ces arrêts ? Tout cela dépend évidemment de votre petite famille…

1. **Comparez les réponses apportées à la demande du client.**
2. **Quelle est celle qui vous semble la plus efficace ? Justifiez votre réponse.**

Fiche ressource 3

8 Filtrer un visiteur au téléphone

Mme Fauvet vous a demandé de ne lui transmettre aucun appel durant toute la matinée car elle est en réunion avec le directeur général. Ensuite, elle doit s'absenter durant trois jours.

Vous : Bonjour, service commercial de la société City Tours.

Interlocuteur : Bonjour, je suis Pierre Tristan, client de votre société. Mme Fauvet m'avait demandé de la rappeler en début de semaine.

Vous : Pourriez-vous me dire à quel sujet vous souhaitez la joindre ?

P. Tristan : Euh, c'est un peu personnel... Je préférerais lui parler directement.

Vous : Je suis désolé(e) mais Mme Fauvet ne peut pas prendre votre appel actuellement.

P. Tristan : Si, si, je suis certain que si vous lui donnez mon nom, elle me répondra...

1 **Analysez la situation.**

Fiche ressource 4

2 **Proposez la suite à donner à cette situation de filtrage téléphonique.**

9 Traiter un appel téléphonique avec un interlocuteur difficile

EXPERTISE

Un client téléphone pour annuler ses réservations. Vous êtes très occupé(e), il y a beaucoup de monde dans la boutique.

« Bonjour. J'avais réservé 4 billets par Internet pour la semaine prochaine, mais nous avons un empêchement. Votre site ne donne aucune indication dans ce type de situation. Comment être remboursé ? »

Au ton de sa voix, on devine qu'il est assez énervé de ne pas avoir pu résoudre facilement le problème en quelques clics.

1 **Quel comportement adoptez-vous ?**

Fiche ressource 3

2 **Simulez la suite à donner.**

Annexe • Extraits des conditions annulation/remboursement d'une réservation

Les e-tickets ne peuvent être ni échangés ni remboursés [...]. Si le client annule lui-même la prestation, ou l'interrompt en cours de circuit, aucun remboursement ne sera effectué. Le prix du ticket n'inclut aucune assurance annulation.
Si, pour des raisons indépendantes de sa volonté, notamment des raisons de sécurité, la société City Tours devait modifier ou supprimer un ou plusieurs circuits, elle s'engage à reporter la réservation initiale sur un autre circuit, en accord avec le client ou, en cas d'impossibilité, à lui rembourser l'intégralité de la prestation. Il en sera de même si le nombre de passagers (8 personnes minimum) n'était pas atteint pour assurer le départ.
Toute demande de remboursement devra être adressée (avec les e-tickets joints) par courrier à l'adresse suivante : Direction commerciale City Tours – Rue Auber 75009 Paris,
ou par e-mail : contact@citytours.com.

10 Enregistrer un message téléphonique en français et en anglais

Mme Fauvet souhaite modifier les messages du répondeur téléphonique, notamment les rendre plus chaleureux et expressifs.

1. **Préparez au brouillon le plan des informations à enregistrer.** **Fiche ressource 3**
2. **Procédez aux enregistrements des messages d'accueil (un en français, un en anglais).**

Annexe • Consignes de Mme Fauvet

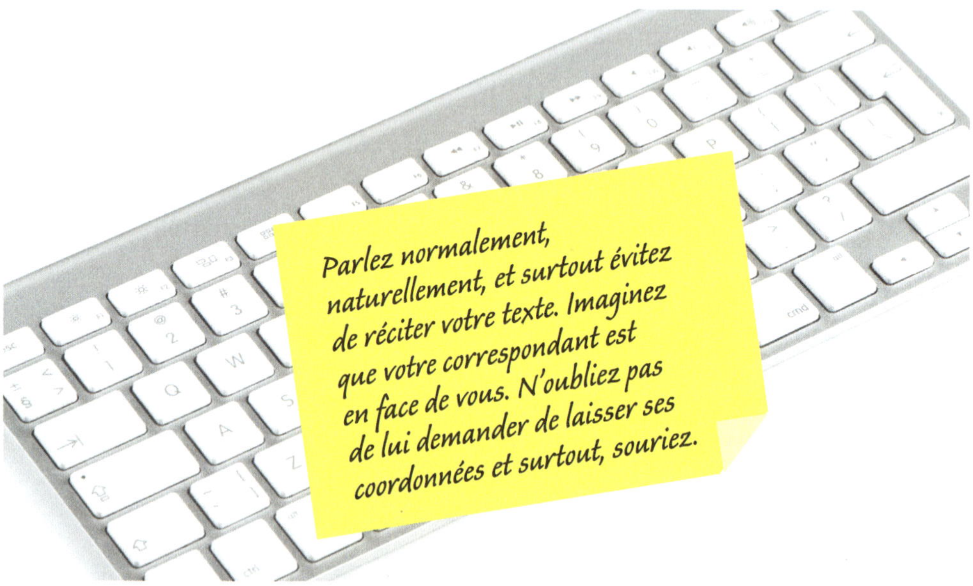

11 Laisser un message en anglais sur un répondeur

John Pierce a sollicité par courriel un rendez-vous avec Mme Fauvet lors de son prochain déplacement à Paris. Mme Fauvet vous remet son agenda et vous demande de le contacter pour que vous conveniez du rendez-vous. Mais il est déjà tard et Mr. Pierce a quitté son bureau londonien lorsque vous l'appelez. Vous laissez un message sur son répondeur. Mme Fauvet vous a précisé qu'un rendez-vous vers 11 h 30 dans son bureau de la boutique rue Auber serait idéal.

- **Simulez le message en anglais que vous laissez sur le répondeur de Mr. Pierce.** **Fiche ressource 3**

Annexe • Courriel de John Pierce

Hello Mrs Fauvet
I will be in Paris for one week from next Monday. Can we meet at your convenience?
Thank you for a prompt reply which will help me to organize my stay.
Best regards
John Pierce

12 Réceptionner un appel téléphonique en anglais

AUDIO

John Pierce vous rappelle dès le lendemain pour confirmer le rendez-vous. Mme Fauvet vous a précisé que l'horaire permettrait de lui proposer une invitation à déjeuner, un prolongement convivial pour parler affaires.

- **Présentez en anglais la proposition de Mme Fauvet à John Pierce.** Fiche ressource 3

Annexe • Les expressions à utiliser au téléphone en français et en anglais

Celui qui téléphone dans une langue étrangère s'expose à d'autres usages. Ceci peut générer des dissonances dans la communication. Cependant, la connaissance des différences culturelles et une ouverture d'esprit permettent de réduire les obstacles à la communication. L'aisance s'acquiert à partir d'une bonne connaissance du lexique de base propre à la communication téléphonique en français comme en anglais.

liennathan.fr/mk339i

Comment prendre contact Bonjour. C'est de la part de qui ? Pourriez-vous épeler votre nom, s'il vous plaît ? Comment allez-vous ? La ligne est très mauvaise.	**How to get in touch** Good morning. / Good afternoon. Who's speaking, please? Could you spell your name, please? How are you? It's a really bad line.
Comment écouter la demande Que puis-je faire pour vous ? Je ne comprends pas très bien. Pouvez-vous répéter, s'il vous plaît ? Merci de bien vouloir patienter quelques instants.	**How to listen to the request** May I help you? / How can I help you? I didn't catch that. Could you repeat, please? Hold the line. / Hold on a minute. Thank you for holding.
Comment demander des informations Pouvez-vous me donner des informations sur… ? Pouvez-vous me dire… ? **Comment orienter** Il est au téléphone. Pouvez-vous patienter ? Si vous me donnez votre nom et votre numéro de téléphone, je lui demande de vous rappeler aussitôt que possible. Je suis désolé(e), elle est absente pour le moment. Elle est en réunion. Elle est en vacances cette semaine. Je vais lui dire que vous avez appelé. Pouvez-vous rappeler plus tard ?	**How to ask for information** Could you give me some information about…? Could you tell me…? **How to direct a caller** He is on another line now; can you please hold? If you give me your name and number, I'll ask him/her to call you back. I'm sorry but she's not here right now. She's in a meeting now. She's on holiday all week. I'll tell him/her you called. Can you call back later?
Comment établir un relais si nécessaire Souhaitez-vous laisser un message ? Nous allons donner suite à votre appel. Je vous mets en communication avec M. X. M. X est en ligne et souhaiterait vous parler.	**How to act as an intermediary** Would you like to leave a message? We shall get back to you as soon as possible. I'll put you through to Mr. X. I have Mr. X who would like to speak to you.
Comment conclure / prendre congé Merci pour votre appel. Au revoir.	**How to end the call** Thank you for your call. Good bye.

13 Utiliser la messagerie vocale dans une campagne de fidélisation

EXPERTISE

D'après Mme Fauvet, des clients satisfaits de l'expérience City Tours sont les garants d'une activité pérenne. Entretenir une relation client personnalisée lui semble indispensable pour une fidélisation durable. Pour communiquer sans être intrusif, elle souhaite tester un puissant outil de communication : le message vocal. C'est auprès des clients professionnels de la société que ce test sera réalisé.

- **Réalisez l'enregistrement d'un message vocal dans les situations suivantes.**

Fiche ressource 3

Annexe • Exemple de service

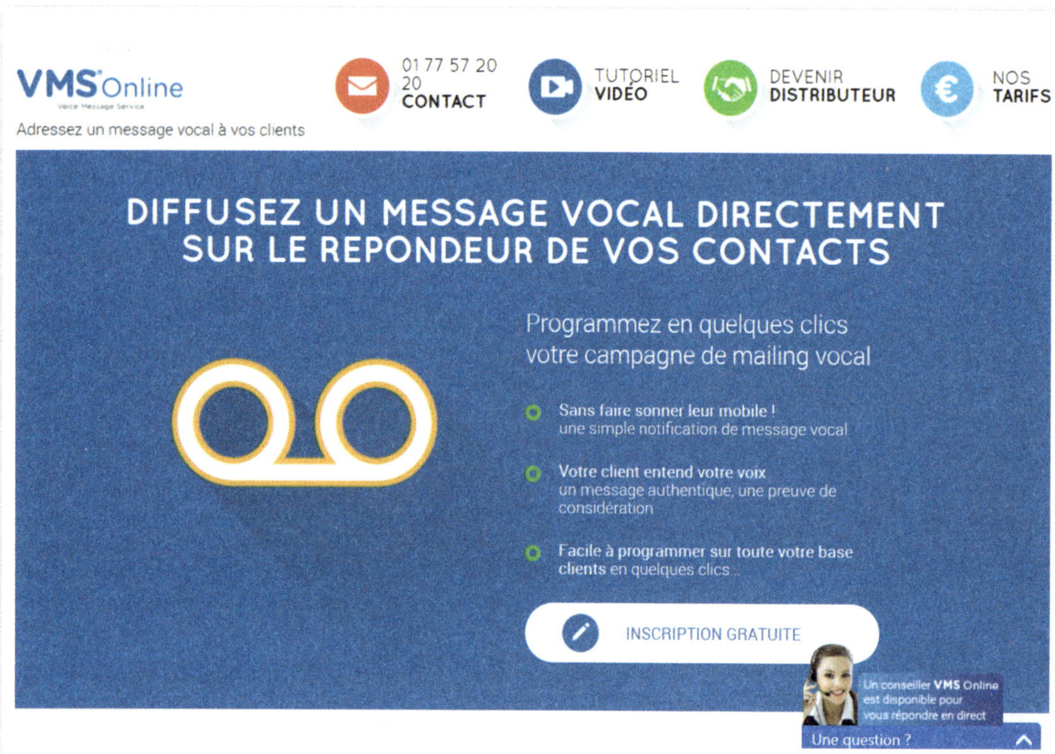

www.vms-online.fr

Proposition d'un rendez-vous

Répondez personnellement aux questions, demandes d'informations de la clientèle des professionnels. Enregistrez un message vocal avec votre propre voix pour leur proposer un rendez-vous. Le client aura ainsi l'impression que l'on s'adresse personnellement à lui. Pour communiquer sans déranger, le message vocal sera déposé directement sur répondeur, sans faire sonner le téléphone portable.

Remerciements	Offre exceptionnelle
Vous avez récemment organisé un événement pour une entreprise. Vous remerciez le responsable de l'événement dans un message vocal et vous lui rappelez que vous restez à sa disposition pour les événements qui suivront.	Envoyez un message pour fêter l'anniversaire de City Tours à vos clients professionnels. Pour les remercier de leur fidélité et les récompenser, offrez-leur un code promotionnel qui leur permettra d'obtenir une réduction sur leur prochaine réservation. Offre valable durant un mois.

14 Conduire une enquête de satisfaction auprès de la clientèle

EXPERTISE

Le site Internet de City Tours propose un formulaire « Enquête de satisfaction » auquel les clients sont invités à répondre. Mais le nombre de réponses est très faible. Diverses tentatives ont été faites par d'autres moyens comme le publipostage par courriel. Visiblement, la clientèle des particuliers, surtout quand elle est mécontente, préfère laisser un avis sur TripAdvisor.
Mme Fauvet décide donc de se recentrer sur la clientèle des entreprises, plus restreinte mais en fort développement. Elle vous confie une enquête téléphonique ciblée : les sociétés ayant fait l'expérience récente de l'organisation d'un événement d'entreprise par City Tours (elles aussi laissant parfois des avis sur TripAdvisor). Un retour d'expérience lui serait précieux pour améliorer la qualité des prestations aux entreprises.

1. **Rédigez le script de l'enquête téléphonique en limitant le nombre de questions.**

Fiche ressource 3

2. **Simulez l'enquête téléphonique auprès de Mme Bridget, directrice de l'agence BtoBCom.**

Annexe • Avis laissés par les clients professionnels sur le site TripAdvisor

●●●●● Avis publié : 6 décembre N

Excellent séminaire à Paris

Séminaire pour notre entreprise bien organisé à Paris (20 personnes), avec location de salle, déjeuner, dîner, transport. Nous avons appelé City Tours car nous voulions agrémenter notre séminaire d'une visite de la ville.
Un forfait tout compris nous a été très rapidement proposé, incluant la salle, l'hébergement, le transport, la restauration, ainsi que deux visites privées, un tour de ville en minibus découvert et une visite privée de l'opéra Garnier.
Le tout s'est fait très vite, avec un programme détaillé et un support sans faille.
Merci d'avoir permis la réussite de notre séminaire dans un laps de temps aussi court.

●●●○○ Avis publié : 5 novembre N

Arrêts trop longs

Nous avons organisé pour notre équipe une revue des monuments de Paris avec commentaires.
Nous avons été déçus car les écouteurs ne fonctionnaient pas bien, et les informations données sur l'histoire et l'architecture sont très succinctes. On n'apprend pas grand-chose.
Sur les deux heures de circuit il y a environ une heure d'arrêts pour les photos. C'est trop !
En revanche nous avons été très satisfaits de l'accueil en boutique et de la présentation du programme.

●●●●● Avis publié : 25 octobre N-1 par mobile

Nickel pour un team building entreprise

Tour réalisé à l'occasion d'un team building pour mon équipe. Les gérants ont été très à l'écoute de toutes nos exigences. L'événement a été un vrai succès. Professionnel et réactif sont les 2 mots qui qualifient le mieux cette société. Merci !

15 Rédiger un script pour traiter un appel entrant

EXPERTISE

Mme Fauvet compte sur vous pour former les futurs stagiaires à la réception des appels téléphoniques entrants. Forte de son expérience, elle pense qu'un script serait un support utile pour professionnaliser leur discours. En effet, elle considère que tout salarié est un ambassadeur de l'entreprise. À partir des notes prises lors de votre entretien avec elle, vous vous attelez à la rédaction de ce document.

Fiche ressource 3

1. **Rédigez le script de réponse aux appels entrants en limitant le nombre d'étapes.**
2. **Simulez le traitement d'un appel entrant à l'aide du script.**

Annexe 1 Notes prises lors de l'entretien

- *Se présenter.*
- *Rester simple et positif.*
- *Désamorcer l'impatience due à une éventuelle mise en attente.*
- *Personnaliser l'appel.*
- *Comprendre la demande de la personne qui appelle.*
- *Rassurer.*
- *Alterner questions ouvertes et fermées.*
- *Ne pas raccrocher tant qu'on n'est pas sûr d'avoir répondu à la demande.*
- *Prendre congé correctement.*

Annexe 2 Votre proposition

Se présenter

Pour gagner en efficacité, il faut immédiatement confirmer à l'appelant qu'il a contacté la bonne société.

Exemple de phrase d'accueil :

« Société City Tours, *Prénom*, chargé(e) d'accueil. Que puis-je faire pour vous ? »

Brève explication pour justifier l'intérêt de cette phase

Donner un ou des exemples de phrases.

1 L'accueil en face-à-face

I Prendre en charge chaque visiteur

Une prise en charge réussie des visiteurs obéit à certaines étapes :
– montrer à chaque client que l'on est disponible en établissant un premier contact visuel avant de parler ;
– accueillir chaque visiteur de façon personnalisée, par exemple « Bonjour » suivi d'un identifiant (« Monsieur », « Madame », « Mademoiselle »), permet d'établir un contact chaleureux plus facilement. Si on connaît le nom du visiteur, il est possible de l'accueillir de façon personnalisée en utilisant son nom, sauf si le contexte exige la discrétion et la préservation de l'anonymat ;
– s'assurer que chaque visiteur perçoit qu'il a été pris en considération et que l'on va répondre à ses attentes, notamment par une prise en compte de la langue dans laquelle il s'exprime spontanément (anglais, espagnol…).

II Identifier les besoins du visiteur

Le recueil d'informations concernant l'objet de la visite et les besoins du visiteur s'effectue au moyen d'une question brève :
– « Que puis-je faire pour vous ? »
– « Puis-je vous renseigner ? »
– « En quoi puis-je vous aider ? »
– « Puis-je vous aider ? »
– « Qui souhaitez-vous rencontrer ? »
– « Avez-vous un rendez-vous ? »
La réponse doit en principe fournir immédiatement les indications nécessaires pour répondre à la demande du visiteur. Si ce n'est pas le cas, une reformulation peut s'avérer utile : « Si j'ai bien compris votre demande… »

III L'accueil des visiteurs étrangers

– Disposer de documents d'information sur l'activité de la PME, rédigés dans les langues étrangères les plus utilisées.
– S'assurer que l'information fournie aux visiteurs étrangers est bien comprise en utilisant des techniques de clarification du sens.
– Tenir compte de l'interprétation du regard. En effet, selon les cultures, détourner son regard peut être considéré comme une impolitesse ou, au contraire, comme une marque de respect.
– Prendre en compte la notion de distance relationnelle (zone publique, sociale, personnelle ou intime) lors d'un face-à-face avec un visiteur étranger qui peut ne pas en avoir la même interprétation que la vôtre.

FICHE RESSOURCE

2 Mettre en attente, orienter, filtrer en face-à-face

I La mise en attente

Il est important de limiter le temps d'attente et de le rendre le plus agréable possible pour le visiteur. Pour cela, il est nécessaire :

– de vérifier le rangement dans le lieu d'attente, la netteté d'ensemble, la mise à disposition de revues, de boissons ;

– de faire patienter le visiteur en lui précisant que son attente a bien été prise en compte ;

– de lui indiquer le temps d'attente approximatif pour éviter l'inquiétude, les récriminations.

Si l'attente se prolonge au-delà du temps prévu, donner des explications crédibles sur le retard, d'un ton assuré : « M. X vient d'appeler. Il vous prie de l'excuser de son retard dû à un embouteillage *(ou une urgence à traiter)*. Il sera là dans une demi-heure… »

Présenter des excuses prouve au visiteur qu'il est pris en considération.

Éventuellement, un autre rendez-vous peut être proposé.

II L'orientation d'un visiteur ayant un rendez-vous

Quand un visiteur ayant un rendez-vous se présente à l'accueil :

– lui demander son identité si on ne le connaît pas ;

– consulter la liste des visiteurs attendus ;

– lui remettre le badge « Visiteur » ;

– l'informer que l'on prévient de son arrivée et prévenir la personne demandée ;

– si celle-ci est disponible : orienter le visiteur vers elle ou, en fonction de la procédure d'accueil, l'accompagner et l'introduire ;

– si celle-ci n'est pas disponible : faire patienter le visiteur.

III Le filtrage des visiteurs en face-à-face

Lors de la phase d'accueil, il est nécessaire d'identifier rapidement le statut du visiteur (client, fournisseur) et l'objet précis de sa présence pour prendre la bonne décision, à savoir l'introduire ou pas auprès de la personne qu'il souhaite rencontrer.

Plusieurs cas de figure sont envisageables :

Le visiteur a rendez-vous.	Le visiteur n'a pas rendez-vous mais c'est quelqu'un d'important.	Le visiteur n'a pas rendez-vous et sa demande peut être traitée par quelqu'un d'autre.	Le visiteur est totalement inopportun.
↓	↓	↓	↓
L'introduire ou le faire patienter si la personne qu'il doit rencontrer n'est pas disponible immédiatement.	Prévenir la personne qu'il souhaite rencontrer et lui demander son autorisation pour introduire le visiteur.	L'orienter vers la personne compétente.	Rejeter la demande en justifiant le refus, prendre en note l'objet de la visite et les coordonnées du visiteur.

3 Les principes pour réussir un accueil téléphonique

I S'adapter rapidement à l'interlocuteur

- Identifier l'interlocuteur et son profil (tenir compte de la dimension interculturelle).
- Identifier le besoin et y répondre de manière pertinente, concise et courtoise.
- Conclure de façon personnalisée.

II S'adapter rapidement aux diverses situations

- Déjouer les pièges (filtrage, barrage, démarcheurs).
- Traiter efficacement les interlocuteurs qui posent problème (mécontent, impatient, bavard…).
- Mettre en confiance, désamorcer les tensions.
- Savoir annoncer une mauvaise nouvelle.

III Développer des attitudes facilitatrices

- Savoir écouter et garder la maîtrise de l'entretien.
- Poser les bonnes questions et reformuler.
- Mobiliser les techniques de communication : l'écoute, la reformulation, le questionnement, l'argumentation, la négociation si nécessaire.
- Aborder sans stress la communication téléphonique.

IV Communiquer une image positive de soi et de l'entreprise au téléphone

- Savoir se présenter.
- Donner une image chaleureuse par le sourire (qui s'entend au téléphone).
- Utiliser sa voix comme un outil : trouver le ton, le débit, les mots justes.
- Adopter une attitude positive et valoriser son interlocuteur.

V Traiter un appel téléphonique difficile

Trouver les mots justes face à des situations difficiles

- Désamorcer le mécontentement ou l'agressivité de l'interlocuteur.
- Savoir recentrer avec diplomatie et se débarrasser des gêneurs.
- Canaliser son énergie et ses émotions (mental, respiration, relaxation).
- Ne pas se laisser impressionner par les manœuvres d'intimidation.

Acquérir les réflexes essentiels pour traiter les réclamations

- Prendre en charge son interlocuteur : comprendre pour traiter la réclamation, développer l'écoute active, poser les bases d'un échange constructif.
- Mener l'entretien : être proactif en termes de propositions, s'affirmer avec diplomatie.
- Conclure positivement un entretien avec un client difficile.
- Conclure l'appel et prendre congé sur une bonne impression.

FICHE RESSOURCE

4 Le filtrage au téléphone

I Première étape : identifier l'interlocuteur

Faire préciser l'identité de l'interlocuteur et l'objet de sa demande.
« Pouvez-vous me rappeler votre nom, s'il vous plaît ? », « Puis-je connaître l'objet de votre appel ? »

II Deuxième étape : adapter son attitude en fonction de la personne qui appelle

Faire barrage à l'appel avec fermeté	
Un commercial qui fait de la prospection	« Bonjour. Quel est l'objet de votre appel ? » Si la proposition peut être intéressante pour l'entreprise : « Pouvez-vous m'adresser votre documentation à mon nom ? Je suis désolé(e) mais je ne peux pas prendre de rendez-vous avec le manager. Si votre proposition l'intéresse, nous vous appellerons… »
Un étudiant en recherche de stage	« Je peux vous indiquer la procédure habituelle pour candidater mais je ne connais pas les possibilités de stage. »

Faire barrage à l'appel mais le traiter soi-même avec courtoisie et lui donner une suite	
Un collaborateur subalterne Un client peu important	« Je prends en note l'objet de votre appel, j'en parle à mon manager et je vous rappelle demain. »

Passer la communication téléphonique au manager	
Son supérieur hiérarchique ou un(e) collègue du même rang dans la hiérarchie Les interlocuteurs privilégiés dont on détient la liste (un client important, un banquier…) Les membres de sa famille	Il faut indiquer le nom et la qualité de l'interlocuteur à son supérieur hiérarchique et attendre son accord pour le mettre en relation avec lui. En cas d'empêchement : « Je vous rappellerai lorsque mon responsable sera disponible. »

Analyser une situation de communication orale professionnelle

Créée en 1982, la PME Routier & Fils assure le transport de tout ce qui est lourd, fragile et précieux. Elle est spécialisée dans la manutention lourde : déménagement d'entreprises (machines-outils, machines d'imprimerie...), transfert de lignes de production industrielle, pose d'escaliers mécaniques, groupes froids (climatisations), chambres fortes, pianos, œuvres d'art. Vous êtes en stage auprès de Claude Pascal, directeur du service commercial.

Consignes

1. Analysez les éléments du contexte de la communication :
   – Contexte matériel
   – Contexte temporel
   – Contexte social
   – Contexte culturel
2. À partir du scénario proposé, simulez la situation de communication dans laquelle vous jouez votre propre rôle.

Scénario

Votre responsable, Claude Pascal, directeur du service commercial, est en vacances pour deux semaines. La standardiste vous transmet une communication téléphonique. Elle n'a pas demandé au préalable à son interlocuteur l'objet de son appel. Vous acceptez cependant de prendre la communication. Il s'agit de M. Tempo, chef d'entreprise pour lequel la PME Routier & Fils doit réaliser le déménagement des équipements d'un atelier de fabrication. En lui apprenant l'absence de votre responsable, vous devinez son irritation au ton de sa voix. Sa demande n'est pas très claire. Il souhaite connaître d'urgence la date de début du chantier, sa durée...

Acteur 1
M. Tempo, client

Il y a deux semaines, M. Tempo a signé et retourné un « bon pour accord » au devis d'un montant de 555 000 €.

Depuis, il n'a plus aucune nouvelle de l'entreprise. Or, sa principale contrainte est le temps. Ce déménagement lui impose une planification stricte. En effet, le bâtiment du nouvel atelier lui a déjà été livré clés en main il y a quinze jours, le 2 mars, et la date de reprise de la production est fixée au 25 mars, fin du contrat de location de l'ancien local oblige.

Acteur 2
Vous-même, stagiaire

Le filtrage en amont a été défaillant. En l'absence de votre responsable, vous devez gérer avec courtoisie et fermeté cette communication téléphonique avec un client important.

Vous devez le rassurer et lui montrer le sérieux de la PME quant à ses engagements commerciaux.

Grille d'observation et d'analyse d'une situation d'accueil/information/conseil

Compétences comportementales	Points maîtrisés	Points à améliorer
Développer une image valorisante et fidèle de l'entreprise dans la relation avec la clientèle.		
S'adapter aux interlocuteurs de niveaux, fonctions, personnalités différents.		
Utiliser un registre de langage adapté à l'interlocuteur.		
S'exprimer clairement et de façon concise.		
Faire preuve d'empathie.		
Évaluer l'enjeu des demandes clients.		
Être autonome et faire preuve d'initiative.		
S'affirmer.		
Compétences professionnelles	**Points maîtrisés**	**Points à améliorer**
Respecter la phase de contact.		
Prendre en charge le visiteur avec courtoisie.		
Écouter la demande du visiteur.		
Gérer la mise en attente.		
Orienter le visiteur.		
Répondre de façon adaptée à la demande ; éventuellement, la reformuler.		
Donner des informations précises et fiables en s'appuyant sur les documents utiles.		
Respecter la prise de congé.		
Assurer les conditions matérielles favorables à l'accueil des clients.		

Chapitre

4 Modéliser des documents

RÉFÉRENTIEL **S 5.3.** Modélisation des documents et l'interface homme/machine

VERS PIX **D 1.2.** Gérer des données
D 1.3. Traiter des données
D 3.1. Développer des documents textuels
D 3.3. Adapter les documents à leur finalité

Situation professionnelle

L'entreprise Creuztout est leader sur le marché du terrassement dans la Région Nouvelle-Aquitaine. Ses activités s'articulent autour de trois pôles :
– le terrassement à proprement parler ;
– la création et la maintenance des réseaux téléphoniques, optiques et électriques enfouis ;
– la location d'engins de chantier avec ou sans chauffeur.

L'entreprise est née en 2009 d'un regroupement de quatre sociétés spécialisées dans des domaines différents. Depuis, elle en a intégré cinq autres. Cette politique d'absorption forme aujourd'hui un groupe qui couvre toute la Nouvelle-Aquitaine et emploie 220 personnes. Creuztout s'appuie sur les différentes structures des entreprises absorbées. Elle est donc implantée dans les villes les plus importantes de la région.

Le siège de Creuztout se situe à Bordeaux, en Gironde. Il pilote l'ensemble des activités sur la région, les établissements déconcentrés servant essentiellement d'entrepôts ou d'ateliers pour les techniciens.

Vous travaillez au sein du siège depuis trois ans. M. Rateau, le nouveau directeur, a lancé une stratégie d'harmonisation des procédures, indispensable compte tenu de l'histoire de l'entreprise. En effet, la politique d'absorption a donné naissance à un ensemble disparate, aux méthodes de travail différentes selon les salariés. Cela crée une certaine confusion en interne et brouille l'image de l'entreprise auprès des clients. Vous participez à ce projet sur l'axe de l'harmonisation de la communication.

Creuztout SAS

Au capital de 78 000 €
3 rue des Anciens Chais
33000 Bordeaux
Tél. : 05 00 00 00 00
www.creuztout.com

1 Standardiser les documents grâce à la charte graphique

M. Rateau souhaite harmoniser l'ensemble des documents de l'entreprise afin de créer une identité pour les membres de l'organisation et affermir son image en externe. Il a fait appel à un cabinet de conseil en communication qui a élaboré un nouveau logo et une charte graphique. Il faut maintenant l'appliquer à l'ensemble des documents de l'entreprise.

Pour commencer, M. Rateau vous demande de préparer deux propositions de carte de visite intégrant les nouvelles exigences de la charte graphique. Celle qu'il choisira servira de modèle pour l'ensemble du personnel concerné (M. Rateau, les directeurs et les commerciaux).

1. **Créez deux cartes de visite en vous aidant d'exemples trouvés sur Internet et en reprenant les données de l'ancienne carte. Respectez la nouvelle charte graphique.** Fiche ressource 1

2. **Préparez votre entretien avec M. Rateau pour lui présenter votre travail. Recherchez des arguments que vous lui exposerez en décrivant vos propositions.**

Annexe 1 Extrait de la charte graphique Creuztout

• Le logo

Le brun, par son aspect terrien, symbolise des valeurs comme le naturel, le rustique, la solidité, la stabilité. Cette couleur est le reflet de notre rigueur et de notre professionnalisme. Comme le soleil qui diffuse ses rayons, source de vie et de joie, le jaune symbolise notre mission, à savoir relier les hommes.

Les interdictions sur le logo :

Ne pas changer les couleurs	Ne pas modifier les proportions	Ne pas changer la typographie	Ne pas utiliser de fond foncé

• Les formes

Préférer les coins arrondis :

- **Les couleurs, palette RVB :**

Rouge : 88 Vert : 29 Bleu : 0	Rouge : 242 Vert : 81 Bleu : 0	Rouge : 255 Vert : 217 Bleu : 55

- **La typographie**

Police de titre :

FRANKLIN GOTHIC DEMI 24, 20, 16, 14

Police corps du texte :

Franklin Gothic Book 14, 12 (taille par défaut), 10

En l'absence de Franklin Gothic :

ARIAL **22, 18, 14**

Arial 14, 11 (taille par défaut), 10

- **La signature mail**

CREUZTOUT

Prénom NOM
Adresse
Téléphone
Site ou adresse mail

Fonction

Franklin Gothic Book 10
Lien :
Orange souligné
R242, V81, B0

Franklin Gothic Book 10
Brun
R88, V29, B0
Interlignage : 1,1

Franklin Gothic Demi 10
Brun
R88, V29, B0
Interlignage : 1,1

Annexe 2 L'ancienne carte de M. Rateau

85 mm

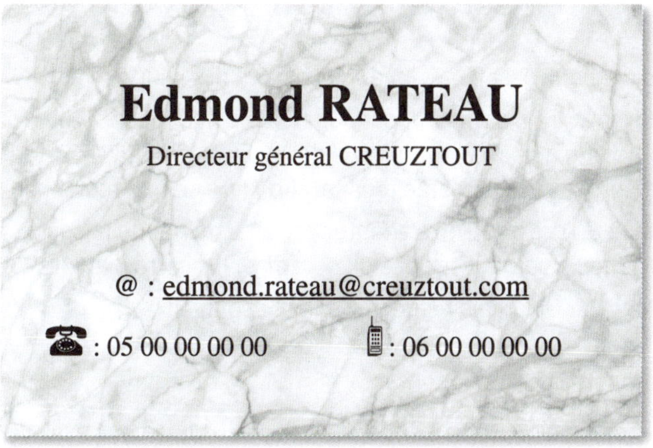
Edmond RATEAU
Directeur général CREUZTOUT
@ : edmond.rateau@creuztout.com
: 05 00 00 00 00 : 06 00 00 00 00

55 mm

2 Créer un modèle de courrier

Dans le cadre de l'application de la charte graphique, M. Rateau souhaite standardiser les courriers. Il vous charge de cette tâche.

1. **Réalisez sur poste informatique une maquette de papier à en-tête en respectant la charte graphique.** Fiches ressources 1 2
2. **Insérez les mentions obligatoires.**
3. **Enregistrez cette maquette en tant que modèle.**

Annexe • Les mentions obligatoires dans les documents commerciaux

Toute personne immatriculée au registre du commerce et des sociétés doit indiquer sur ses papiers d'affaire :

- son numéro unique d'identification : numéro SIREN (9 chiffres) ;
- la mention « RCS » suivie du nom de la ville où se trouve le greffe où elle est immatriculée ;
- le lieu de son siège social ;
- la forme juridique en toutes lettres ou sous forme d'initiales ;
- l'énonciation du montant du capital en euros.

Sanction

Toute entrave est punie de l'amende prévue pour les contraventions de 4e classe (montant pouvant aller jusqu'à 750 euros). Le défaut d'indication du nom de la société accompagnée de la mention de son statut juridique et du montant du capital social n'est plus pénalement sanctionné mais peut faire l'objet d'une demande d'injonction de faire. (Article L. 238-3 du Code de commerce)

D'après le site www.entreprises.cci-paris-idf.fr

3 Créer un modèle de diaporama

M. Rateau vous convoque dans son bureau pour vous confier une nouvelle tâche.

M. Rateau : Le cabinet de conseil en communication qui a réalisé notre charte graphique m'a suggéré de faire un gabarit pour les diaporamas. Je pense que c'est une très bonne idée, mais leurs tarifs sont un peu élevés. Je me demandais si vous ne pouviez pas le faire.

Vous : Je peux essayer. Pouvez-vous m'en dire plus ?

M. Rateau : Il s'agit de proposer un modèle de présentation de diaporama afin que chaque membre de l'entreprise l'utilise. De ce fait, nous aurons tous la même présentation lors de nos réunions.

Vous : Il faudra peut-être adapter certains points de la charte graphique aux particularités des diaporamas. J'ai carte blanche ?

M. Rateau : Oui, mais respectez sa philosophie !

1. **Créez un modèle de diaporama sur poste informatique.** Fiche ressource 3
2. **Préparez la présentation de votre modèle à M. Rateau. Justifiez les libertés que vous avez dû prendre vis-à-vis de la charte graphique.**

4 Appliquer un modèle de document

M. Rateau est satisfait du modèle de diaporama que vous lui avez proposé. Vous devez maintenant le diffuser à l'ensemble des chefs de service.

1. **Enregistrez la version définitive de votre document en tant que modèle.** Fiche ressource 3
2. **Rédigez le courriel destiné aux chefs de service afin de diffuser ce modèle. Vous le leur présenterez au regard de la charte graphique qui leur a été présentée en comité de direction le 18 novembre N. De plus, vous leur expliquerez l'intérêt d'utiliser les modèles de documents.**

5 Réaliser un imprimé de demande de formation

EXPERTISE

La conduite des engins de chantier nécessite une autorisation délivrée par l'employeur sur présentation du certificat d'aptitude à la conduite en sécurité (CACES). Ce certificat doit être renouvelé tous les 5 ans (10 ans pour le CACES R482) et les titulaires doivent alors suivre une formation de recyclage.
Il existe 8 catégories de CACES (annexe) déclinées en sous-catégories en fonction du type d'engin. La plupart des ouvriers de chantier sont titulaires d'un ou deux CACES, mais ce n'est pas suffisant pour couvrir tous les besoins.
Les chefs de chantier sont régulièrement amenés à demander des formations initiales ou de recyclage à la direction des ressources humaines. Actuellement, leur demande se fait par simple courriel mais dans la précipitation, ils oublient de préciser le type de CACES, la catégorie, si c'est une demande de recyclage ou non.
M. Rateau a constaté qu'il y a beaucoup d'erreurs dans le traitement des demandes de formation relatives aux CACES. L'assistante en ressources humaines et les chefs de chantiers se renvoient mutuellement la faute. Afin de résoudre ce problème, vous proposez de réaliser un imprimé de demande de formation CACES qui sera rempli directement par les chefs de chantier sur leur smartphone ou leur tablette, puis transmis aux ressources humaines.

1. **Préparez des arguments pour expliquer à M. Rateau que cet imprimé aiderait l'assistante en ressources humaines dans le traitement des demandes de formation.**
2. **Construisez cet imprimé sur Word en respectant la charte graphique.** Fiche ressource 1

Annexe • Les différentes catégories de CACES

Caces R482	Engins de chantier (11 sous-catégories)
Caces R483	Grues mobiles (2 sous-catégories)
Caces R484	Ponts roulants et portiques (2 sous-catégories)
Caces R485	Chariots de manutention automoteurs gerbeurs à conducteur accompagnant (2 sous-catégories)
Caces R486	Plate-formes élévatrices mobiles de personnel (3 sous-catégories)
Caces R487	Grues à tour (3 sous-catégories)
Caces R489	Chariots de manutention automoteurs à conducteur porté (9 sous-catégories)
Caces R490	Grues de chargement

6 Standardiser les demandes et les documents à l'aide des formulaires

Pour achever la location d'un engin de chantier, un contrat écrit est établi entre le client et l'entreprise. Il s'agit d'un contrat type qui est imprimé et complété à la main. Il arrive que certaines rubriques soient incomplètes par oubli car les parties à remplir n'apparaissent pas clairement dans le document. Vous vous dites que l'utilisation du mode « Formulaire » pourrait éviter ces erreurs.

Fiche ressource 3

1. **Enregistrez le contrat type donné par votre professeur.**
2. **Repérez les rubriques à compléter et insérez des champs à remplir.**
3. **Sécurisez le document afin que l'on ne puisse pas le modifier.**

7 Améliorer un modèle

EXPERTISE

Les travaux proposés par Creuztout font intervenir des engins de chantier qui doivent être entretenus ou réparés en cas de panne. Dans cette hypothèse, un engin de remplacement est immédiatement fourni.
Le chef de chantier remplit à la main une fiche d'intervention qu'il scotche sur le tableau de bord de l'engin en panne puis confie celui-ci à l'atelier auquel il appartient. Le mécanicien en charge de la réparation base alors son travail sur la fiche.
Les fiches d'intervention génèrent de nombreux mécontentements. D'une part, les chefs de chantier trouvent la procédure peu pratique : ils n'ont pas toujours de fiche vierge avec eux, ont parfois du mal à compléter le document quand il pleut, que le vent est fort ou qu'ils n'ont pas d'endroit pour se poser... D'autre part, les mécaniciens se plaignent d'avoir des difficultés à les lire (la pluie efface l'encre, certains chefs de chantier ont une écriture illisible...).
M. Rateau vous demande de réaliser un formulaire informatique que les chefs de chantier compléteront directement sur leur smartphone *via* l'accès au réseau interne de l'entreprise.

Fiche ressource 3

1. **Informatisez et améliorez l'imprimé grâce au mode « Formulaire » de Word. Facilitez au maximum la saisie des chefs de chantier.**
2. **Sécurisez l'imprimé afin que les chefs de chantier puissent uniquement compléter le formulaire.**
3. **Rédigez le courriel que vous enverrez aux chefs de chantier pour leur expliquer la nouvelle procédure.**

▶▶▶

Annexe 1 L'ancien imprimé

Demande de réparation

Date de la demande : _ _ / _ _ / _ _ _ _

Désignation de l'engin : ____________________

Numéro d'identification à 8 chiffres : _ _ - _ _ - _ _ - _ _

Nom du chef de chantier : ____________________ Prénom : ____________________

Description de la panne :

[ ]

Signature [ ]

Annexe 2 Liste des chefs de chantier

Nom	Prénom
Cordoba	David
Natchia	Salomé

Nom	Prénom
Duchemin	Claude
Portier	Dimitri

Nom	Prénom
Fanion	Richard
Rieux	Estelle

Nom	Prénom
Vignes	Raoul
Zaour	Rachid

8 Créer un formulaire de demande de déplacement

EXPERTISE

Les commerciaux de l'entreprise sont répartis par zone géographique correspondant à un département ou une partie d'un département. Ils ont à leur disposition un véhicule de fonction et sont indemnisés forfaitairement pour leurs déjeuners. Exceptionnellement, il leur arrive de devoir se déplacer en dehors de leur zone. Dans ce cas, ils peuvent demander au siège à être logés à l'hôtel et bénéficier d'un forfait pour leurs dîners. Chaque demande est validée par le directeur financier.

Actuellement, les demandes sont faites par téléphone ; le directeur donne alors son accord à l'oral et missionne un des collaborateurs du siège pour réserver l'hôtel. Cette procédure, issue d'une époque où les commerciaux étaient moins nombreux, provoque aujourd'hui de nombreuses erreurs. M. Rateau voudrait l'informatiser : chaque demande sera désormais écrite et adressée au directeur commercial. Ce dernier la validera puis la transférera à un collaborateur qui se chargera de réserver un hôtel (nuitée et petit-déjeuner).

1. **Proposez un formulaire informatisé de demande de déplacement à compléter par les commerciaux.** Fiche ressource 4
2. **Insérez les formules de calcul directement dans Word grâce aux conseils que vous a donnés votre collègue Fred.**
3. **Sécurisez l'imprimé afin que les commerciaux puissent uniquement compléter le formulaire.**

Annexe • Les conseils de Fred pour faire des calculs dans word

Il faut commence par inscrire les chiffres dans un tableau, puis utiliser le module « Fonction » dans l'outil « Tableau ». Pour les formules, il suffit de respecter la syntaxe suivante : en majuscules SUM pour les additions, PRODUCT pour les multiplications. Ensuite, il faut préciser où trouver les chiffres à additionner ou multiplier entre parenthèses. Par exemple, =SUM(LEFT) pour additionner les chiffres positionnés à gauche de la formule ou (ABOVE) pour les chiffres positionnés au-dessus. Enfin, il faut valider le calcul en pressant la touche F9 après avoir sélectionné le tableau.

9 Utiliser les documents types

EXPERTISE

M. Rateau est inquiet. Les impayés s'accumulent depuis que Mme Daissou, la comptable, est en congé maternité. Il veut traiter le problème en relançant les retardataires et vous charge du dossier.

1. **Rédigez les lettres de première relance et de deuxième relance.**
2. **Enregistrez la base des impayés (fournie par votre professeur) sur tableur.**
3. **Triez les impayés en deux catégories. Copiez les deux tableaux triés sur deux feuilles différentes (une feuille pour les premières relances, une autre pour les deuxièmes relances).**
4. **Procédez aux deux publipostages.**

Annexe • Le règlement des impayés

· Première relance

Date : 20 jours après l'échéance de la facture

Contenu :
- Constat du retard de paiement
- Rappel du montant, du numéro de facture correspondant, de la date de la prestation

Ton cordial

· Deuxième relance

Date : 20 jours après la première relance

Contenu :
- Mention de la première relance
- Constat du défaut de paiement
- Rappel du montant, du numéro de facture correspondant, de la date de la prestation
- Avertissement quant aux poursuites judiciaires possibles en cas de non-paiement

Ton ferme

Si la facture demeure impayée, le dossier est transmis à l'avocat de l'entreprise.

10 Rédiger un mail type pour une liste de diffusion

EXPERTISE

Les salariés doivent se soumettre à une visite médicale. Ce matin, vous avez pris rendez-vous auprès de la médecine du travail pour certains de vos collègues, que vous devez aviser par courriel.

1. **Enregistrez et complétez la base de données fournie par votre professeur.**
2. **Rédigez le courriel type.** Fiche ressource 5
3. **Procédez au publipostage.**

Annexe • Les consignes de la médecine du travail

Se présenter 15 minutes avant l'heure du rendez-vous dans le bâtiment principal de la médecine du travail. Adresse : 58 rue Trung, Bordeaux.
Documents à apporter : carnet de vaccination + tous les documents pouvant aider le médecin à mieux déterminer l'état de santé du salarié.

1 La charte graphique

Une charte graphique est un document qui contient les règles d'utilisation des signes graphiques constituant l'identité visuelle d'une entreprise. Elle traduit graphiquement son univers et ses valeurs.

I Les intérêts d'une charte graphique

Une charte graphique permet de conserver une cohérence visuelle dans toute la communication interne et externe de l'entreprise. Sa mise en place garantit une image homogène que les clients et partenaires de l'entreprise identifient facilement. De plus, la mise en cohérence des différents documents de communication interne renforce l'identité et le sentiment d'appartenance des membres de l'entreprise.
Par ailleurs, une charte graphique améliore la collaboration entre les collègues en leur facilitant l'appropriation des documents, puisque leur présentation est identique quel que soit l'émetteur. Enfin, elle permet d'accélérer et de faciliter la production de nouveaux supports de communication, les règles fondamentales de présentation étant déjà posées.

II Le contenu d'une charte graphique

L'élément central d'une charte graphique est le logotype. On le retrouve sur tous les supports de communication de l'entreprise ; c'est à partir de lui que celle-ci bâtit son identité visuelle. Il reflète l'image de l'entreprise et ses activités. Le logo doit pouvoir s'adapter et se décliner sur l'ensemble des supports de communication de l'entreprise. On le retrouvera, par exemple, sur le papier à en-tête, les devis et factures, les affiches, les plaquettes commerciales, les flyers, le site Internet et les véhicules de l'entreprise.
La charte impose les choix de couleurs adaptés aux exigences des différents supports de communication et aux valeurs véhiculées et partagées dans l'entreprise. Pour s'assurer que les couleurs sont strictement respectées, elles sont codées selon différentes méthodes.

Exemple d'utilisation de la palette RVB
Le code couleur RVB (Rouge Vert Bleu) représente le dosage de ces trois couleurs quand elles sont mélangées afin d'obtenir la nuance exacte de la couleur souhaitée. Les codes en chiffres sont compris entre 0 et 255.
La charte définit également les polices de caractères et leurs utilisations. En général, on trouve des polices différentes pour les titres et le contenu. Des tailles peuvent être imposées.
D'autres éléments peuvent figurer dans une charte graphique : les règles de mise en page (disposition, marges...), le papier (type, grammage, taille), la signalétique de l'entreprise...

2 Les modèles de documents

I L'utilité des modèles de documents

Un modèle est un document générique qui fige la mise en page afin d'assurer l'homogénéité de la présentation. Il contient des éléments tels que la police, les styles, le thème… On y trouve aussi des éléments fixes (par exemple, les coordonnées de l'entreprise et le logo).
Un modèle évite donc aux utilisateurs de refaire la mise en page et prémunit l'entreprise contre les erreurs et les oublis (par exemple, les mentions obligatoires sur un document commercial).

II La création et l'utilisation des modèles de documents

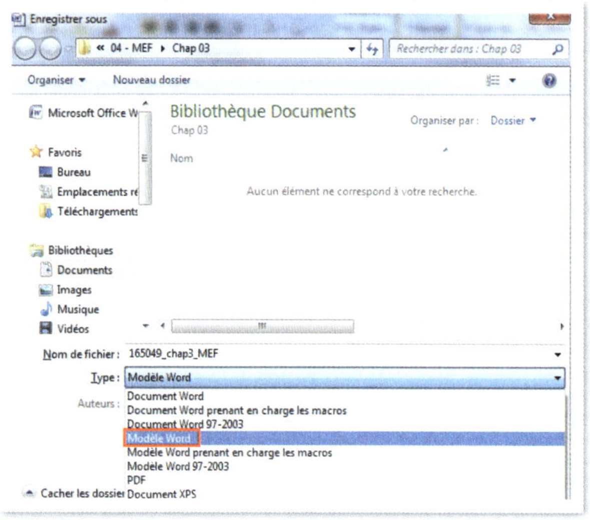

Le concepteur crée la trame du document, organise la mise en page et les éléments de présentation. Ensuite, le document est enregistré en tant que « Modèle » et non comme un document classique.

Attention : il est enregistré par défaut dans un dossier « Templates » (« modèles », « gabarits » en français). Il est donc important de bien vérifier le chemin d'accès du document avant de valider son enregistrement. Il est possible d'enregistrer des modèles à partir de tout logiciel bureautique : traitement de texte, tableur, présentation assistée par ordinateur…

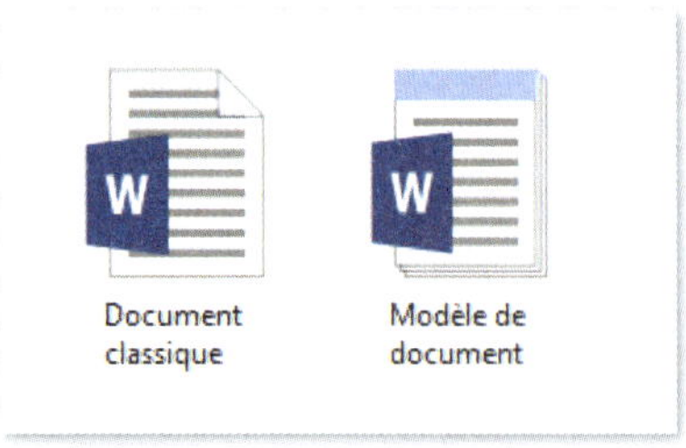

À chaque utilisation du modèle, un document classique s'ouvre, présentant la structure du document à compléter. L'utilisateur le complète en fonction de ses besoins et l'enregistre. Il obtient alors deux fichiers : le document complété et le modèle original, réutilisable à l'infini.

Une fois le modèle enregistré, il n'est plus possible de le modifier, sauf si l'on procède à un autre enregistrement en tant que modèle, ce qui revient à en créer un nouveau. Il est donc important de bien vérifier la qualité du document avant de l'enregistrer définitivement comme modèle.

3 Le modèle de diaporama

Mis à disposition des salariés de l'entreprise, le modèle de diaporama garantit une présentation homogène quel que soit l'utilisateur. Il contribue à renforcer l'identité visuelle de l'entreprise. Pour réaliser un gabarit dans PowerPoint, il faut choisir « Masque des diapositives » dans le menu « Affichage ».

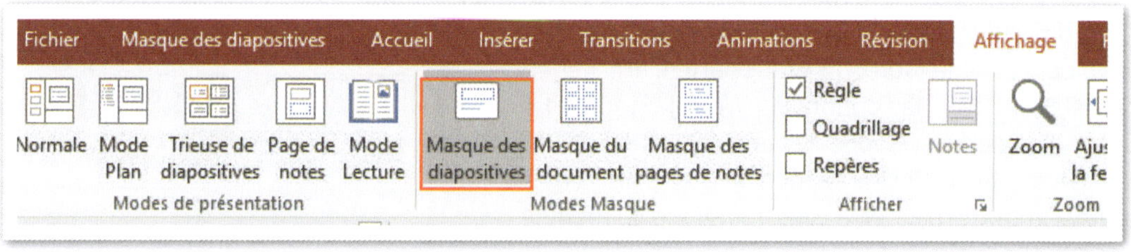

Apparaît alors la diapositive maîtresse (entourée ci-dessous en rouge) sur laquelle on détermine les éléments de présentation classiques (police, thème, arrière-plan...). Une fois choisis, ces éléments sont automatiquement dupliqués sur toutes les diapositives dépendantes (sous-titre, présentation de tableau, graphique, image...). Il est toutefois possible de réajuster la présentation sur chaque diapositive dépendante afin d'adapter la mise en page au contenu.

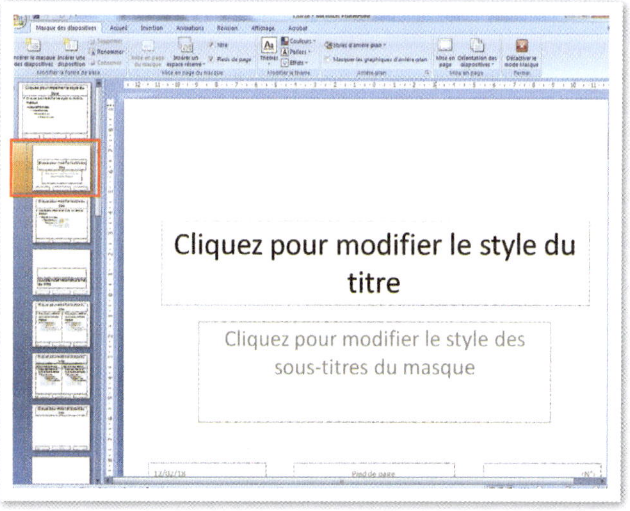

La commande « Insérer un espace réservé » permet de donner des consignes aux utilisateurs de ce gabarit. Par exemple, on peut indiquer quel type d'information faire figurer sur la diapositive d'accueil (le nom de l'entreprise, le logotype, la date et l'heure d'une réunion...).

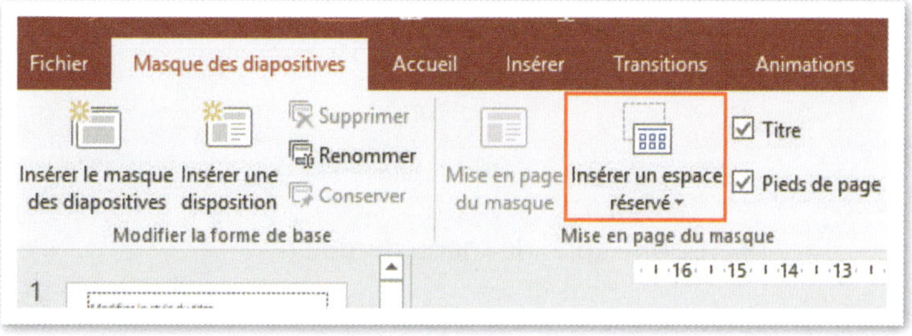

Une fois le diaporama terminé, il doit être enregistré en tant que modèle (voir fiche ressource 2).

4 Le formulaire

Un formulaire est un imprimé que les utilisateurs complètent directement sur informatique sans pouvoir modifier la disposition et l'intitulé des rubriques.

I La création d'un formulaire

Les outils de création se trouvent dans l'onglet « Développeur » de Word, qu'il faut parfois afficher en le recherchant dans les options de Word > Standard > Afficher l'onglet Développeur dans le ruban. Avant toute chose, le « Mode Création » doit être activé. Ensuite, l'imprimé peut être construit grâce au module ci-contre.

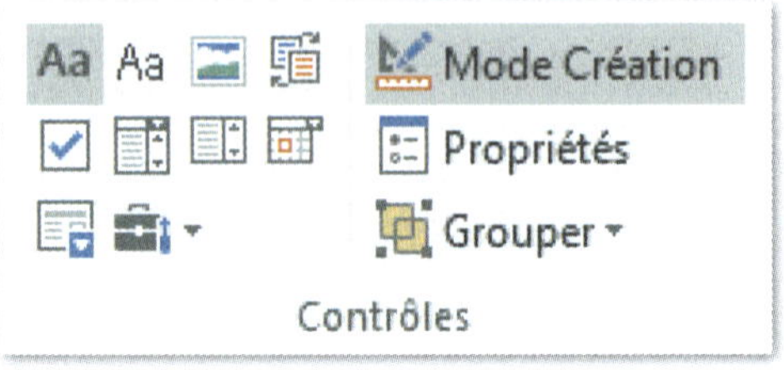

Les fonctions principales

En Mode Création	En Mode Utilisateur
Aa — Insérer une zone où l'utilisateur pourra écrire.	
Nom : Cliquez ou appuyez ici pour entrer du texte.	Nom : Cliquez ou appuyez ici pour entrer du texte.
Insérer des cases à cocher.	
☐ Madame ☐ Monsieur	☒ Madame ☐ Monsieur
Insérer un calendrier pour choisir une date.	
Date de naissance : Cliquez ou appuyez ici pour entrer une date.	Date de naissance : Cliquez ou appuyez ici pour entrer une date. 
Insérer une zone de menu déroulant.	
Statut marital : Choisissez un élément.	Statut marital : Choisissez un élément. Choisissez un élément. Célibataire Divorcé Marié Pacsé

Le **menu « Propriétés »** permet :
– de donner des consignes à l'utilisateur ;

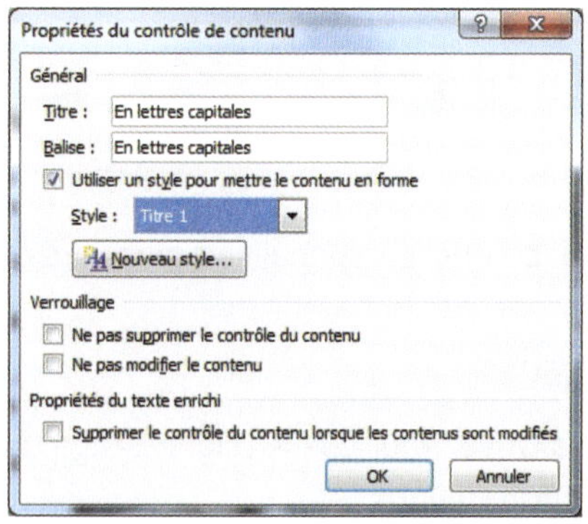

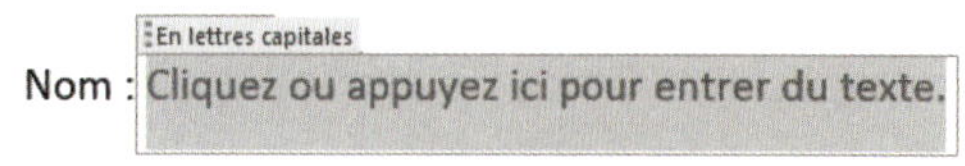

– de prévoir la mise en forme des réponses ;

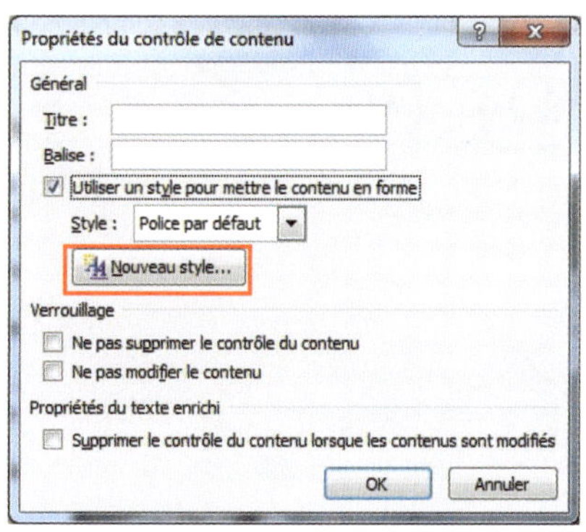

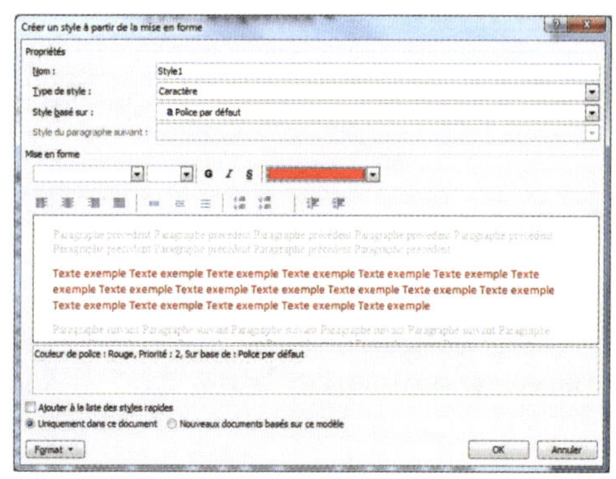

– d'alimenter le menu déroulant.

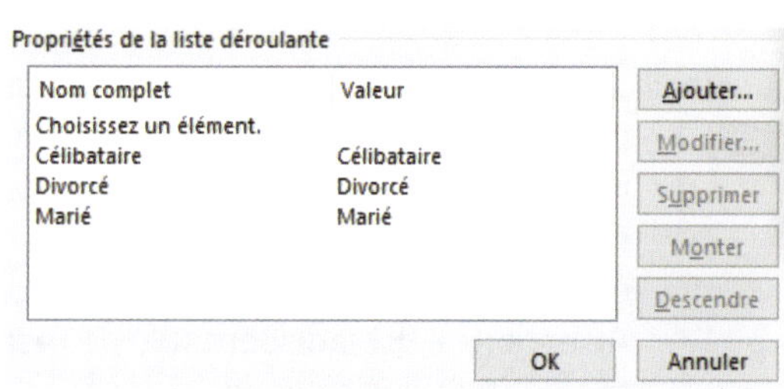

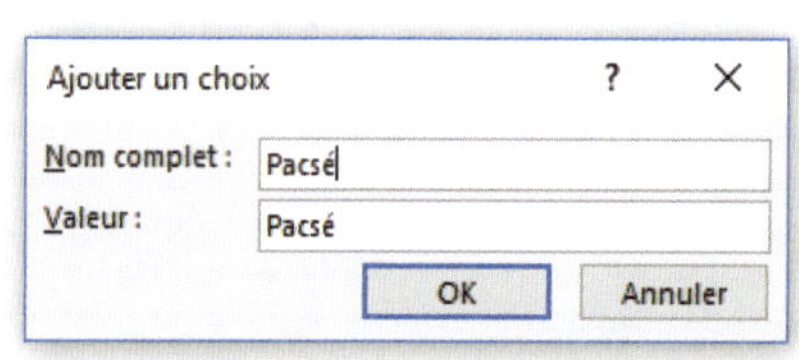

II La protection du formulaire

Après avoir désactivé le Mode Création, on peut protéger le document grâce au menu « Restreindre la protection ».

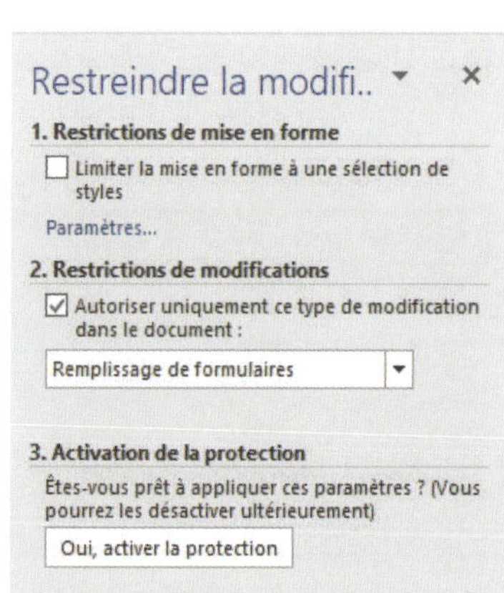

Il est possible de limiter les modifications au remplissage du formulaire ou à de simples commentaires, voire d'interdire totalement les modifications (option « Lecture seule »).
La protection se fait par l'intermédiaire d'un mot de passe déterminé par le créateur du formulaire.
Il reste à enregistrer le formulaire en tant que modèle (voir fiche ressource 2) afin que les destinataires puissent compléter et renvoyer l'imprimé ainsi créé.

FICHE RESSOURCE

5 Le publipostage par courriel

Avec l'application Gmail, il est possible d'adresser un courriel personnalisé à plusieurs contacts.

I Créer et préparer sa base de contacts

Cette base est créée dans une feuille de calcul dans Drive. Pour que le publipostage réussisse, l'adresse e-mail doit impérativement se trouver dans la colonne A.

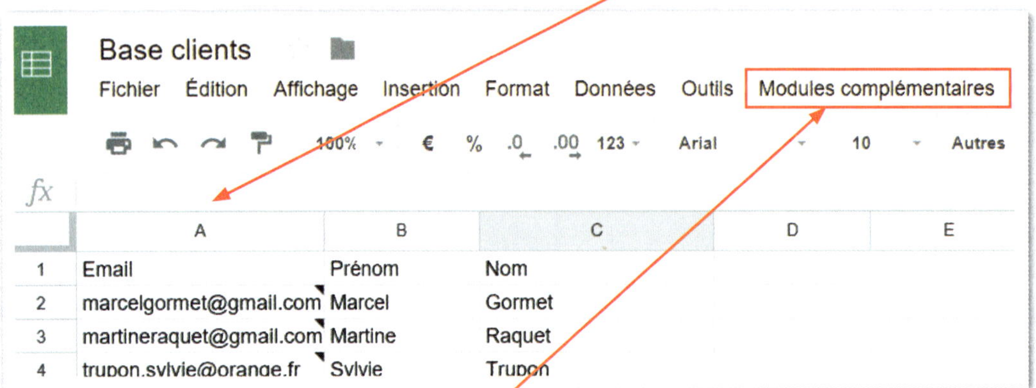

Par ailleurs, il faut télécharger le module complémentaire nommé « Yet Another Mail Merge ».

II Créer le message

Il suffit de créer un nouveau message dans Gmail. Il est inutile d'indiquer les destinataires puisqu'ils seront insérés automatiquement. Les variables peuvent être insérées dans le texte et dans l'objet. Elles sont encadrées par « $%...% » (ex. : $%Nom%) Attention : il est indispensable de respecter l'intitulé des colonnes de la feuille de calcul lors de la saisie des variables. À défaut, le publipostage échouerait.

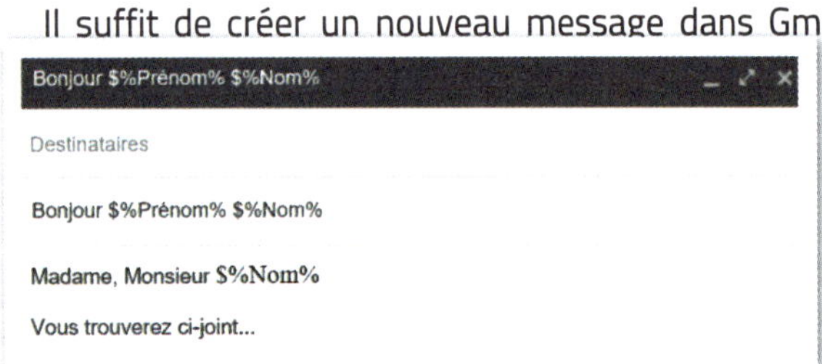

III Fusionner

Le publipostage démarre dans le module complémentaire « Yet Another Mail Merge ». Il reste à choisir les adresses e-mails souhaitées puis à envoyer le publipostage.
L'état du publipostage apparaît dans la feuille de calcul. L'utilisateur peut savoir si le courriel a été ouvert ou non pour chaque destinataire.

Analyser un modèle de document

Vous effectuez votre stage dans l'entreprise Vêticonnect, spécialiste des vêtements de sport connectés. Cette jeune pousse compte actuellement 35 salariés.
Vêticonnect fabrique et commercialise des maillots de sport pourvus de capteurs qui mesurent la fréquence et la récupération cardiaques, la fréquence et le volume respiratoires, le rythme de la marche... Elle a aussi développé une application qui permet de lire toutes ces données en temps réel sur son smartphone.
Vêticonnect commercialise ses produits uniquement sur Internet. Pour satisfaire au mieux sa clientèle, elle s'engage à livrer ses produits en 48 heures. Passé ce délai, un avoir sur la commande suivante est prévu.
Durant votre stage, vous constatez qu'un certain nombre de clients appellent l'entreprise pour émettre des réclamations relatives à des délais non respectés. En l'absence de service après-vente et de procédure spécifique, la personne qui réceptionne les appels téléphoniques se contente de noter chaque réclamation sur une feuille de papier, ce qui engendre deux problèmes : la feuille peut facilement se perdre et les informations notées peuvent être incomplètes. Il faut alors rappeler le client.
Fort de ce constat, vous proposez de créer une fiche pour enregistrer et traiter les réclamations relatives aux retards. Elle devrait permettre, pour chaque réclamation, de calculer le montant de l'avoir et de garder une trace écrite. En outre, elle permettra de collecter des données sur les problèmes de livraison ; celles-ci serviront de base pour une éventuelle renégociation du partenariat avec le transporteur actuel.

Consignes

1. **Préparez la fiche de réclamation qui sera complétée et enregistrée à chaque réclamation relative à un retard de livraison.**
2. **Testez cette fiche avec le cas de M. Yus (annexe 2). Quel est le montant de son avoir ?**

Annexe 1 Le calcul des avoirs

Si le retard est supérieur à 3 jours : 5 % du montant de la commande.
Si le retard est supérieur à 7 jours : 15 % du montant de la commande.
Si le retard est supérieur à 14 jours : 30 % du montant de la commande.

Annexe 2 Le cas de M. Yus

Nom : M. YUS Steve
Commande : Tee-shirt, réf. 1289, taille S
Montant de la commande : 178 €
Date de la commande : 11 octobre N
Réception de la commande : hier, 20 octobre N

Grille d'analyse d'un modèle avec calculs automatisés

La forme	Points maîtrisés	Points à améliorer
Le document apparaît dans le gestionnaire de fichiers en tant que modèle et non comme une feuille de calcul classique.		
La fiche comporte un titre explicite mis en valeur.		
La fiche est sobre, facile de lecture et d'utilisation.		
Les alignements sont respectés (à gauche pour du texte, à droite pour les chiffres).		
Les champs à remplir et les champs automatiques sont distingués visuellement.		
Les différents onglets sont renommés.		
Le fond	**Points maîtrisés**	**Points à améliorer**
Les rubriques permettant l'identification du client sont présentes (nom, prénom, numéro…).		
Les rubriques permettent de procéder à tous les calculs.		
Le remplissage est facilité (ex. : menu déroulant pour les tailles).		
Des commentaires sont insérés pour expliquer comment utiliser cette fiche.		
Le format des cellules est bien choisi (date, monétaire…).		
Les calculs sont automatisés (délai de livraison et montant de l'avoir).		
Une légende donne les consignes de remplissage et d'enregistrement.		

Chapitre

5

Rédiger des écrits professionnels à usage interne

RÉFÉRENTIEL **S 5.2.** Communication écrite opérationnelle (en langue nationale et étrangère)

VERS PIX **D 1.1.** Mener une recherche et une veille d'information

D 3.1. Développer des documents textuels

D 3.3. Adapter les documents à leur finalité

Situation professionnelle

Vous êtes en stage dans la PME Marmande Menuiserie, fabricant installateur de vérandas et de verrières intérieures sur mesure. Créée en 1980, la société est implantée 145 bd Nedelec, Zone artisanale La Garonne 47200 Marmande. Elle emploie 48 salariés, et dispose d'un vaste atelier fonctionnel et d'un bureau d'études. Forte de son expérience dans le négoce et les travaux en miroiterie et menuiserie aluminium, la PME a essentiellement une clientèle de professionnels (sociétés, artisans, poseurs) et quelques collectivités locales. Il y a deux ans, la création d'un showroom de 120 m² lui a permis d'élargir son offre aux particuliers : pergolas, stores intérieurs et extérieurs, volets roulants, portails et automatismes.

Vous travaillez sous la supervision du dirigeant de la PME, Joon Kimly. Souvent absent de l'entreprise, il a désigné M. Retour, son directeur commercial, comme votre tuteur de stage. Vous avez été rapidement intégré(e) au sein du personnel de la PME et placé(e) au contact de ses clients et de ses fournisseurs.

Les horaires de travail dans les bureaux et l'atelier de fabrication sont, du lundi au vendredi : 9 h-12 h et 14 h-18 h.

Le showroom est ouvert du lundi au samedi de 10 h à 12 h et de 14 h à 18 h.

Votre poste de travail est équipé d'un ordinateur connecté à Internet et d'une suite bureautique qui vous permet d'utiliser tous les logiciels, en particulier traitement de texte, PréAO et traitement des images. Tous vos documents internes doivent respecter la charte graphique de l'entreprise.

1 Analyser et présenter une note de service

À votre arrivée, on vous informe d'un accident du travail résultant du non-respect d'une consigne de sécurité. Pour retrouver les notes de service ayant pour sujet les recommandations adressées au personnel en matière de sécurité, M. Retour vous demande de trier et classer divers documents, accumulés en vrac dans un dossier cartonné. Il vous indique que ces notes peuvent servir de preuves en cas d'accident. Votre recherche prend du temps car, en l'absence de modèle, leur lecture ne s'en trouve pas facilitée.

1 **Caractérisez chacune des deux notes (respect des mentions, ton, style).**

Fiche ressource 1

2 **Proposez une maquette de note type pour harmoniser la présentation des notes de service.**

Annexe • Notes de service

Marmande Menuiserie
Émetteur : Joon Kimly (Direction)
Objet : Application des instructions relatives à l'utilisation des machines

Destinataire : Personnel de l'atelier
❑ Pour action
❑ Pour information
❑ Pour archivage

Date : le 15 mai N

Note de service à l'attention du personnel de l'atelier de fabrication

Signalons que les accidents sur machines se produisent de plus en plus hors production, lors d'opérations de dépannage, d'entretien, de nettoyage ou de réglage des machines. Or, toutes les instructions nécessaires pour que l'équipement soit réglé, utilisé, maintenu, démonté correctement vous ont été transmises lors de plusieurs réunions sur la sécurité durant le premier trimestre N. Ces réunions vous ont informés sur les risques pour vous aider à mettre en œuvre les gestes adaptés. Nous vous demandons de les appliquer quelles que soient les opérations à effectuer.

Joon Kimly
DIRECTION

Marmande Menuiserie

Le 15 janvier N

NOTE DE SERVICE

Pour diffusion auprès de l'équipe d'installation des vérandas

Au début de chaque chantier, le chef de chantier animera désormais sur site une pause d'un quart d'heure consacrée à la prévention des accidents. Votre présence est obligatoire. En cas d'accident ou de presque accident, vos témoignages permettront une analyse de sa cause et la recherche de moyens pour éviter qu'il ne se reproduise.
Votre chef de chantier est à votre disposition pour tout renseignement complémentaire.

Joon Kimly
DIRECTION

2 Convoquer à une réunion avec un ordre du jour

M. Retour veut mobiliser son équipe commerciale sur la participation de l'entreprise au Salon des maires et des collectivités locales, qui se tiendra à Paris, Porte de Versailles, du samedi 2 novembre au vendredi 8 novembre. Préalablement, il veut traiter les aspects organisationnels lors d'une réunion.

- **Rédigez la convocation et l'ordre du jour de la réunion.**

Fiche ressource 1

Annexe • Propos de M. Retour

« L'année dernière, notre participation à la foire-expo de la porte de Versailles nous a permis d'accroître notre clientèle, les collectivités locales. Nous renouvelons donc l'opération cette année. Je crois que les commerciaux ont apprécié de participer à l'animation du stand, à tour de rôle, sur deux jours consécutifs.

Lors du débriefing qui a suivi, ils m'ont fait remonter des propositions d'amélioration concernant l'organisation. Il faudrait les prendre en compte lors de cette réunion.

De mémoire, les horaires d'ouverture du salon, le samedi de 10 h à 22 h et les autres jours de 10 h à 19 h, a posé des problèmes… Les badges exposants aussi. Je n'ai pas bien compris lesquels. La rémunération des heures supplémentaires mériterait d'être éclaircie ainsi que celle du forfait attribué pour remboursement des frais d'hébergement et de déplacement.

Enfin, il me semble que l'on pourrait améliorer l'accueil des visiteurs sur le stand et la prise d'informations afin que celles-ci soient exploitables. Si on attend trop pour contacter les prospects après la foire, l'énergie mise dans cette opération ne servira à rien. De même, il faudrait affiner les indicateurs qui alimenteront notre tableau de bord commercial… Enfin, je vous précise que l'emplacement du stand est dans le pavillon 2. Bien, nous pouvons commencer… »

3 Rédiger une note à l'attention des commerciaux

M. Retour souhaite présenter un projet de tableau de bord commercial à l'équipe des douze commerciaux. Sachant qu'ils en seront les principaux utilisateurs, solliciter leur avis sur ce projet lui semble indispensable, notamment concernant la pertinence des principaux indicateurs proposés. Leurs réponses argumentées et leurs propositions sont attendues au plus tard sous huitaine, par courrier électronique. Le projet peut être récupéré pour consultation auprès de la secrétaire de direction.

- **Rédigez la note en utilisant la maquette conçue précédemment.**

Annexe • Les questions clés pour rédiger une note

QUI est le rédacteur (nom, fonction, service) ?

À QUI s'adresse la note (une personne, plusieurs personnes clairement identifiées, le personnel d'un service) ?

QUOI ? Quel est le message essentiel à transmettre ?

4 Rédiger des lettres aux salariés à partir de l'acquisition (ou importation) de modèles

Face à des situations délicates à traiter, vous utilisez des modèles de courrier gratuits tirés du site www.legisocial.fr/modele-lettre/.

- **Adaptez les modèles aux deux situations suivantes.** Fiche ressource 1

Annexe 1 Envoi d'une lettre d'avertissement

M. Remy, responsable du showroom, arrive de plus en plus fréquemment en retard, malgré un avertissement verbal de la part de M. Kimly. Il trouve de multiples prétextes pour justifier ses retards. À plusieurs reprises, des clients ont trouvé porte close, ce qui nuit à l'image de l'entreprise. Sa désinvolture a fini par irriter M. Kimly.

Annexe 2 Réponse à une demande de projet de transition professionnelle (PTP)

Mme Ixe, employée administrative, a sollicité un congé individuel de formation pour suivre une formation en design graphique qui se déroulerait les deux premières semaines de novembre. M. Kimly se montre réticent à accéder à sa demande car le quota d'absences étant atteint pour la période demandée, cela risquerait de désorganiser le service. Il souhaite lui proposer un report de 8 mois de ce PTP.

5 Mettre à jour l'affichage obligatoire dans l'entreprise

L'affichage obligatoire pour les entreprises dont l'effectif est compris entre 20 et 50 salariés occupe de plus en plus de place. L'espace qui lui est réservé devient insuffisant au sein de la PME Marmande Menuiserie et, d'après M. Kimly, peu de salariés le consultent. Le dirigeant décide donc de passer à l'affichage virtuel : désormais, la plupart des documents se trouveront sur le site intranet de l'entreprise. À l'occasion de ce transfert, il vous demande d'actualiser l'affichage.

1. **Rédigez l'affichette qui sera apposée sur le panneau pour informer les salariés de ce changement.** Fiche ressource 1
2. **Créez les affiches relatives aux horaires de travail, aux numéros de secours et au port du masque obligatoire qui resteront en permanence sur le panneau d'affichage dans le hall d'entrée.**

Annexe 1 L'affichage obligatoire

Les informations suivantes sont obligatoires par voie d'affichage pour les entreprises dont l'effectif est compris entre 20 et 50 salariés, à savoir :

- Les horaires de travail
- Les correspondants de l'entreprise et les numéros de secours (inspecteur du travail, médecin du travail, secours d'urgence)
- L'ordre des départs en vacances
- Les textes relatifs à l'égalité de rémunération entre les femmes et les hommes
- Les textes relatifs à la lutte contre les discriminations
- Les accords et conventions collectives applicables
- L'interdiction de fumer
- L'interdiction et les sanctions du harcèlement moral et du harcèlement sexuel
- Le règlement intérieur
- Les élections professionnelles

Annexe 2 Exemples d'affiches

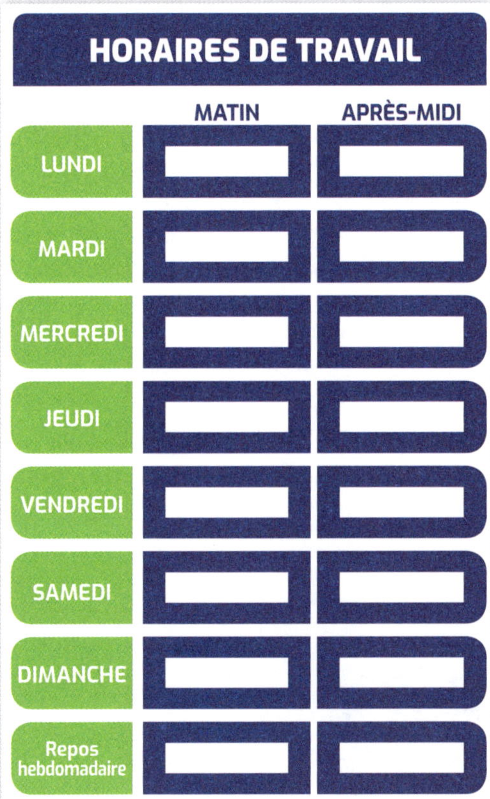

6 Rédiger une note d'alerte

EXPERTISE

Le dirigeant, responsable de la santé et de la sécurité de ses salariés, souhaite rassurer le personnel du service administratif et les vendeurs du showroom en leur présentant les mesures de prévention des risques mises en place au sein de l'entreprise, suite aux évolutions de la réglementation en matière sanitaire liée à la Covid-19.

Celles-ci concernent :

– la gestion des flux et les règles de distanciation ;
– l'aération des locaux et la désinfection des surfaces de contact ;
– le port du masque.

À la demande du dirigeant, vous consultez plusieurs sites sur Internet pour recueillir des informations fiables et actualisées.

- **À partir des informations collectées, rédigez une note en utilisant la maquette conçue précédemment.**

Fiche ressource 1

Annexe • Covid-19 : la responsabilité pénale des dirigeants d'entreprise

« Le 8 juin 2020, le Procureur de la République de Paris annonçait l'ouverture d'une enquête préliminaire pour déterminer si d'éventuelles infractions pénales, notamment celles de mise en danger de la vie d'autrui et d'homicides involontaires, ont été commises dans le cadre de la gestion de l'épidémie Covid-19. L'ouverture de cette enquête faisait suite aux dizaines de plaintes déposées tant des particuliers, que des associations ou organisations syndicales. »

D'après *Le Monde du Droit*, 12 juin 2020.

7 Rédiger une note argumentée sur les situations à risque

Lors d'une visite d'inspection sur le chantier du gymnase Léo Lagrange de la ville, l'inspecteur du travail a constaté que l'entreprise Marmande Menuiserie ne respectait pas la réglementation en vigueur pour le travail en hauteur. Une équipe de trois salariés intérimaires travaillaient en effet sur le toit sans protection. L'inspecteur les a fait descendre et les salariés lui ont alors expliqué que les dispositifs antichute étaient dans le camion et qu'ils n'avaient jamais été installés car ils les retarderaient considérablement dans leur travail. L'inspecteur a exigé qu'ils mettent leur harnais avant de remonter sur la structure. La PME faisant souvent appel à des couvreurs en intérim quand l'installation des vérandas nécessite des travaux spécifiques impactant les toitures, M. Kimly, suite à cette alerte, veut que chaque recrue soit destinataire des recommandations sur les mesures de sécurité à adopter.

- **Rédigez une note argumentée, à l'intention du personnel intérimaire, sur les interventions à risque.**

Fiche ressource 1

Annexe • Les mesures de sécurité

8 Rédiger un article du règlement intérieur

EXPERTISE

Suite à la visite de l'inspection du travail, M. Kimly souhaite compléter le règlement intérieur de l'entreprise sur les questions de sécurité concernant le travail en hauteur.

- **Rédigez un projet d'article stipulant avec précision les consignes que les salariés auront désormais à respecter.**

Fiche ressource 1

Annexe • Extrait du Code du travail

Titre troisième – Hygiène, sécurité et conditions de travail

Art. R. 233-13-20

Les travaux temporaires en hauteur doivent être réalisés à partir d'un plan de travail conçu, installé ou équipé de manière à garantir la sécurité des travailleurs et à préserver leur santé. Le poste de travail doit permettre l'exécution des travaux dans des conditions ergonomiques.

Art. R. 233-13-31

Les échafaudages ne peuvent être montés, démontés ou sensiblement modifiés que sous la direction d'une personne compétente et par des travailleurs qui ont reçu une formation adéquate et spécifique aux opérations envisagées […].

Art. R. 233-13-37

[…] Les travailleurs doivent être munis d'un harnais d'antichute approprié, l'utiliser et être reliés par ce harnais à la corde de sécurité et à la corde de travail […]. Les travailleurs doivent recevoir une formation adéquate et spécifique aux opérations envisagées et aux procédures de sauvetage […].

9 Analyser puis rédiger un compte rendu d'accident

EXPERTISE

À votre demande, le chef d'atelier vous a remis ses notes manuscrites concernant l'accident de M. Bief. Le compte rendu de l'accident doit être communiqué dans les meilleurs délais au chef d'entreprise. Une mise en forme professionnelle est attendue.

- **À partir des notes manuscrites, rédigez le compte rendu d'accident complet, en respectant les règles de forme et de fond.**

Fiche ressource 2

Annexe • Notes concernant l'accident de travail

La victime : M. Antoine Bief, de nationalité française, né le 03/11/1967
Adresse : 34 rue Victoire 47200 Marmande. N° de SS 1 67 11 47 051 127. Recruté le 3 janvier N-15. Fonction : Manœuvre.

Circonstances de l'accident : Date : 15 juin N. Heure : 9 h 50 Horaire de travail de la victime : 9 h-12 h-14 h-18 h. Accident constaté par la direction le jour même à 10 h. Témoin : M. Alain Tricot, 18 rue Debussy 47700 Casteljaloux

▶▶▶

▶▶▶ *M. Bief travaillait au dépôt de l'entreprise. Préparait le chargement d'un camion pour un chantier. S'est glissé du côté gauche du camion entre le talus et l'engin pour prendre les instructions de travail auprès du chef de chantier qui conduisait. Arrivé par derrière. Le conducteur reculait pour rapprocher le véhicule du chargement à faire, ne l'a pas vu (rétroviseur droit absent). S'est rendu compte de sa présence qd il a crié. Jambe gauche de M. Bief happée par la roue, fracture ouverte.*

10 Importer et organiser des contenus pour produire un rapport

Lors du Salon des maires et des collectivités locales, M. Kimly a visité des stands de sociétés spécialisées dans les cadeaux d'entreprise. Il a appris que même en l'absence de comité d'entreprise, un dirigeant pouvait distribuer des bons d'achat ou des chèques-cadeaux à ses salariés. Les fêtes de fin d'année approchent. D'après M. Kimly, « *l'arbre de Noël, c'est l'occasion de fédérer l'ensemble du personnel autour d'un même événement, mais aussi de créer du lien en partageant un moment convivial* ». Sachant que ces cadeaux peuvent être exonérés de cotisations sociales sous certaines conditions, il vous demande d'établir un rapport sur ce projet et de lui faire des propositions.

Fiche ressource 2

- **À partir de vos recherches sur Internet, rédigez un rapport et faites des propositions susceptibles d'aider M. Kimly à prendre des décisions.** (À cet effet, vous créerez et appliquerez une feuille de style.)

11 Rédiger un rapport argumenté sur les titres-restaurants

EXPERTISE

Quelques salariés, étant amenés à déjeuner hors de leur domicile lors de leurs déplacements sur les chantiers, souhaiteraient bénéficier de titres-restaurants. M. Kimly vous demande un rapport argumenté sur cette question avant de prendre une décision. Les aspects financiers de cette opération l'intéressent tout particulièrement.

Fiche ressource 2

1. **À partir de vos recherches sur Internet, rédigez un rapport structuré et argumenté.**
2. **Faites des propositions susceptibles d'aider M. Kimly à prendre une décision.** (Vous appliquerez la feuille de style créée précédemment.)
3. **Rédigez le courriel accompagnant ce rapport transmis en pièce jointe à M. Kimly.**

Ticket Restaurant Edenred

12 Réaliser la carte d'invitation à l'arbre de Noël

M. Kimly vous informe tardivement qu'à l'occasion de l'arbre de Noël sera fêté le départ en retraite de deux salariés de l'entreprise à qui seront remises des médailles du travail. De belles cartes d'invitation sous enveloppe donneraient un peu de solennité à cet événement convivial.
Le budget alloué est de 120 €. Il faut prévoir 50 cartes d'invitation et vous utiliserez les services du site vistaprint.fr pour les concevoir.
Le verso comportera un mot du dirigeant.

1. **Proposez le message qui pourrait figurer au verso de la carte d'invitation.**
2. **Concevez une carte d'invitation originale (recto, verso).**
3. **Calculez le montant de la commande (cartes et enveloppes).**

13 Diffuser des informations à caractère social

Pour ne rien oublier, vous avez pris la bonne habitude de noter ce que vous avez à faire dans votre mémo. En fin de journée, vous vérifiez la liste. Ce qui est accompli est rayé.

Fiche ressource 2

1. **Précisez, pour chacune de ces informations à caractère social, le moyen et le support à utiliser.**
2. **Rédigez le message correspondant à chacune de ces informations.**

Lundi 25 octobre
=> Prendre RDV avec l'expert.
=> Infirmière de la médecine du travail à disposition des salariés pour vaccination antigrippe GRATUITE. Le vendredi 1er octobre. Apporter son vaccin.
=> Voir avec Josy (amicale du personnel) participation des salariés au cadeau des départs en retraite. Modalités de collecte ?
=> Informer salariés et organisations syndicales de la tenue des élections professionnelles le vendredi 30 novembre (vote papier ou par correspondance possible)

14 Préparer un reçu pour solde de tout compte et un certificat de travail

Nadia Hadouche, demeurant 1 rue du Tuc à Casteljaloux, a décidé de quitter définitivement l'entreprise et de retourner à Bayonne, ville dont elle est originaire. Elle quittera l'entreprise le 30 octobre N+2. À cette date, elle aura effectué son délai de préavis d'une durée d'un mois et soldé la totalité de ses congés. Le montant à lui verser à son départ est de 2 056 €.

À partir de modèles tirés de sites Internet officiels fiables :

Fiche ressource 2

1. **Réalisez le reçu pour solde de tout compte.**
2. **Réalisez le certificat de travail.**

Annexe • Extraits du contrat de travail de Nadia Hadouche daté du 20 janvier N-5

CONTRAT DE TRAVAIL À DURÉE INDÉTERMINÉE

La société Marmande Menuiserie, représentée par Joon Kimly, chef d'entreprise, engage Nadia Hadouche à durée indéterminée à compter du 1er février N-5, à temps complet (35 heures hebdomadaires) au poste de secrétaire comptable.

Ses différentes tâches consisteront à [...]. Elle dépendra de la convention collective nationale des Employés, Techniciens et Agents de maîtrise du Bâtiment (n° 3002 et IDCC 2609) et, à ce titre, sa qualification se situera au niveau C. Son salaire est fixé au salaire minimum conventionnel (SMC) de ce niveau, soit actuellement 1 638,55 €. Une prime d'ancienneté lui sera versée selon les conditions prévues dans la convention collective affichée dans l'entreprise.

[...] Nadia Hadouche pourra être amenée à effectuer des heures supplémentaires pour les besoins du service.

15 Recueillir les vœux des salariés en matière de congés

Même si les vacances d'été sont encore loin, vous recueillez les vœux des salariés dès le début de l'année car la période des congés annuels s'ouvre le 1er mai prochain et les congés sont pris par roulement. Il faut, autant que possible, faire coïncider la nécessité d'assurer la permanence avec les souhaits de chacun. Le personnel s'attend à être informé dans les délais. C'est un sujet sensible, à régler avec diplomatie.

1 Réalisez un formulaire informatisé pour que chaque salarié puisse exprimer ses vœux de congés.

Fiche ressource 4

2 Informez les salariés de la mise à disposition de ce formulaire sur l'intranet de l'entreprise et des délais de retour.

16 Choisir un moyen de communication écrite

Vous êtes placé(e) au quotidien face au choix du moyen de communication écrite qui sera le plus pertinent.

1 Reliez chaque situation au moyen de communication écrite le plus adapté.

Fiches ressources 1 2 3 4

2 Justifiez votre réponse.

Le dirigeant souhaite avoir une synthèse sur les textes relatifs à la lutte contre les discriminations. •	• Note d'information
Le dirigeant souhaite avoir un entretien avec un salarié pour l'avertir d'un risque de sanction. •	• Note d'instruction
Vous devez communiquer à l'ensemble du personnel une modification ponctuelle des horaires les 24 et 31 décembre. •	• Compte rendu
Vous êtes chargé(e) d'annoncer au personnel l'arrivée d'un nouveau collaborateur. •	• Rapport
Le dirigeant veut connaître le détail des incidents qui se sont produits sur le stand lors du salon. •	• Courrier

1 La rédaction d'une note de service

I Définition

La note de service est un document interne à l'entreprise adressé à plusieurs personnes. Elle émane d'un responsable habilité par le chef d'entreprise dans le sens le plus souvent descendant, de la hiérarchie vers des subalternes. Il s'agit :

– soit d'une information concernant la vie de l'entreprise (exemples : rappel des règles de sécurité, annonce de l'arrivée d'un nouveau collaborateur) ;

– soit d'une instruction ou d'une consigne rédigée sur un ton direct, impératif et personnalisé.

II Les caractéristiques d'une note de service

DRIVE POIDS LOURDS
ZI des Rémoulades
69100 VILLEURBANNE
Téléphone : 04 78 48 77 02
Courriel : contact@DrivePoidsLourds.fr

Date d'émission

Le 15 janvier N

Émetteur (nom, service, fonction)

Destinataire(s) (noms ou service)

ÉMETTEUR	DESTINATAIRE(S)
C. Dufort, service informatique	Services Atelier et SAV

Titre et objet

NOTE D'INFORMATION : accès documentation

Ton neutre et impersonnel
Style précis (pas de titre de civilité, ni de formule de politesse)

Nous vous informons que l'ensemble de la documentation technique (notice, guide d'installation ou de réparation, manuel utilisateur, aide en ligne, vidéos techniques) est désormais à votre disposition sur votre espace personnel, rubrique « Documentation technique ».

Cette base de connaissances a été mise en place afin de vous donner accès à toute la documentation avec des fonctionnalités de recherche par mots-clés et thématiques. Vous pouvez être informés des mises à jour de documents en vous abonnant aux notifications.

Le responsable du service informatique : C. Dufort

Signature

III La diffusion d'une note de service

Elle se fait par courrier électronique, par dépôt sur l'intranet sous une rubrique prévue à cet effet ou sur support papier avec un éventuel affichage sur le panneau réservé à cet effet.

2 La rédaction d'un compte rendu

I Définition

Le compte rendu a pour objectif de rapporter fidèlement et objectivement des propos échangés lors d'une réunion (compte rendu de réunion) ou des faits (compte rendu d'événement), par exemple un compte rendu d'accident.

Il garde en mémoire des faits ou le contenu des échanges, des décisions prises. Il est généralement soumis à la relecture des participants avant publication définitive. Il informe les participants absents à la réunion.

II La rédaction d'un compte rendu

Le rédacteur doit retranscrire avec neutralité, objectivité et fidélité les faits ou les propos qu'il a vus ou entendus. Il ne s'exprime jamais en son nom propre. La forme passive est donc le plus souvent utilisée.

III La présentation d'un compte rendu

S'il n'y a pas de norme de présentation du compte rendu, certaines mentions incontournables doivent cependant y figurer :
– l'en-tête ;
– la date de rédaction ;
– le titre du document : « Compte rendu du ... » ;
– le nom et la fonction du signataire.

IV Les spécificités du compte rendu de réunion

MENTIONS
- L'objet et l'ordre du jour
- Les noms et fonctions des personnes présentes, absentes et excusées
- L'heure de début et l'heure de fin de réunion
- La date et le lieu de la prochaine réunion

CONTENU
- Compte rendu analytique : il rapporte les propos de chaque intervenant dans l'ordre chronologique.
- Compte rendu synthétique : il résume les débats, le plan suivi est souvent thématique et structuré à l'aide de sous-parties.

PLAN
- **Introduction :** une phrase indique l'heure de début de la réunion et annonce l'ordre du jour
- **Corps du compte-rendu :** les échanges entre les différents intervenants sont reformulés et synthétisés.
- **Conclusion :** sont précisés les décisions prises, l'heure de fin de séance et éventuellement la date et le lieu de la prochaine réunion.

3 La rédaction d'un rapport à usage interne

I Définition

Ce document, interne à l'entreprise, peut avoir deux vocations distinctes :
– **le rapport d'étude (ou d'analyse)** est destiné à analyser une situation, faire le point sur un sujet déterminé, proposer des solutions, afin de permettre au dirigeant de prendre une décision. Il est argumenté s'il s'agit de justifier une demande adressée à un supérieur hiérarchique. Il peut être à l'initiative du collaborateur qui souhaite attirer l'attention de son supérieur sur un point précis ;
– **le rapport de synthèse** est destiné à faire le point sur un sujet déterminé à partir de sources et documents divers.

II La présentation d'un rapport

Logo de l'entreprise

Émetteur

Lieu et date d'émission

Objet ou titre

Formule d'appel

Nom, fonction et signature de l'émetteur

LOGO

Émetteur

Villeurbanne, le 14 janvier N

RAPPORT (Objet)

Madame, Monsieur,

Introduction
Elle rappelle la demande (ou ce qui motive le rapport) et annonce le plan.

Développement
Il présente un constat de la situation dont la structure est apparente. Il peut inclure des graphiques ou des schémas. Le style utilisé est neutre et indirect pour exposer les faits. Il peut occuper plusieurs pages.

Conclusion
Elle propose ou suggère des solutions, des actions. Dans la proposition de solution, l'émetteur parle en son propre nom et les pronoms personnels « je » et/ou « nous » peuvent être utilisés.

Formule de politesse
Une brève formule de politesse termine le rapport qui comporte le nom et le prénom du signataire.

A. Guibert
Fonction
Signature

III La transmission d'un rapport

Le rapport est transmis le plus souvent par courriel en document joint.

FICHE RESSOURCE

4 L'utilisation et la création d'une feuille de style

La feuille de style est un modèle de document qui propose des éléments de mise en forme (police, taille de police, italique, gras…) et de structure. Son utilisation automatise et uniformise la présentation de documents longs, comme des rapports. Ce modèle contribue à leur structuration : table des matières et/ou sommaire automatiques basés sur les titres. Il permet de gagner du temps : création et mise à jour automatique de la table des matières, des illustrations, des tableaux.

I Découvrir les styles

Pour visualiser et contrôler les styles appliqués pour chacune des lignes du texte, sélectionner l'onglet « Accueil » puis cliquer sur le lanceur du groupe « Styles » (en bas à droite du groupe).

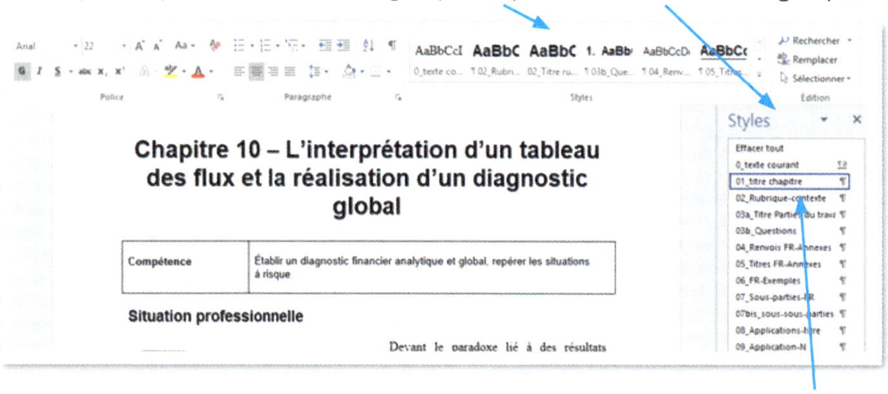

Les styles de chaque niveau du texte s'affichent (ici, le titre du chapitre de niveau 1 est en Arial 22).

II Mettre en place un style

1. Créer un style

Après avoir visualisé le groupe « Styles », cliquer sur le bouton « Nouveau style ». Une fenêtre s'ouvre : saisir un nom (exemple : Titre chapitre) puis compléter avec les caractéristiques que l'on veut appliquer (police, taille de police, gras…).

2. Sauvegarder le style

Cocher la case **« Ajouter à la liste des styles rapides »**.

3. Modifier un style

Dans le groupe « Styles », cliquer avec le bouton droit de la souris sur le style à modifier (exemple : Titre 2). Une boîte de dialogue s'ouvre, dans laquelle il est possible de modifier le style.
En cochant la case « Mettre à jour automatiquement », les modifications s'appliqueront à tous les documents basés sur ce modèle.

4. Appliquer un style

Placer le curseur dans le paragraphe à modifier puis cliquer sur le style choisi. On peut donc rédiger sans se soucier de la mise en forme puis l'appliquer au fur et à mesure ou à la fin du travail de saisie.

5. Travailler en mode Plan

Cliquer sur le menu « Affichage » puis sélectionner « Plan ».
Le mode Plan permet d'afficher les différents niveaux du document et de détecter ainsi les erreurs de hiérarchisation des différents titres et sous-titres.

Réaliser le compte rendu d'une réunion lors du stage en entreprise

Vous effectuez votre stage de six semaines dans une PME de votre région.
Vous assistez à une réunion dont le compte rendu vous est confié.

Consignes

1. **Réalisez le compte rendu de la réunion en adoptant la structure ci-dessous.**
2. **Utilisez la grille de contrôle page suivante pour vérifier sa performance.**

Compte rendu de réunion

Ne pas ajouter de remarques personnelles non partagées au cours des discussions. Le compte rendu rapporte uniquement les propos échangés.

Faire relire le compte-rendu par une autre personne présente à la réunion avant diffusion afin de s'assurer que tout est compréhensible et que rien n'a été oublié.

OBJET

Compte rendu de la réunion de [Nom de la société ou de l'équipe] du [Date] à [Lieu]

Participants

Présents : [Liste des participants et fonctions]

Membres excusés absents

[Liste des absents et fonctions]

ORDRE DU JOUR

[Points de l'ordre du jour indiqués dans la convocation]

Points de discussion abordés

Un paragraphe par sujet abordé comprenant les éléments suivants :
• Synthèse des discussions avec référence aux documents distribués (qui peuvent être annexés au compte rendu envoyé par courrier)
• Conclusions et décisions prises avec mention des responsables des actions à mener et des dates auxquelles elles doivent être effectuées.

Prochaine réunion

Lieu, date et heure

Secrétaire — Date d'approbation

Grille de contrôle de l'acquisition des compétences
Rédaction d'un document écrit professionnel à usage interne

Contrôles communs à l'ensemble des documents écrits professionnels	Maîtrisées	Non maîtrisées
Je rédige en respectant l'orthographe et la grammaire.		
J'adapte le vocabulaire et la syntaxe au(x) destinataire(s).		
La courtoisie est respectée.		
La liste des destinataires du document est complète et exacte.		
Je relis et contrôle ma production écrite.		
J'utilise les fonctionnalités de contrôle des documents du logiciel TT.		
J'utilise des dictionnaires et précis grammaticaux en ligne et sous forme d'ouvrages.		
Je sais créer et utiliser un modèle intégrant la charte graphique.		

Contrôle des notes de service (information et instruction)	Maîtrisées	Non maîtrisées
Les mentions obligatoires sont présentes.		
Le ton est adapté (neutralité).		
Le style est simple, clair et précis.		
La note ne comporte ni titre de civilité ni formule de politesse.		

Contrôle d'un compte rendu	Maîtrisées	Non maîtrisées
Le compte rendu est fidèle et complet.		
Je sais utiliser et créer une feuille de style.		
Les mentions utiles sont présentes.		
Le compte rendu ne contient pas d'avis personnel.		

Contrôle d'un rapport	Maîtrisées	Non maîtrisées
Le style utilisé est neutre et indirect pour exposer les faits.		
La présentation est adaptée.		
Je sais créer et utiliser une feuille de style.		

Chapitre

6 Rédiger des écrits professionnels à usage externe

RÉFÉRENTIEL **S 5.2.** Communication écrite opérationnelle (en langue nationale et étrangère)

VERS PIX **D 1.1.** Mener une recherche et une veille d'information
D 1.2. Gérer des données
D 1.3. Traiter des données
D 2.1. Interagir
D 3.1. Développer des documents textuels
D 3.3. Adapter les documents à leur finalité

Situation professionnelle

La SARL AbriZeÔ propose une gamme complète d'abris et de couvertures de piscine alliant technicité et esthétisme. Elle assure l'ensemble du process, du projet du client à la fabrication du produit et son implantation puis la réception des chantiers. Au fil des années, AbriZeÔ n'a pas cessé d'innover pour suivre l'évolution technologique et proposer à ses clients des produits performants, personnalisés et durables.

Jules Gueirard gère son entreprise avec prudence mais cherche également à proposer des produits en adéquation avec les nouvelles demandes de la clientèle.

Notamment, la conception d'une gamme d'abris plus petits – destinés aux spas qui intéressent la clientèle périurbaine – s'avère prometteuse. La clientèle allemande, aisée et soucieuse de bien-être, lui paraît représenter une opportunité pour développer son entreprise au niveau européen : pour cela, M. Gueirard a créé une filiale domiciliée en Allemagne, à Fribourg-en-Brisgau, en Forêt-Noire.

Vous travaillez directement auprès de M. Gueirard, qui vous délègue les tâches relevant de la communication écrite, et plus particulièrement des écrits professionnels à usage externe : courriers et courriels avec les prospects, les clients, les fournisseurs et les institutionnels.

M. Gueirard vous a également associé(e) au projet d'ouverture de la filiale en Allemagne.

1 Améliorer le modèle de document commercial de l'entreprise

Un modèle de document commercial a été créé il y a quelques années. Certaines informations légalement obligatoires ou qui ont fait l'objet d'une modification doivent être ajoutées en pied de page : RCS et numéro NAF, adresse du site Web de l'entreprise, mail.

1 Réalisez sur poste informatique un modèle de courrier commercial respectant les obligations légales.

Fiche ressource 1

2 Enregistrez ce courrier comme modèle.

Annexe • Informations complémentaires sur AbriZeÔ

SIREN : 987233146
RCS Montélimar
SIRET : 987233146 1001 1
SARL au capital de 950 000 €
NAF : 4752B
TVA intracommunautaire : FR 76 13 987 233 146

AbriZeÔ
ZA des Portes de Provence 26200 Montélimar
Tél. : 04 26 32 12 00
Site Internet : www.abrizeo.fr
Mail : contact@abrizeo.com

2 Adapter les documents commerciaux pour la filiale

M. Gueirard souhaite que la filiale allemande porte le même nom que sa société mais un élément ajouté dans le logo permettrait de la différencier visuellement de la maison mère (par exemple, un arbre pour évoquer la Forêt-Noire). En outre, il faut ajouter l'indication « GmbH » (équivalent de « SARL » en Allemagne).

- **Créez le document commercial modèle pour la filiale allemande.**

Fiche ressource 1

Annexe • Les données de la filiale

Adresse : Basler Landstrasse 7, 79098 Freiburg im Breisgau
Mail : contact@abrizeo.de
Site Internet : www.abrizeo.de
Immatriculation : DE 2949121014
SIRET : 987233146 1001 2

3 Informer un client

L'atelier de fabrication vous a avisé(e) que la structure de l'abri de piscine d'un client était prête et pouvait être livrée au cours de la première semaine de mars. Vous précisez au client que la commerciale déterminera directement une date de mise en route du chantier avec lui par téléphone.

- **Envoyez un courriel au client avec copie à la commerciale responsable du secteur.**

Annexe • Informations sur le client et sur la commerciale du secteur

- Le client : M. Montrayeul – Route de Venizy 89210 Saint-Florentin – Mail : jp.montrayeul@laposte.fr
- La commerciale de la région Bourgogne-Franche-Comté : Christine Bernard – cbernard@abrizeo.fr

4 Répondre à la réclamation d'un client

Vous avez réalisé une étude chiffrée pour l'installation d'un abri de piscine chez Mme Le Bréhac à Étel, dans le Morbihan. Le devis, accepté par la cliente le 15/03/N, prévoit l'installation de l'abri entre le 14 et le 18/05/N, avec une durée estimée des travaux de deux jours et demi. Un acompte de 30 % a été versé sur un montant total de 28 500 € TTC.
Malheureusement, de violentes intempéries se sont abattues sur le Morbihan dès le début de la semaine, rendant impossible le montage de l'abri (vent violent, sols détrempés).
Vous analysez la situation avant d'appeler Mme Le Bréhac.

1. **Parmi les compensations envisageables, déterminez celle qui vous paraît convenir à la solution adoptée.**
2. **Rédigez un courrier à la cliente pour finaliser l'accord obtenu par téléphone.**
3. **Pourquoi un courrier type ne convient-il pas dans ce type d'échange ?**

Annexe 1 Les recommandations du responsable de l'agence bretonne

Nous ne sommes pas responsables du retard pris sur le chantier puisqu'il s'agit d'un cas de force majeure dû à des intempéries. Cependant, il convient de rester en bons termes avec cette cliente pour éviter qu'elle ne ternisse notre réputation dans la région, sans oublier qu'elle pourrait, par la suite, être intéressée par d'autres accessoires ou prestations.
Je pense qu'elle attend de nous un geste commercial pour compenser la gêne causée par le retard qui ne lui permettra pas d'utiliser sa piscine dès le début de la saison.
Réfléchissez à tout ceci rapidement pour pouvoir la rappeler et convenir d'un arrangement.

Annexe 2 Les compensations envisageables

2 bains de soleil (valeur totale : 280 €)	
1 douche alu et bois (valeur : 350 €)	
Après l'installation, aplanir et réengazonner le pourtour de l'abri sur une surface de 30 m² (valeur : 250 €)	

▶▶▶

Annexe 3 Conversation téléphonique avec Mme Le Bréhac

Vous : Bonjour, madame Le Bréhac, société AbriZeÔ. Je vous appelle comme convenu pour fixer une nouvelle date pour la réalisation de votre abri de piscine.

Mme Le Bréhac : Bonjour. Oui, je dois dire que cela me pose problème. Je comptais pouvoir en profiter dès les beaux jours, d'autant plus que j'attends mes enfants et mes petits-enfants pour les congés de l'Ascension.

Vous : Je comprends mais, malheureusement, ces intempéries nous causent aussi beaucoup de dérangements. Comme je vous l'ai expliqué précédemment, je peux vous proposer la semaine du 11 au 15 juin.

Mme Le Bréhac : Non, non, je vous l'ai dit, je ne peux absolument pas cette semaine-là. Je dois m'absenter et...

Vous : Nous pourrions effectuer les travaux en votre absence, il suffit de nous confier les clefs du portail de votre jardin et nous ferons la réception dès votre retour. Sinon, cela reporte les travaux à la semaine du 18 au 22 juin. Qu'en pensez-vous ?

Mme Le Bréhac : Du 18 au 22 juin, cela fait vraiment tard ! Non, je préfère que vous veniez effectuer les travaux pendant mon absence. Je vous fais confiance pour que les abords soient nettoyés à la fin du chantier. Que pouvez-vous me proposer pour compenser tout ce désagrément ?

Vous : Je vous remercie de votre confiance, nos équipes travaillent toujours consciencieusement et laissent des chantiers propres. Je peux leur demander d'aplanir et de remettre du gazon sur le pourtour de l'abri, ainsi votre installation sera opérationnelle pour l'arrivée de votre famille aux congés de l'Ascension. Cette proposition vous convient-elle ?

Mme Le Bréhac : Oui, cela me paraît bien. Ce sera nettement plus propre et agréable.

Vous : Je vous envoie aujourd'hui même un courrier modificatif que je vous demanderai de me retourner signé pour accord. Mme Le Bréhac, je vous souhaite une excellente journée.

5 Rédiger un courrier de première relance

AbriZeÔ a réalisé une couverture de piscine pour l'Hôtel du Colombier situé à Buis-les-Baronnies, dans la Drôme. Celui-ci ne vous a pas réglé la dernière partie de l'installation, malgré un premier appel téléphonique. M. Gueirard, mécontent, vous demande de le relancer. Vous prenez connaissance du dossier.

- **Rédigez sur poste informatique le courrier de relance à envoyer au client.** Fiche ressource 2

Annexe 1 Le dossier des travaux de l'Hôtel du Colombier

Adresse : Hôtel du Colombier – Route des Vieux Buxois 26170 Buis-les-Baronnies
Travaux réalisés : installation d'une terrasse mobile aux dimensions de 8 × 4 sur une piscine en cours de rénovation
Le choix s'est porté sur un modèle en coloris beige sable, avec une structure en aluminium coulissant sur des rails encastrés dans la plage.
Le devis accepté par le client s'élève à :
– 5 300 € HT pour la terrasse ;
– 2 400 € HT pour la pose (2 jours).
Soit un total de 7 700 € HT (9 240 € TTC).

▶▶▶

▶▶▶ Les travaux réalisés les 13 et 14/10/N en coordination avec le piscinier afin que la pose des rails s'effectue en même temps que les travaux de réfection de la plage de la piscine ont été réceptionnés par le client le 15/10/N. La facture n° 20171125, d'un montant de 9 240 € TTC, a été réglée le 15/11/N.

Après acceptation du devis, le client a souhaité ajouter un module de motorisation qui permet d'automatiser l'ouverture et la fermeture de la terrasse mobile. Le surcoût du module et de la pose (une demi-journée), d'un montant de 2 380 € HT, a été accepté par le client sur un avenant au devis. Les travaux ont été réalisés le 22/10/N et réceptionnés le même jour.

Le 16/11/N, vous avez confirmé par téléphone la réception du règlement de la première facture et rappelé l'échéance du 23/11/N pour le paiement de l'avenant. Le 23/11, vous constatez que le paiement n'est pas effectué.

Annexe 2 Facture du client Hôtel du Colombier

AbriZeÔ

HÔTEL DU COLOMBIER
Route des Vieux Buxois
26170 BUIS-LES-BARONNIES

Montélimar, le 23/10/N

Référence : Motorisation d'un plancher de piscine

N° de facture : 20171125-2

Description	Quantité	Montant
Référence du moteur	1	2 000,00
Installation de la motorisation	½ journée	380,00
	Total HT	2 380,00
	TVA 20 %	476,00
	Total TTC	**2 856,00**

Conditions de règlement : payable au 23/11/N

AbriZeÔ SARL – ZA des Portes de Provence 26200 Montélimar
Tél. : 04 26 32 12 00 – Mail : contact@abrizeo.com – Site Internet : www.abrizeo.fr
SIREN : 987233146 – NAF 4752B – TVA intracommunautaire : FR 76 13 987 233 146
SIRET : 987233146 1001 1 – SARL au capital de 950 000 €

6 Rédiger un courrier de seconde relance et de mise en demeure

Malgré votre premier courrier de relance du 24/11/N, l'Hôtel du Colombier ne vous a toujours pas payé la facture le 04/12/N.

1 **Rédigez le deuxième courrier de relance à adresser au client.** Fiche ressource 2

2 **Préparez le courrier de mise en demeure.**

3 **Enregistrez les trois courriers sous forme de modèles de document.**

7 Faire connaître la participation à un salon

EXPERTISE

Afin de faire connaître la filiale nouvellement créée, AbriZeÔ participera à plusieurs salons internationaux en Allemagne. M. Gueirard souhaite annoncer cette participation au moyen d'un communiqué de presse à adresser à des supports et revues spécialisés en France mais aussi en Allemagne et dans d'autres pays européens. Il vous donne quelques instructions sur les informations à privilégier. De votre côté, vous avez trouvé sur Internet des articles présentant les atouts commerciaux du Land de Bade-Wurtemberg, ainsi que les avantages et les inconvénients du bois pour les abris de spa ou de jacuzzi.

1 **Recherchez sur Internet les avantages et les inconvénients du bois pour les abris de spa ou de jacuzzi.**

Fiche ressource 3

2 **Rédigez le communiqué de presse en français et en anglais.**

Annexe 1 Les prochains salons susceptibles de vous intéresser

Cologne (Allemagne)

Lieu	Nom du salon	Périodicité	Prochaine édition
Exhibition Center	Aquanale Salon international du sauna et de la piscine	Tous les 2 ans	26-29 octobre
Exhibition Center	FSB Salon international des lieux de sport et de loisirs	Tous les 2 ans	26-29 octobre

Stuttgart (Allemagne)

Lieu	Nom du salon	Périodicité	Prochaine édition
New Stuttgart Trade Fair Centre	Interbad Salon international de la piscine, des bains, du sauna et de la physiothérapie	Tous les 2 ans	21-24 septembre

Tuttlingen (Autriche)

Lieu	Nom du salon	Périodicité	Prochaine édition
Tuttlingen Stadthalle	Pool Salon de la piscine et du jardin	NC	26-28 mars

Annexe 2 Les instructions de votre responsable

Préparez le texte destiné aux différents médias, je le validerai avant envoi pour publication une fois que nous aurons toutes les indications concernant l'attribution de notre stand. N'oubliez pas d'insister sur le produit qui sera mis en avant : les abris pour spas et jacuzzis, leur intérêt dans cette région, leur intégration visuelle grâce à l'utilisation du bois, le respect de l'environnement, la sécurité apportée par notre implantation en Allemagne. Inspirez-vous d'un précédent communiqué. N'oubliez pas d'en faire une version en anglais !

Annexe 3 Le Land de Bade-Wurtemberg

Le Bade-Wurtemberg est l'une des régions allemandes et européennes les plus prospères et puissantes économiquement. De nombreux leaders du marché y sont installés [...]. En outre, le Bade-Wurtemberg présente l'un des plus faibles taux de chômage en Europe.

▶▶▶

▶▶▶ Pour préserver dans l'avenir le succès de notre site économique, il faut avoir le courage d'emprunter de nouvelles voies et d'assurer un renouveau écologique et social.

Nous voulons allier dans le Bade-Wurtemberg le succès économique et la prospérité à l'écologie et à la préservation des fondements de notre vie. Ainsi, les techniques environnementales, les machines respectueuses de l'environnement et économisant les ressources représentent de grandes chances pour l'économie du Bade-Wurtemberg sur un marché en pleine croissance dans le monde.

https://www.baden-wuerttemberg.de/fr/notre-land/site-economique/

Annexe 4 Un précédent communiqué de presse d'AbriZeÔ

AbriZeÔ

L'abri de piscine : un équipement incontournable pour profiter de sa piscine tout le temps !

À la belle saison, les périodes de plein soleil peuvent alterner avec des températures plus fraîches… C'est pourquoi de plus en plus de Français s'équipent d'abris qui leur permettent de profiter au maximum de leur piscine.

Aujourd'hui, plus de 10 % des piscines sont équipées d'abris en majorité de fabrication française car les propriétaires de piscine privilégient la qualité, la proximité et le service dans le choix de cet équipement qui présente de nombreux avantages : confort de baignade, sécurité, facilité d'entretien et économie d'eau.

AbriZeÔ sera présent au prochain Salon « Piscine et Bien-être » qui se tiendra du 2 au 10 décembre N, Porte de Versailles à Paris.

Venez découvrir notre gamme d'abris conçus et réalisés en France et que nos équipes – qui travaillent sur l'ensemble de l'Hexagone – sauront adapter et personnaliser selon vos souhaits.

À propos de AbriZeÔ : implantée à Montélimar depuis plus de 30 ans, AbriZeÔ a su évoluer avec l'engouement croissant pour les piscines et spas. Cette PME dynamique emploie plus de 50 salariés répartis sur l'ensemble du territoire métropolitain et outre-mer. Son dirigeant actuel, Jules Gueirard, fils du fondateur, est aujourd'hui secondé par sa fille Magali. En N-2, l'entreprise a réalisé un chiffre d'affaires de 2 500 000 €.

###

Contact presse : Adeline Dijoux au 04 26 32 12 05
adijoux@abrizeo.fr

8 Rechercher des fournisseurs

Le responsable des achats, Titouan Goix, vous a fait part de quelques problèmes de qualité avec son fournisseur habituel de bois lamellé collé. Il a effectué une recherche de fournisseurs de ce produit et recensé les caractéristiques souhaitées. Il vous demande de rédiger un courrier de demande d'achats pour référencement.

1. **Rédigez le courrier de référencement à envoyer aux fournisseurs sélectionnés.**
2. **Sous quelle forme allez-vous envoyer ces courriers ?**

Annexe 1 Les éléments du cahier des charges recueillis auprès de M. Goix

Les poutres que nous utilisons pour nos abris de piscine et spa en bois sont des poutres en bois lamellé collé (BLC) de 6 m de long et de section 120 mm × 320 mm. En général, il s'agit de pin ou d'épicéa ; il faut impérativement qu'il soit traité classe 4 (c'est-à-dire en autoclave). La classe de résistance doit être GL 24 et le bois écocertifié.

S'assurer impérativement des délais et du coût de livraison, des conditions de règlement, du prix au ml. Préciser que le lieu de livraison unique est à Montélimar.

En moyenne, nous passons commande d'une cinquantaine de poutres de ce type par mois.

Annexe 2 La liste des fournisseurs à contacter

- Les Bois de Bourgogne – ZA de l'Arroux 71400 Autun
  Mail : info@boisbourguigon.com
- Charpente Biviers – 38680 Pont-en-Royans
  Mail : commercial@biviers.com
- Société Colas – ZA des Bruyères 43400 Le Chambon-sur-Lignon
  Mail : jb.colas@colas.com
- Scierie Ruquier – Route du Gardon 48240 Saint-André-de-Lancize
  Mail : gerant@ruquierbois.net

Annexe 3 Le contenu d'un courrier de référencement

Pourquoi référencer ? Pour disposer d'un panel de fournisseurs susceptibles de répondre à une demande d'achat.

Comment ? En recherchant des fournisseurs à partir de différentes sources : fichiers de fournisseurs déjà référencés, bottins professionnels, salons professionnels, sites Internet…

Sur quels critères ?
– Critères techniques : type de produit, dimension, poids, mode de fonctionnement.
– Critères quantitatifs : délais de livraison, tarifs, modalités de paiement, conditions de livraison…
– Critères qualitatifs : qualité du produit, respect des normes, certification, garanties proposées…

Quelle forme donner au courrier ? Le courrier de référencement n'est pas un appel d'offres. Il doit cependant être suffisamment détaillé pour obtenir des réponses précises et permettre une présélection des fournisseurs. Il pourra être envoyé par courrier postal ou par mail sous forme de document attaché. La rédaction d'un courrier de référencement directement dans un mail n'est pas recommandée.

9 Rédiger une offre d'emploi

Le poste de collaborateur administratif/commercial de la filiale allemande doit être pourvu. M. Gueirard vous a communiqué une fiche de fonctions en précisant que le candidat ou la candidate aura un statut d'expatrié et que le poste sera susceptible d'évoluer dans l'ensemble du groupe.

1. **Rédigez l'offre d'emploi en français.**
2. **Rédigez l'offre d'emploi en anglais. Vous pouvez vous aider d'un dictionnaire bilingue en ligne.**
3. **Réfléchissez et listez les organismes et les sites sur lesquels vous pouvez déposer votre offre.**

Annexe • La fiche de fonctions

Collaborateur administratif/commercial

Mission principale
Aider à la gestion et au développement des outils commerciaux d'une entité commerciale en Allemagne.

Rattachement hiérarchique
Au responsable de la filiale.

Relations externes :
- les clients et les prospects ;
- les entreprises partenaires locales (pisciniers) ;
- les fournisseurs.

Activités
Tenue de tableaux de bord de gestion
Gestion administrative et communication écrite
Contribution aux actions commerciales

Connaissances techniques
Maîtrise des outils bureautiques.
Une connaissance du produit ou d'un produit similaire sera un atout.

Qualités
Adaptabilité ; bon relationnel ; mobilité ; initiative ; rigueur ; bonne présentation.

Langues
Bonne maîtrise de l'anglais et de l'allemand

Diplôme
De niveau bac + 2 (gestion/commerce/administratif).

Une expérience de 1 à 2 ans est demandée, si possible dans une structure à l'étranger.

Le salaire se situe entre 1 900 € et 2 300 € net par mois.

Poste en CDI.

10 Prospecter par publipostage et e-mailing

EXPERTISE

Hugo Debruyn, le responsable commercial de la région des Hauts-de-France, sollicite votre aide pour rédiger un courrier de partenariat à destination des pisciniers et des vendeurs de spas situés en Belgique. La connaissance du terrain de ces professionnels lui semble intéressante pour faire connaître votre entreprise. Le publipostage devra être rédigé en français et en anglais car les prospects se situent dans les différentes régions linguistiques.

1 **À l'aide du fichier des prospects remis par votre professeur, créez la base de données et rédigez le courrier de partenariat.**

Chap06-application10.doc

2 **Envoyez votre publipostage par courrier postal et par e-mailing.**

Annexe 1 Les instructions d'Hugo Debruyn

L'objectif de ce courrier est de proposer à un panel de vendeurs de piscines et de spas un partenariat qui permettrait à notre entreprise d'améliorer notre visibilité dans nos zones de chalandise respectives. Nos produits sont complémentaires et nos intérêts commerciaux ont tout à y gagner. Ce partenariat pourrait se concrétiser, dans un premier temps, par un renvoi mutuel sur les liens de notre site Internet, ou par des recommandations auprès de nos clients et prospects...

Par la suite, ce partenariat pourra prendre une forme plus concrète (par exemple, l'installation d'un abri de spa dans leur showroom). Mais nous n'en sommes pas là : pour l'instant, il s'agit seulement d'inciter les vendeurs de piscines et de spas à prendre contact avec moi par téléphone ou par mail pour en discuter.

11 Concevoir la maquette d'un flyer

M. Gueirard vous demande de lui proposer un projet de flyer qui sera distribué sur le stand d'AbriZeÔ du prochain salon, avec pour objectifs de faire connaître l'entreprise et de constituer un fichier de prospects.

1 **Recherchez sur Internet les informations indispensables et obligatoires.**

2 **Concevez la maquette du flyer.**

Annexe • Les consignes de M. Gueirard

Ce flyer sera déposé bien en vue sur le stand : un format de 10 × 21 cm me semble convenable. Préférez un papier recyclé et prévoyez d'en commander 2 000. Pensez à bien utiliser le verso. N'oubliez pas toutes les informations utiles et obligatoires, et l'incitation faite aux prospects de laisser leurs coordonnées ou de nous contacter. Proposez-moi votre projet avant de passer commande.

1 Concevoir un papier à en-tête

La présentation du papier à en-tête doit répondre aux critères de la charte graphique. Il doit comporter le logo de l'entreprise, son nom, toutes ses coordonnées ainsi que des mentions légales que l'on retrouve, le plus souvent, en pied de page.

Nom et logo

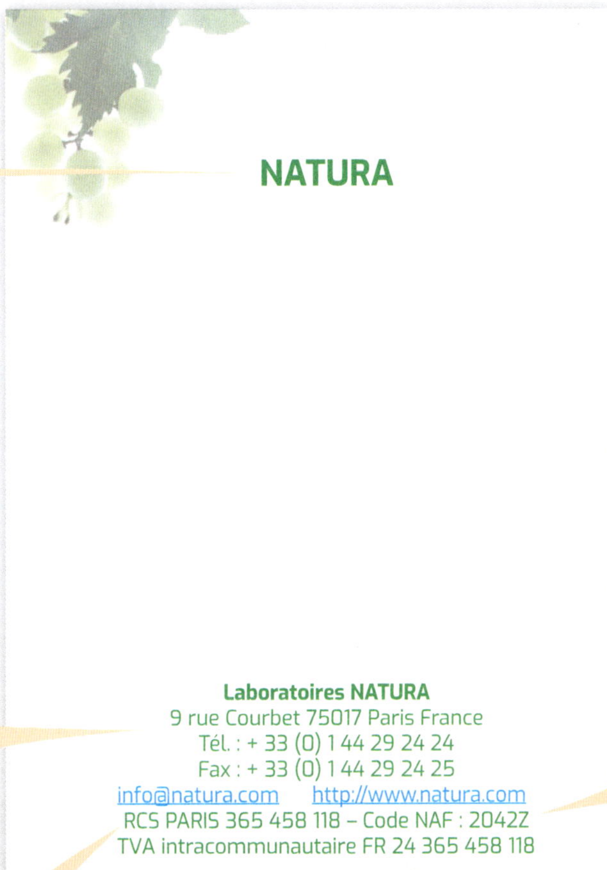
NATURA

Laboratoires NATURA
9 rue Courbet 75017 Paris France
Tél. : + 33 (0) 1 44 29 24 24
Fax : + 33 (0) 1 44 29 24 25
info@natura.com http://www.natura.com
RCS PARIS 365 458 118 – Code NAF : 2042Z
TVA intracommunautaire FR 24 365 458 118

Coordonnées
- Adresse
- N° de téléphone
- N° de fax
- Mail
- Adresse du site

Code APE (ou code NAF)
Il est attribué à chaque entreprise par les services de l'INSEE, en référence à la **nomenclature statistique nationale d'activités (NAF).**
Il permet de déterminer l'activité principale exercée par l'entreprise.
Il comporte 4 chiffres et une lettre.

Numéro SIREN
Chaque entreprise est identifiée par ce **numéro unique et invariable**. Il est utilisé par tous les organismes publics et les administrations en relation avec l'entreprise. Attribué par l'INSEE, il se présente de la manière suivante pour les commerçants et sociétés.
Ex. : RCS PARIS 321 654 987
(Registre du Commerce et des Sociétés, VILLE d'immatriculation, n° SIREN composé de 9 chiffres)
Numéro SIRET : il identifie les établissements de l'entreprise.
Il se compose de 14 chiffres (n° SIREN, numéro NIC, comportant 5 chiffres : les 4 premiers correspondent au numéro d'identification de l'établissement, le 5e est une clé. Ex. : RCS PARIS 321 654 987 12315
Ce numéro n'est à mentionner qu'à la demande de certains services.

Numéro de TVA intracommunautaire
Il s'agit d'un numéro individuel d'identification attribué aux **personnes assujetties à la TVA effectuant des opérations de vente ou des prestations de services au sein de l'Union européenne.**
Cet identifiant comporte 13 caractères (code pays, clé, numéro SIREN).
Ce numéro est national, unique et invariable, vérifiable par le biais de serveurs télématiques de consultation des bases de données des assujettis à la TVA établis dans les États membres de l'Union européenne.

2 Rédiger des lettres de relance

Les retards de paiement sont néfastes à la trésorerie de l'entreprise. Il est donc indispensable de suivre attentivement les règlements des factures à leur échéance et, en cas de retard avéré, de mettre en place une procédure.

I Objectifs

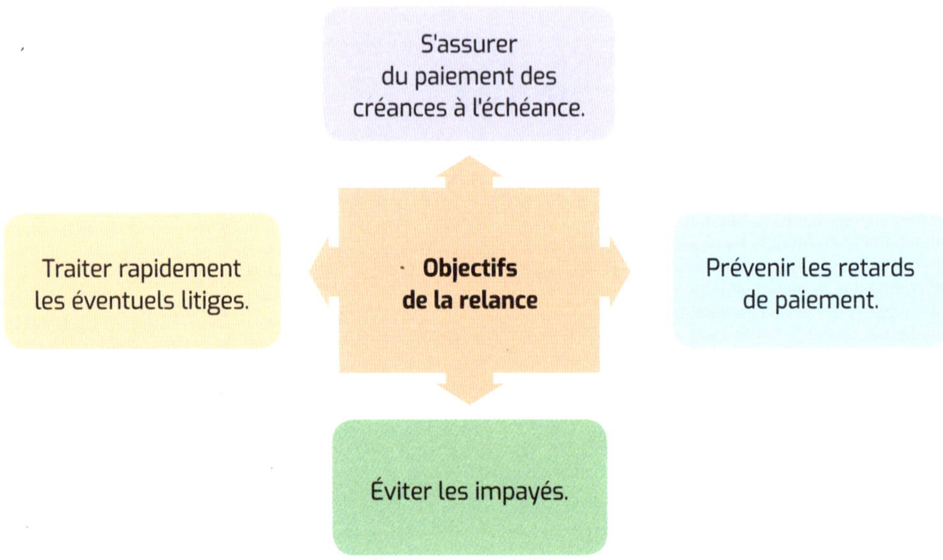

II L'organisation du processus de relance client

Étapes	Moyen	Quand ?
Relance	Téléphone	Avant l'échéance, pour s'assurer que le client a bien réceptionné la facture et l'honorera à la date prévue.
Premier rappel	Téléphone et courrier (lettre avec accusé de réception)	En cas de non-respect du délai de règlement dans les 8 jours suivant la relance téléphonique.
Deuxième rappel	Téléphone et courrier (lettre avec accusé de réception)	Si le premier rappel reste infructueux dans les 8 jours suivants, le client est informé du risque d'avoir à payer des intérêts de retard.
Mise en demeure de payer	Lettre recommandée avec accusé de réception (LRAR) Préciser une date au client.	Si les démarches précédentes restent sans réponse, le client est informé 8 jours après du risque : l'entreprise saisira la justice en cas de non-paiement à la date précisée.
Injonction de payer	Injonction portée devant le tribunal du domicile du débiteur	En cas de non-paiement à la date fixée.

III Contenu de trois lettres types de relance

En-tête et logo de la société

Nom et adresse du client

Lieu et date

LRAR
Référence :

Objet : **1re relance de paiement**

Civilité,

Nous vous rappelons que votre compte client présente à ce jour un solde débiteur de XXX €.

En effet, malgré notre relance téléphonique, et sauf erreur de notre part, notre facture n° XXX du JJ /MM/AAA d'un montant de XXX €, arrivée à échéance, n'a toujours pas été payée.

Nous vous demandons donc de nous en faire parvenir le règlement sous huitaine.

Veuillez ne pas tenir compte de cette lettre si votre règlement nous a été adressé dans l'intervalle.

Objet : **2e relance**

Civilité,

Notre précédente lettre de rappel étant restée sans réponse, nous constatons, sauf erreur de notre part, que vous n'avez toujours pas réglé notre facture n° XXX d'un montant de XXX € en date du JJ/MM/AAA.

Nous regrettons ce manquement à vos obligations contractuelles et sommes au regret de vous signaler que cette lettre est un dernier rappel avant facturation des intérêts de retard prévus dans nos conditions générales de vente.

Objet : **mise en demeure**

Civilité,

Nous constatons à regret que vous n'avez toujours pas acquitté notre facture n° XXX en date du JJ/MM/AAA d'un montant de XXX €.

Nous vous demandons de nous faire parvenir un règlement sous huitaine. En l'absence de règlement dans ce délai, nous transmettrons votre dossier au service des contentieux et effectuerons une injonction de payer auprès du tribunal de commerce de AAA.

Nous vous prions d'agréer, Civilité, l'expression de nos salutations.

Adresse
SIRET – NAF – N° de TVA intracommunautaire

3 Rédiger un communiqué de presse

I L'objectif d'un communiqué de presse

Un communiqué de presse sert à faire connaître l'entreprise à l'occasion d'un événement : nouveau produit, nouveau dirigeant, nouvelle implantation, anniversaire, portes ouvertes...
Le dossier de presse fournit une information plus complète sur l'entreprise en général et s'accompagne de photos, vidéos, témoignages de clients... Lorsqu'il est mis à disposition des journalistes sur le site de l'entreprise, on parle de kit de presse.

II La démarche

1. Sélectionner les supports de presse destinataires du communiqué

Presse spécialisée ou plus généraliste, site Internet (à l'occasion d'un salon, par exemple).

2. Identifier le contact à privilégier à l'intérieur de la structure destinataire

Cela permet d'accompagner le communiqué de presse d'un mot personnalisé.

3. Rédiger le communiqué de presse

L'objectif est de fournir au journaliste ou correspondant un texte dans lequel il trouvera facilement les informations importantes que l'on souhaite diffuser. Il arrive que le communiqué de presse soit publié dans son intégralité, notamment lorsqu'il est mis en lien sur un site Internet. Il faut donc soigner le style et l'orthographe.

III La forme

Un communiqué de presse respecte une structure qui permet au journaliste de sélectionner l'information susceptible d'intéresser son lectorat et vise à lui faciliter la tâche.

- En-tête de l'entreprise
- Lieu et date du communiqué
- Date de diffusion (immédiate, avant le ou après le...)
- Titre et sous-titres ou chapeau accrocheur
- Corps du communiqué comprenant les idées fortes (une par paragraphe)
- Questions clés (QQOQCP)
- Informations sur l'entreprise, sa situation, son CA, le nom du principal responsable
- ### : les trois symboles « dièse » indiquent la fin du communiqué.
- Coordonnées de la personne à contacter : nom, mail, n° de téléphone

IV La rédaction d'un communiqué en langue anglaise

Your company letterhead

Headline and subheadline: *sum up your press release's purpose in 18 words or less*
Date line: *City, Month, Day, Year and Date for spreading*
Grabber: *"grab" your readers attention with an engaging first sentence*
Description: *compel readers to read on*
Call to action: *how to learn more or let his contacts*

###

About your company: *give some information about your company*
Contact: *provide your contact information*

Rédiger un document écrit professionnel à usage externe

Vous êtes stagiaire dans l'entreprise Le Sac Aveyronnais, inscrite au label EPV (Entreprise du Patrimoine Vivant). Installée au cœur de l'Aveyron, cette entreprise reçoit des visiteurs intéressés par le tourisme industriel et artisanal, soit en groupes, soit individuellement.
Vous avez reçu un appel téléphonique d'un comité social et économique (CSE) d'une branche de la SNCF auquel vous devez répondre par courrier.
Par ailleurs, le site Internet récemment créé permet aux internautes d'obtenir des informations sur les tarifs et les conditions d'accueil, d'envoyer un mail ou de déposer une demande. Il faut informer les groupements de l'existence de ce site. Vous disposez d'une base de données des CSE de la SNCF.

Consignes

1. **Rédigez le courrier à adresser au comité social et économique de la SNCF du Languedoc-Roussillon.**
2. **Adressez un message électronique d'information aux CSE de votre base de données.**

Demande téléphonique du comité social et économique SNCF Languedoc-Roussillon

« Nous organisons un voyage à destination des membres du personnel SNCF et de leur famille (une trentaine de personnes).

Après regroupement en gare de Millau, le voyage en car prévoit les visites de l'abbaye de Sylvanès, du site de la Couvertoirade et des caves de Roquefort. Nous souhaiterions y ajouter votre entreprise. Le voyage aura lieu le premier week-end de septembre N.

Pouvez-vous nous indiquer vos possibilités et tarifs ? Et nous fournir toutes informations nécessaires au bon déroulement de notre visite ?

Merci de répondre à N. Bourgade, CE Languedoc-Roussillon, 12 rue Colin 34000 Montpellier. »

Les possibilités de visite des ateliers du Sac Aveyronnais

Les visites ont lieu tous les jours à 10 h 30 et 15 h 30 en juillet et en août. Aux autres dates, des visites peuvent être organisées sur réservation.

Le tarif est de 3 € par adulte et 2 € par enfant de moins de 12 ans.

La visite dure environ 1 heure. La boutique est ouverte et le parking autocar est gratuit.

Les adresses mails des comités sociaux et économiques (CSE) SNCF

cerpicardie.accueil@free.fr
cesncfnormandie.accueil@free.fr
cecheminots-nord-pasdecalais@laposte.fr
cecheminots-bretagne@gmail.fr
ceralsace@laposte.fr

Grille de contrôle de l'acquisition des compétences
Rédaction d'un document écrit professionnel à usage externe

Contrôle commun à l'ensemble des documents écrits professionnels	Maîtrisées	Non maîtrisées
Je rédige en respectant l'orthographe et la grammaire.		
J'adapte le vocabulaire et la syntaxe au(x) destinataire(s).		
La courtoisie est respectée.		
La liste des destinataires du document est complète et exacte.		
Je relis et je contrôle ma production écrite.		
J'utilise les fonctionnalités de contrôle des documents du logiciel de traitement de texte.		
J'utilise des dictionnaires et précis grammaticaux en ligne et sous forme d'ouvrages.		
Je sais créer et utiliser un modèle intégrant la charte graphique.		
J'utilise des traducteurs en ligne, vérifie et corrige leur proposition.		

Contrôle des lettres de relance	Maîtrisées	Non maîtrisées
Les mentions obligatoires sont présentes.		
Le ton est adapté (progressivité et fermeté).		
Le style est simple, clair et précis.		
Je sais créer des modèles de documents.		

Contrôle du communiqué de presse	Maîtrisées	Non maîtrisées
Le communiqué de presse suit la structure préconisée.		
Les informations importantes sont mises en valeur.		
Les mentions utiles sont présentes (personne à contacter, dates).		

Contrôle de l'offre d'emploi	Maîtrisées	Non maîtrisées
La mission principale du poste et son positionnement sont indiqués.		
Les compétences et qualités attendues apparaissent.		
L'offre d'emploi ne comporte pas de mentions discriminatoires.		
Les éléments nécessaires pour répondre sont présents.		

Améliorer ses compétences rédactionnelles professionnelles

1. Améliorer le style de ses écrits professionnels en le simplifiant

Vous êtes assistant(e) de gestion dans une PME et êtes amené(e) à clarifier le style de vos écrits professionnels en le simplifiant.

Consigne • Supprimez les éléments inutiles dans les phrases suivantes.

a. Nous vous signalons une erreur faite au niveau de la livraison.
b. Nous vous écrivons pour vous informer que votre livraison du 5 avril est défectueuse.
c. Nous vous rappelons que notre lettre en date du 10 juin relative à ce problème est restée sans réponse.
d. Existe-t-il une grille tarifaire prête à l'emploi pour calculer les différentes façons de calculer les frais de port pour être rentable ?
e. Quel est le matériel de premiers secours qui doit être disponible dans les entreprises ?

2. Enrichir son vocabulaire professionnel en utilisant des verbes précis

Vous êtes assistant(e) de gestion dans une PME et vous vous attachez à être précis dans vos écrits professionnels.

Consigne • Remplacez chaque verbe souligné par un verbe de la liste suivante : *exécuter, constater, procéder à, subir, accorder, terminer.*

a. Nous avons <u>vu</u> une erreur dans la facture.
b. Nous vous <u>faisons</u> un avoir de 120 € pour vous dédommager.
c. Nous vous prions de <u>faire</u> les recherches nécessaires.
d. Le chantier a été <u>fait</u> dans des temps records.
e. Du fait d'une rupture de stock dans notre usine, la livraison de votre commande <u>aura</u> un retard de deux semaines environ.

3. Utiliser un langage soutenu

Vous avez assisté(e) à un conflit entre deux de vos collègues, Fabien le chef de l'entrepôt et Jonathan un préparateur de commandes. Le DRH vous demande de rédiger un rapport.

Consigne • Récrivez les phrases en remplaçant les termes surlignés par des termes plus précis de la liste suivante : *des invectives, des propos acerbes, une polémique, une controverse, des paroles caustiques.*

a. Fabien a engagé une discussion avec Jonathan, visiblement causée par des interprétations différentes au sujet de la grève des routiers.
b. Un débat violent s'en est ensuivi, les oppositions ont commencé à s'exprimer avec agressivité de part et d'autre.
d. Jonathan a répliqué en réfutant les arguments de son interlocuteur avec vivacité, sans toutefois attaquer son adversaire avec des termes méprisants.
e. La situation s'est envenimée et Fabien a émis des critiques blessantes à l'égard de Jonathan.
f. Fabien dit systématiquement du mal de Jonathan avec l'intention de le déprécier et c'est toujours lui qui profère des attaques verbales violentes.

4. Effectuer une requête correcte sur un moteur de recherche

Vous êtes associé(e) au lancement d'un site de e-commerce et effectuez quelques recherches préalables sur Internet pour trouver les réponses à vos questions.

Consigne ● Trouvez le terme précis qui introduira votre requête.

a. .... créer un site Internet, et .... l'héberger en toute sécurité ?
b. .... sont les transporteurs les plus fiables pour envoyer mes marchandises ?
c. .... fréquence envoyer mes newsletters ?
d. .... plateforme e-commerce choisir pour lancer mon activité ?
e. .... statut juridique opter ?
f. .... faut-il savoir sur les auto-entrepreneurs (ou micro-entrepreneurs) ?
g. .... sont les règles juridiques à connaître pour devenir un e-commerçant ?
h. .... faut-il déposer son nom de domaine ?

5. Connaître le sens des mots

Un mouvement de grève vient d'être déclenché dans votre entreprise. Un journal de la presse quotidienne régionale a publié un article commentant les difficultés économiques de l'entreprise et amplifiant sans fondement réel les rumeurs de licenciement. Vous exercez votre droit de réponse et rédigez un communiqué de presse à l'attention du journal.

Consigne ● Cochez la case correspondant au sens du terme surligné.

a. Le directeur général a pris des positions **sans ambiguïté** sur la politique salariale à venir.
- ☐ fermes
- ☐ parfaitement claires
- ☐ ambitieuses

b. En dépit **des assertions** de notre directeur général, les salariés conservent leur opinion sur les risques de restructuration de l'entreprise.
- ☐ des affirmations
- ☐ des mensonges
- ☐ des projets

c. **Un compromis** pourrait être trouvé pour résoudre ce conflit.
- ☐ une impasse
- ☐ une crise
- ☐ un arrangement

d. Sur l'engagement pris par la direction, difficile de trouver **un consensus**.
- ☐ un accord
- ☐ un désaccord total
- ☐ une interrogation

e. Des négociations sur **le contentieux** concernant la rémunération des jours de grève sont engagées.
- ☐ le pacte
- ☐ le litige
- ☐ le projet

Chapitre

7

Communiquer dans les médias sociaux

RÉFÉRENTIEL **S 5.4.** La communication numérique écrite (digitale)

Situation professionnelle

Titulaire du BTS Gestion de la PME, vous avez été embauché(e) dans l'entreprise « Un cors'sain ! », qui dispose de trois centres de remise en forme et de musculation à Ajaccio.

Chaque centre emploie six collaborateurs : quatre entraîneurs sportifs diplômés d'État – dont un(e) est manageur – et deux agents d'accueil. Les installations sont accessibles 7 jours sur 7 de 6 h à 23 h. Chaque centre est composé de différents espaces : un plateau de musculation libre, un espace « cardio », un espace d'entraînement, un espace de cours diffusés sur écran géant et un espace de cours dispensés par les entraîneurs.

La gérante, Mme Bartoli, souhaite faire davantage connaître ses établissements :
– à court terme pour accueillir davantage d'abonné(e)s ;
– à long terme pour ouvrir d'autres centres sur l'île de Beauté.

Vous travaillez en étroite collaboration avec Mme Bartoli, qui souhaite que vous meniez les actions nécessaires pour que l'entreprise développe sa présence dans le monde numérique, en particulier sur les réseaux sociaux. En parallèle, vous l'informerez régulièrement de vos avancées et lui ferez des comptes rendus explicatifs de vos activités.

Vous ne disposez pas, dans un premier temps, d'un budget spécifique, mais si vos démarches sont concluantes, l'entreprise envisage d'allouer une partie du budget publicitaire aux démarches que vous entreprendrez.

1 Identifier les médias sociaux

Avant de lancer le projet, Mme Bartoli souhaite faire le point avec vous et vérifier qu'elle aussi a bien compris vers quoi l'entreprise s'apprête à se tourner en termes de nouvelles technologies. Elle a récemment assisté à une conférence sur « l'économie de demain » qui présentait les médias sociaux comme « incontournables pour une PME ».

- **Présentez en quelques mots le rôle des différentes applications visibles sur le smartphone de Mme Bartoli.**

Fiche ressource 1

Annexe • Le smartphone de Mme Bartoli

2 Créer un site Internet

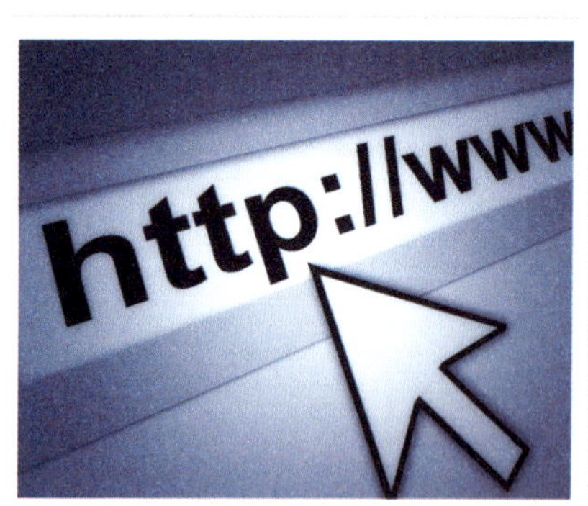

Mme Bartoli souhaite depuis quelque temps que « Un cors'sain ! » dispose d'un site Internet. Elle a dessiné une maquette du site qu'elle aimerait créer (annexe 1), mais craint que son entretien soit trop coûteux.

1. **Quel intérêt présente l'utilisation d'un CMS ?**

Fiche ressource 2

2. **À l'aide de la plateforme d'hébergement WordPress.com, de la maquette et des indications fournies par Mme Bartoli, créez une première version de site Web.**

Annexe 1 Maquette de la page d'accueil réalisée par Mme Bartoli

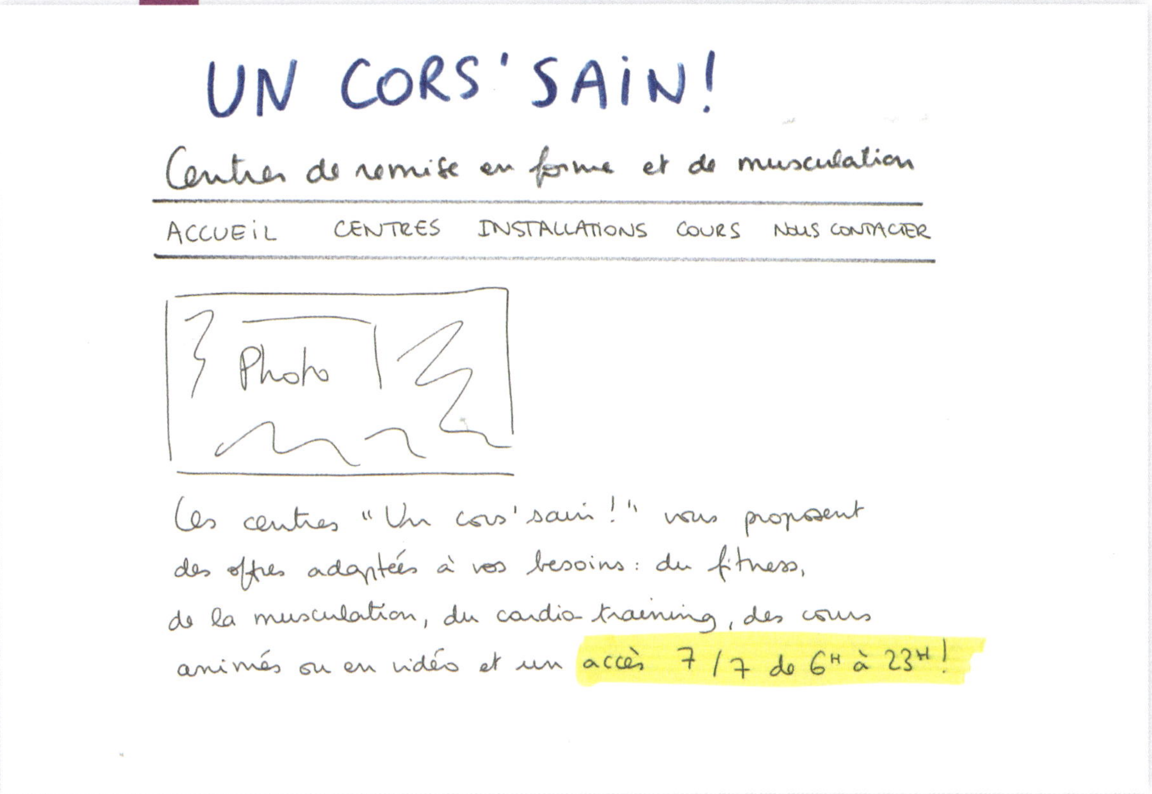

Annexe 2 Détails des souhaits de Mme Bartoli

- La page d'**« Accueil »** doit présenter l'entreprise en mettant en avant les activités proposées et les horaires intéressants. Une belle photo de l'une de nos salles devrait la rendre attractive.
- La page **« Centres »** doit contenir une carte d'Ajaccio avec mise en évidence de l'emplacement de nos 3 salles ainsi que leurs adresses respectives :
  – Port Tino Rossi ;
  – rue Paul Colonna d'Istria ;
  – route de l'Ancienne Batterie d'Aspretto
- La page **« Installations »** doit présenter nos salles et nos équipements sous la forme d'une galerie de photos. Il faudrait également prévoir de mettre des photos de nos entraîneurs sportifs en précisant qu'ils sont diplômés d'État.
- La page **« Cours »** doit contenir les emplois du temps de façon claire, précise et synthétique, en distinguant les plages horaires des cours en vidéo (en autonomie) et des cours avec nos entraîneurs.

  – **Cours en vidéo :** du lundi au vendredi de 6 h à 11 h 30, de 13 h 30 à 17 h 30 et de 19 h 30 à 23 h ; les samedis et dimanches de 6 h à 23 h.

  – **Cardio :** le lundi et le vendredi de 11 h 30 à 13 h 30, le mardi de 17 h 30 à 18 h 30, le lundi et le jeudi de 18 h 30 à 19 h 30.

  – **Zumba :** le mardi et le jeudi de 11 h 30 à 13 h 30, le mardi de 17 h 30 à 18 h 30, le lundi et le jeudi de 18 h 30 à 19 h 30.

  – **Yoga :** le mercredi de 11 h 30 à 13 h 30, le lundi de 17 h 30 à 18 h 30, le mercredi et le vendredi de 18 h 30 à 19 h 30.

  – **Step :** le mercredi et le vendredi de 18 h 30 à 19 h 30.

- La page **« Nous contacter »** doit permettre aux internautes de nous joindre simplement au travers d'un formulaire type de prise de contact.

3 Publier des actualités

La « vitrine » du site Internet étant terminée, Mme Bartoli souhaite que vous ajoutiez des actualités sur le site : offres commerciales, événements sportifs, communications diverses, conseils rédigés par les entraîneurs…

- **Rédigez un premier article mettant en avant l'offre d'abonnement « Découverte ».**

Fiche ressource 3

Annexe • Offre « Découverte »

Un mois à 19,99 €* qui comprend un accès illimité aux trois salles d'Ajaccio avec :

- ✓ Une carte magnétique nominative
- ✓ L'accès illimité à tous les espaces

- ◆ Plateau de musculation libre
- ◆ Espace « cardio »
- ◆ Espace d'entraînement
- ◆ Espace de cours vidéo sur écran géant
- ◆ Espace de cours avec des entraîneurs sportifs diplômés d'État

- ✓ L'accès gratuit aux douches et à des casiers individuels

Pièces à fournir pour l'inscription

- ✓ Une photocopie de la carte d'identité
- ✓ Un RIB
- ✓ Un chèque de garantie (75 € non encaissés)

À l'inscription, versement du 1er mois + frais de dossier*

* Frais de dossier : 39 € (1 seule fois et valables à vie !)

~~29,99 €~~

19,99 €

4 Préparer une newsletter

Mme Bartoli souhaite diffuser régulièrement des informations à ses clients et prospects. Pour cela, elle dispose des informations clients récoltées lors des inscriptions, mais souhaiterait que cette diffusion puisse également se faire auprès des internautes qui consultent le site.

1. **À l'aide de la législation en vigueur, expliquez à Mme Bartoli pourquoi elle ne pourra pas utiliser son fichier clients actuel et proposez-lui une solution.**

Fiche ressource 3

2. **Ajoutez au site la possibilité de s'inscrire à une newsletter.**
3. **Créez une newsletter qui contient l'offre « Découverte » ainsi que les conseils de Lucca. Pour vérification, effectuez un envoi dans votre propre messagerie.**

Annexe 1 Fiche d'inscription aux centres « Un cors'sain ! »

UN CORS'SAIN !

Centres de remise en forme et de musculation
Port Tino Rossi – 20000 Ajaccio – Tél. : 04 20 01 02 03

Formulaire individuel d'inscription

IMPORTANT
- **Pour tous, remplir le cadre 1.**
- **Pour les moins de 18 ans, remplir les cadres 1 et 2.**

CADRE 1 – Renseignements administratifs

Nom : .... Prénom : ....
Date et lieu de naissance : ....
Adresse complète : ....
Téléphone : .... Mail : .... Facebook : ....
Personne à prévenir en cas de problème : ....
Tél. de cette personne : ....
Le : .... / .... / .... Signature :

CADRE 2 – Autorisation parentale (barrer les mentions inutiles)

Je soussigné(e) (nom et prénom) .... autorise mon fils / ma fille (prénom) .... à s'inscrire aux centres de remise en forme et de musculation « Un cors'sain ! » à Ajaccio.
Le .... Signature :

DOCUMENTS À JOINDRE

- Copie de la carte d'identité
- Un RIB
- Un chèque de garantie (75 € non encaissé)
- Votre 1er mois + les frais de dossier*

* Frais de dossier : 39 € (une seule fois et valables à vie !)

Dossier complet remis à un responsable (les dossiers incomplets ne seront pas acceptés).

Annexe 2 Conseils de l'entraîneur Lucca Casanova

La régularité est essentielle : pour obtenir des résultats, il faut au moins 2 séances de 90 minutes par semaine.

Un entraînement se prépare

- **À chaque séance, une partie du corps :** on alterne les membres supérieurs et inférieurs pour ne pas blesser l'un d'eux.
- **Il faut varier les programmes :** sur les machines, choisir des programmes dont la résistance évolue pour progresser.
- **Il faut travailler les postures :** toujours prévoir en fin de séance des exercices de posture (yoga, Pilates ou stretching).

5 Créer un compte Twitter

Mme Bartoli a discuté avec des clients à propos du nouveau site Internet. Les constats sont les suivants :
– de nombreux clients n'ont pas lu la newsletter car ils ne regardent pas leurs mails ;
– la plupart des clients n'utilisent presque que Twitter sur leurs téléphones et se demandent pourquoi « Un cors'sain ! » n'y est pas.

Beaucoup de clients se prennent en photo pendant leurs séances et les postent ensuite sur le réseau. Un client VIP (un acteur très connu), qui avait proposé à Mme Bartoli de lui offrir quelques photos, a même échangé des messages avec elle sur son portable à ce sujet.

1. **Traduisez en termes simples le dernier message reçu par Mme Bartoli.**
2. **Créez un compte Twitter pour l'entreprise.** Fiche ressource 4
3. **Recherchez et suivez des comptes Twitter de professionnels reconnus du fitness et de la musculation.**
4. **Rédigez un tweet comportant un lien renvoyant vers le site Internet de l'entreprise et votre premier article qui met en avant l'offre « Découverte ».**
5. **Activez les statistiques Twitter et consultez les résultats de votre premier tweet.**

Annexe • Le smartphone de Mme Bartoli

Bonjour madame Bartoli ! Jetez un œil à cette photo prise pendant une séance ce matin !

Super, merci ! C'est une photo que l'on peut diffuser ?

Je suis actif sur twitter, je vous aurais taggué avec plaisir pendant les séances mais je n'ai pas trouvé votre compte à follow ! #VousAttendezQuoi?

6 Créer une page entreprise sur Facebook

Il apparaît essentiel que « Un cors'sain ! » dispose de sa page Facebook à laquelle les clients pourront faire référence dans leurs messages. Ceci permettra une meilleure communication entre les clients, les entraîneurs et l'entreprise.

Fiche ressource 5

1. **Selon vous, « Un cors'sain ! » doit-elle créer une page entreprise ou un groupe Facebook ? Argumentez.**
2. **Créez une page entreprise sur Facebook.**
3. **Invitez des comptes à aimer la page.**
4. **Publiez un message de bienvenue puis, dans un second temps, les conseils de Lucca Casanova (activité 4).**

Mme Bartoli vous parle du concept « client ambassadeur ». Après avoir consulté la définition de ce terme sur le site definitions-marketing.com :

5. **Proposez à Mme Bartoli une stratégie d'adaptation qui s'appuierait sur un groupe Facebook.**
6. **Concevez l'affiche qui annonce l'ouverture de la page Facebook de « Un cors'sain ! » en suivant la maquette de Mme Bartoli.**

Annexe • Maquette d'affiche de Mme Bartoli

7 Créer une page entreprise sur LinkedIn

EXPERTISE

Mme Bartoli souhaite être également présente sur LinkedIn pour deux raisons :

- communiquer auprès du monde professionnel :
  - la plupart de ses abonnés viennent des secteurs des services professionnels, technologiques et financiers (près de la moitié des membres de LinkedIn),
  - une part non négligeable de sa clientèle est issue de contrats négociés avec des comités d'entreprise et « Un cors'sain ! » ;
- répondre au besoin de recrutement de nouveaux collaborateurs (entraîneurs sportifs diplômés d'État, agents d'accueil...) et LinkedIn est tout indiqué pour cela.

1 **Créez la page entreprise de « Un cors'sain ! ».** Fiche ressource 6

2 **Faites une synthèse du témoignage de la présidente du comité d'entreprise du groupe Delta puis publiez-la sur LinkedIn, accompagnée d'un lien qui renvoie au témoignage complet (à déposer sur le site).**

3 **Rédigez une offre d'emploi pour un agent d'accueil.**

4 **Mettez en place des alertes pour être informé(e) dès qu'il est fait mention sur Internet de « Un cors'sain ! » ou de sports à Ajaccio et dans ses environs.**

Annexe • Témoignage de la présidente du comité d'entreprise du groupe Delta

Anaïs Pilou
Groupe Delta
Société d'étude et de conseil en innovation

Lorsque nous avons signé un partenariat avec « Un cors'sain ! », nous ne nous doutions pas que notre entreprise en retirerait un tel bénéfice.
Nos collègues sont en meilleure santé et de meilleure humeur : la pratique d'un sport rend heureux grâce à la production d'endorphines, l'hormone du bonheur ! Celle-ci est essentielle car elle procure un état d'euphorie qui aide à combattre le stress et l'anxiété.
Le taux d'absentéisme a fortement diminué : lorsque l'on fait du sport, on diminue le risque de contracter des maladies. On est donc moins souvent malades et, de nouveau ici, les endorphines nous aident en combattant la douleur et les courbatures.
La motivation individuelle a augmenté : le sport renforce l'estime de soi par le courage et la force de volonté que l'on met à atteindre ses objectifs. Il développe également la capacité à définir des objectifs ambitieux mais atteignables ainsi que la quête d'excellence.
L'esprit d'équipe a également augmenté : la pratique du sport entre collègues a permis de resserrer les liens et de renforcer le collectif.
Au-delà de l'aspect « santé » de nos collègues, nous avons constaté une augmentation de la productivité individuelle et cette mise au sport a permis à notre société de bénéficier d'une image plus dynamique auprès de nos clients.

1 Les médias sociaux

I Qu'est-ce qu'un réseau social ?

Un réseau social désigne un groupe d'individus reliés par des interactions sociales.

Exemple : des liens familiaux, amicaux ou professionnels.

Ces liens peuvent également se créer autour d'une passion ou de centres d'intérêt communs.
Sur Internet, un réseau social est une plateforme qui crée des liens relationnels entre individus à l'aide de divers outils d'interaction (publication de profils, de contenus, partage de fichiers, mises en relation...). Chaque plateforme (Facebook, LinkedIn...) permet d'entretenir un lien social avec des individus, des entreprises, des organisations... éloignés géographiquement ou socialement (chefs d'entreprise, personnalités, marques...).

II Qu'est-ce qu'un média social ?

Un média est un moyen de diffusion : textes, sons, images ou vidéos. La notion de média social va donc au-delà du réseau social car elle inclut toute plateforme qui permet de créer du contenu (blog, forum, site participatif, partage de fichiers) ainsi que toute plateforme où l'on peut écrire des commentaires. Un réseau social fait donc partie des médias sociaux.
Les médias sociaux les plus connus en France sont les suivants :
- blogs / forums : WordPress, Jimdo, Blogger, Twitter (microblogging) ;
- sites participatifs : Wikipédia, Quora ;
- partages de fichiers : YouTube, Instagram, SlideShare ;
- réseaux sociaux : Facebook, LinkedIn, Snapchat.

III Qu'est-ce qu'un blog ?

Outil de création et de partage de contenus par excellence sur Internet, un blog présente un fonctionnement similaire à celui d'un site d'actualités. Il a vocation à simplifier la création de contenus (des articles) et offre la réactivité et l'interactivité (par son système de commentaires) qu'un site Internet ne permet pas forcément. Complémentaire à un site Web, il permet, lorsque la publication d'articles est régulière, de fidéliser davantage de contacts (qui s'inscriront d'eux-mêmes pour être informés de la publication de nouveaux articles). Un blog permet également d'« humaniser » l'entreprise car les auteurs des articles sont souvent mentionnés.

IV Qu'est-ce qu'une newsletter ?

Une « lettre d'information » (terme conseillé par l'Académie française) est une fonctionnalité souvent associée à un site Web (ou à un blog) qui permet de diffuser périodiquement des contenus en lien avec le site en question (ou d'informer de la publication de nouveaux articles sur le blog de l'entreprise). La newsletter est très pratique car elle permet d'envoyer des informations à des utilisateurs qui se sont inscrits et qui sont donc, par définition, « volontaires » pour la recevoir. Elle n'est donc pas à confondre avec l'e-mailing, qui se fait dans une perspective commerciale directe et s'adresse à des destinataires qui n'en ont pas forcément fait la demande (il est assimilable à du spam).

2 Créer un site Web d'entreprise

Disposer d'un site Internet est devenu incontournable, quel que soit le type d'entreprise.

I Le système de gestion de contenu

1. Définition

Le système de gestion de contenu (ou CMS, *Content Management System*) est un type de logiciel destiné à publier du contenu sur Internet. La plupart des entreprises de services numériques l'utilisent pour gérer le contenu des sites Internet qu'ils livrent à leurs clients. Ce système permet notamment à des non-informaticiens de modifier simplement le contenu de sites Internet.

2. Principes

Il existe plus d'une centaine de CMS différents. Les plus utilisés sont WordPress, Joomla et Drupal. Tous disposent d'une logique similaire, à savoir :

– permettre à plusieurs individus de travailler sur un même document et gérer un historique de modifications ;

– formaliser une chaîne de publication (avec formatage, structuration, relecture, modification, publication) ;

– modifier facilement la présentation graphique.

Les CMS proposent toujours au moins deux espaces distincts :

– la partie publique du site, visible par n'importe quel internaute ;

– la partie privée réservée à l'administration du site (accessible sur WordPress en ajoutant « /wp-admin/ » à l'adresse du site).

Il faut garder ces informations à l'esprit pour bien comprendre ce qui est visible par tous et ce qui n'est visible que par un administrateur connecté.

II La création d'un site sur WordPress.com

WordPress.com est une plateforme d'hébergement de sites utilisant le CMS WordPress. Cette plateforme permet de s'affranchir des contraintes techniques d'installation de WordPress pour passer directement à son utilisation et à sa mise en œuvre. Elle permet également d'utiliser un CMS spécifique et d'en saisir la logique.

1. Première connexion

– Ouvrir un navigateur à l'adresse https://fr.wordpress.com. Cliquer sur le bouton « Commencer » ou choisir « Lancer votre site ».

– Créer un compte en saisissant un email, un identifiant et un mot de passe.

– Choisir un nom de site (dans le cadre scolaire, on veillera à trouver un nom disponible « gratuitement »), puis cliquer sur « Sélectionner ».

– Choisir le plan « Gratuit » en cliquant sur « Commencer avec un site gratuit » en haut (en entreprise, on prendra au moins le plan « Personnel » pour disposer d'un domaine personnalisé et de la suppression de la publicité pour WordPress.com).

– Cliquer sur « Commencer » pour accéder à un accompagnement dans la personnalisation du site. Une vidéo est également disponible pour aider à la prise en main.

– Cliquer sur « Aller sur le site » en haut à gauche pour se rendre sur le site que l'on vient de créer et, en parallèle, se rendre dans sa boîte mail pour accéder au mail reçu de WordPress.com.

– Cliquer sur le bouton « Confirmer maintenant » pour activer toutes les fonctionnalités d'administration du site.

▶▶▶

2. La personnalisation du site

Il est indispensable de personnaliser le site afin d'obtenir un aspect graphique proche de l'identité de l'entreprise.

– Dans la barre d'outils en haut à gauche, cliquer sur « Mon site ».
– Dans le menu de gauche, cliquer sur « Design », puis « Thèmes ».

Tous les thèmes disponibles apparaissent (dans le cadre scolaire, veiller à n'installer que des thèmes gratuits, les payants étant reconnaissables à la mention d'un prix en euro).

– Cliquer par exemple sur le thème « Twenty Twenty » puis sur le bouton « Activer ce design ».
– Un message apparaît. Cliquer sur « Activer Twenty Twenty » puis sur « Modifier la page d'accueil ».
– Une fois en mode « modification », il suffit de changer les contenus sur la page.

– Lorsque les modifications sont terminées, ne pas oublier de cliquer sur le bouton « Mettre à jour » en haut à droite afin qu'elles soient prises en compte.

3. Le test du site

Pour voir le résultat du même point de vue que celui d'un internaute, il suffit d'ouvrir le site avec un autre navigateur ou en « Navigation privée », ou de cliquer sur le bouton « Prévisualiser » en haut à droite.

III Les notions clés de WordPress

1. La page

Une page contient un contenu « statique », c'est-à-dire évoluant peu dans le temps. La création d'une page ajoute automatiquement un lien dans le menu de navigation du site.

2. L'article

Contrairement à une page, un article fait partie d'une rubrique qui doit être régulièrement mise à jour. Un article, appelé également « billet » ou « post », peut être publié par un autre compte que celui de l'administrateur et commenté par les internautes. C'est la partie du site que l'on réserve en général pour les actualités ou les activités de blog (rubrique par défaut à la création du site).

3. L'extension

Une extension, également appelée « plug-in », permet d'ajouter des fonctionnalités au site (ceci nécessite un plan « Business » sur WordPress.com).

Exemple : Akismet permet de filtrer les commentaires indésirables.

4. Le widget

Un widget est un module graphique que l'on insère sur le site pour apporter des fonctionnalités supplémentaires aux internautes.

Exemples : une galerie photos, une traduction automatique des contenus, un lecteur vidéo.

3 Publier des actualités (blogging) et les relayer *via* une newsletter

Les entreprises qui entretiennent régulièrement le blog de leur site par la publication d'articles attirent en moyenne 70 % de prospects de plus que les entreprises qui ne le font pas.

I Ajouter un article sur le site de l'entreprise

1. Connaître les attentes de son public

Avant d'écrire un article, la PME doit savoir de quoi elle souhaite parler. Il faut que l'article touche ses cibles commerciales ; pour cela, il faut en connaître les attentes et choisir les bons mots pour optimiser le référencement et la visibilité de son blog.

Exemple : si l'entreprise commercialise des articles liés à la sécurité au travail, il peut être intéressant de commenter les nouveaux textes réglementaires, d'écrire un article sur l'évolution d'une gamme de produits ou un article comportant le témoignage d'un client sur la fiabilité de l'un des produits qui l'a pleinement satisfait.

Une attention particulière doit être portée sur le choix du titre et l'introduction car ce sont ces deux éléments qui seront visibles en tant que « résumé » lors de partages sur les réseaux sociaux.

2. Optimiser son référencement

À des fins de référencement, il faut également que l'article remplisse certaines conditions :
- totaliser au moins 300 mots pour être considéré comme un « article » vis-à-vis des moteurs de recherche ;
- être structuré à l'aide de sous-titres ;
- comporter des illustrations (photos, schémas…).

II Recueillir des abonnements à la newsletter

1. Inciter les internautes à s'abonner

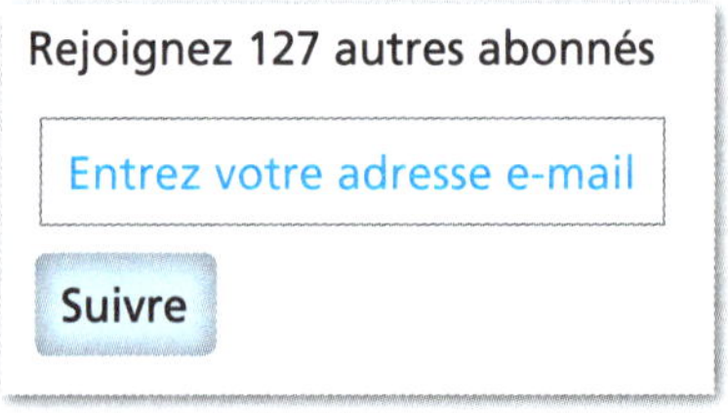

La plupart des gestionnaires de contenu proposent un widget permettant de recueillir les adresses mails des internautes qui souhaitent s'abonner à la newsletter. Cette fonctionnalité présente deux intérêts majeurs :
- inciter l'internaute à s'abonner facilement ;
- respecter la législation européenne vis-à-vis de la collecte des données.

2. Respecter la législation

Le 25 mai 2018 est entré en application le règlement général sur la protection des données (RGPD), nouvelle loi européenne de référence en matière de protection des données à caractère personnel. Cette législation renforce les droits individuels en matière de consentement et d'accès aux données. Elle a une incidence forte sur les newsletters : pour qu'un internaute soit inscrit sur la liste de destinataires, la PME doit être en mesure de démontrer qu'elle a obtenu son « consentement explicite ». Cette inscription doit donc être le résultat d'une double « action positive » de la part d'un internaute :
- cocher une case dans un formulaire pour s'inscrire à une newsletter ou saisir une adresse mail dans un champ d'inscription ;
- confirmer ensuite l'inscription en cliquant sur un lien reçu par mail à l'adresse en question.

Le RGPD implique également de rendre le consentement facilement retirable n'importe quand, d'expliquer comment faire, de prendre en compte le retrait du consentement le plus vite possible et surtout de ne pas pénaliser les individus qui souhaitent retirer leur consentement.

III Rédiger une newsletter

La rédaction d'une newsletter requiert une bonne préparation et ne s'improvise pas. Un certain nombre de prérequis est à respecter pour un envoi réussi.

Lire ce message en ligne

Ô palais

Newsletter n° 657 – Août 2021

Les recettes

Gâteau glacé au chocolat

Laissez-vous suprendre par ce dessert gourmand à la crème glacée au chocolat.

Vite, la recette !

Pudding de graines de chia

Goûtez ce dessert léger aux graines de chia avec sa sauce aux baies.

Vite, la recette !

Les news

Comment garder la ligne quand on est gourmand ?

Craquez-vous pour toutes les gourmandises à portée de main ? Alors, nous vous invitions à lire ce dossier plein de bons conseils.

Lire le dossier

Écrire à la rédaction — Me désabonner

Le ton doit être direct afin que le message s'adresse personnellement au lecteur. Les termes employés doivent être séducteurs pour donner envie d'en savoir plus.

La forme doit être soignée, le choix des illustrations et des couleurs est essentiel. Il faut utiliser les couleurs en fonction de l'activité (respect du charte graphique) et du message à délivrer.

Les contenus doivent être brefs : une newsletter efficace doit « rendre service » à l'internaute.

L'incitation à l'action, appelée CTA (Call-To-Action) en marketing, consiste à inciter le lecteur à se rendre sur le site à l'aide de boutons d'appel.

Le respect des obligations légales implique l'apparition de la procédure de désinscription (conformément au RGPD).

IV Créer et envoyer une newsletter

Parmi les nombreuses plateformes d'e-mailing, MailJet fonctionne de la façon suivante : après avoir créé un compte sur https://fr.mailjet.com, il convient de créer une « campagne » et les listes de contacts que l'on souhaite cibler.

Comprendre le langage de ce type de plateforme est indispensable : en langage marketing, une campagne est en effet une action de communication dont l'objectif est de diffuser un message personnalisé auprès d'une cible précise afin d'obtenir un retour immédiat. Une campagne fonctionne donc grâce à une base de contacts collectés en amont, dans le respect de la législation européenne. Une des premières opérations sera donc d'importer une liste de contacts afin de pouvoir réaliser des envois.

4 Faire un usage professionnel de Twitter

I Présentation

Twitter est un réseau social majeur qui repose sur le microblogging. Pourquoi « micro » ? Parce qu'un message posté ne peut pas dépasser 280 caractères (depuis novembre 2017). Cette limitation contraint les utilisateurs à être synthétiques et efficaces dans le choix de leurs publications. Cela a permis à Twitter de devenir un réseau social très utilisé par les professionnels, qui y ont vu un outil simple à mettre en œuvre et à adapter pour faire de la veille. Une étude réalisée par Twitter montre que les utilisateurs ont entre 16 et 34 ans, qu'un tiers d'entre eux possède un diplôme d'études supérieures et qu'ils cherchent constamment à progresser dans leurs domaines.

II Vocabulaire associé

- **Timeline (fil d'actualités) :** flux comportant toutes les publications des comptes auxquels l'utilisateur est abonné et qui s'actualisent en temps réel.
- **Profil :** il se présente comme le fil d'actualités mais ne contient que les publications de l'utilisateur et les publications qu'il a choisies (retweets).
- **Biographie :** elle contient une brève description du compte (160 caractères maximum). Cela permet à un individu de se présenter ou à une entreprise de présenter son activité. Cette biographie apparaît sur la page de profil ainsi que lorsque l'on passe la souris sur un compte.
- **Follower (abonné) :** utilisateur Twitter qui a décidé de suivre le compte pour recevoir les publications directement dans son fil d'actualités.
- **Retweeter :** action qui consiste à reposter le tweet d'un autre utilisateur pour qu'il apparaisse dans le profil sans modifier le contenu ou l'auteur d'origine. Cela permet de partager un tweet avec ses abonnés sans qu'ils soient abonnés au compte de l'auteur d'origine.

- **#Hashtag :** initié à la base par Twitter puis repris par la plupart des réseaux sociaux, le suivi de tendance, au travers de « mots-dièses » (*hashtags* en anglais), c'est-à-dire de mots ou expressions précédés du caractère #, est rendu possible par le regroupement et l'affichage de tous les fils de discussion où ces mots ont été mentionnés. Très utilisé pour faire de la veille, chaque mot-dièse est cliquable.
- **Tag :** « tagguer » un utilisateur consiste à écrire son nom précédé d'une arobase (@). Cela revient à le « citer » (ou à l'identifier sur une photo) et a pour effet de notifier l'utilisateur mentionné (qui sera donc au courant de la mention de son compte dans le tweet) et ainsi de permettre aux abonnés de cliquer sur le compte (pour en avoir les détails ou s'y abonner).

III Créer un compte et personnaliser son profil

Se connecter à https://twitter.com et créer un compte (attention, le nom d'utilisateur étant limité à 15 caractères, il faut bien le choisir afin qu'il soit clair, sans équivoque et facile à retenir).
Une fois le compte créé, il faut personnaliser le profil qui sert de « vitrine » à la présentation de la PME, de son activité, des biens et/ou services qu'elle propose.
Une attention toute particulière doit être portée sur le choix de l'avatar, de l'image de fond et surtout sur la rédaction de la biographie qui, en 160 caractères maximum, devra être la plus claire possible.

▶▶▶

IV Suivre des profils intéressants

Il existe plusieurs façons de trouver des profils intéressants.
- Directement sur Twitter :
– en utilisant le moteur de recherche intégré à la plateforme ;
– en consultant ensuite les listes d'abonnements et d'abonnés des comptes trouvés :

;

– en parcourant la liste des comptes suggérés sur la timeline de l'entreprise :

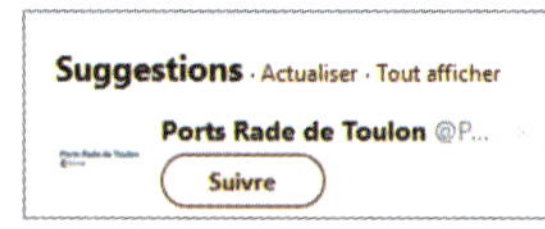

- En dehors de Twitter :
– en prenant l'habitude de regarder les signatures des articles intéressants lus sur Internet pour voir si le compte Twitter des auteurs y est présent ;
– en consultant les catalogues produits et les cartes de visite des partenaires de l'entreprise.

V Rédiger son premier tweet

Pour une meilleure efficacité, la rédaction d'un tweet doit suivre quelques règles strictes.
- **Le style et la typographie :** on n'écrit pas en majuscules, on utilise la ponctuation, on soigne l'orthographe, on évite si possible les abréviations et on essaye d'être le plus clair et le plus concis possible ! Une attention particulière doit également être apportée au ton utilisé : professionnel, mais sans être trop formel.
- **Les hashtags :** en inclure au maximum deux (au-delà, Twitter désactive leurs effets) pour catégoriser le tweet et toucher des non-abonnés.
- **Les mentions :** citer la source d'une information ou des comptes concernés. Cela permet de favoriser l'engagement (si un compte populaire est mentionné et retweet la publication, la visibilité du message s'en verra grandement augmentée).
- **Les images et les liens :** les tweets contenant une image ont 9 chances sur 10 d'être retweetés, il ne faut donc pas hésiter à inclure une illustration pertinente. Certains liens permettent également de générer un aperçu d'article, ce qui permet de ne pas avoir à choisir soi-même une image.
- **L'horaire :** les taux d'engagements sont plus élevés lorsque l'on publie en semaine (du lundi au vendredi) entre 12 h et 18 h. En cas de publication visant des cibles à l'international, une attention particulière doit être portée sur le décalage horaire (et la langue utilisée, bien sûr !).

VI Suivre son engagement

Une fois publié, un tweet doit être surveillé. Twitter met à disposition des statistiques permettant de mesurer la portée d'un message. Il peut être judicieux de voir qui a retweeté un message et de le remercier.

Impressions	1 967
Engagements totaux	27
Retweets	9
Engagements avec le média	7
J'aime	7
Clics sur le profil	3
Ouvertures des détails	1

FICHE RESSOURCE

5 Faire un usage professionnel de Facebook

I Présentation

Ce réseau repose sur des comptes utilisateurs appelés « profils » qui permettent de se présenter et de se mettre en relation avec des « amis ». Chaque profil peut ensuite publier des contenus sur son « mur » (fil d'actualité qui s'affiche sur la page d'accueil de chaque compte) qui apparaissent ensuite sur le « mur » de ses amis. Ces contenus peuvent être des invitations à un événement, des messages, des photos, des vidéos... Facebook est le réseau social le plus étendu, avec plus de 2 milliards d'utilisateurs dans le monde, ayant majoritairement entre 18 et 34 ans et titulaires d'un diplôme d'études supérieures pour les trois quarts d'entre eux.

II La page Facebook

1. Intérêt pour l'entreprise

La plupart des profils Facebook sont des internautes privés. Une page Facebook est destinée aux commerces, aux entreprises, organismes ou institutions, aux marques, aux artistes, aux groupes de personnes ou personnalités publiques. Ses principaux intérêts sont le gain en visibilité (33 millions d'utilisateurs actifs au quotidien en France), la possibilité d'informer ses abonnés de nouveaux biens ou services directement sur leurs « murs » et, lorsque l'on est déjà familiarisé avec l'utilisation de Facebook, la facilité à gérer une page.

2. Mesure de la réussite

Les pages Facebook disposent des mêmes facilités et outils que les comptes Facebook privés (publications de statuts et de photos) auxquels viennent s'ajouter :
– des outils de communication tels que le bouton « J'aime », qui permet de s'abonner à la page de la PME (on dit aussi « devenir "fan" ») ;
– des outils pour aider à gérer et à suivre l'engagement, c'est-à-dire le nombre d'interactions suscitées par la page entreprise avec des comptes Facebook (abonnés ou non). Cet engagement se mesure en nombre de mentions « J'aime », de commentaires, de partages et de clics sur la publication. L'ensemble de ces critères donne le nombre de personnes dites « engagées ».

3. Différences avec un groupe Facebook

L'avantage principal d'une page est son accessibilité hors Facebook, contrairement au groupe auquel il faut être connecté. Le groupe Facebook permet d'envoyer un message à tous ses membres, contrairement à la page. Les groupes sont vraiment là pour réaliser une animation particulière à destination de ses membres mais il n'y a pas d'outil statistique pour mesurer l'engagement, comme sur une page. Un groupe permet de faciliter les échanges entre ses membres, là où une page permet une communication plus unidirectionnelle, de la page vers son abonné.

III Créer une page Facebook

Pour créer une page, il faut disposer d'un compte Facebook et se connecter à cette adresse : https://www.facebook.com/pages/create.

1. Choix de la catégorie

La première étape consiste à choisir la catégorie de page que l'on souhaite créer. La catégorie décrit le type d'entreprise, d'organisation ou de sujet que la page représente.
▪ **Lieu ou commerce local :** ce type de page concerne un lieu réel (par exemple, une boutique) ayant une adresse physique qui accueille des clients.

▸▸▸

- **Entreprise, organisme ou institution :** c'est le type de page Facebook le plus utilisé. Il concerne toutes les entreprises, de l'indépendant aux grands groupes, en passant par les TPE, les PME et les associations.
- **Marque ou produit :** ce type permet de créer une page pour une marque, un produit unique ou un site unique d'e-commerce.
- **Artiste, groupe ou personnalité publique :** ce type de page est dédié aux artistes, aux groupes de personnes (différents des associations) ou personnalités publiques.
- **Divertissement :** ce type de page concerne celles et ceux qui souhaitent promouvoir un loisir, une émission de télévision, un film, une radio, un jeu vidéo, un sport, une équipe sportive…
- **Cause ou communauté :** ce type de page complète souvent une page association ou entreprise existante. Il permet de créer une page soutenant des campagnes humanitaires (exemples : lutte contre la pauvreté, lutte contre la faim dans le monde).

On choisit ensuite la catégorie de l'entreprise en fonction de son activité, et le nom de l'entreprise.

2. Photos de profil et de couverture

La personnalisation d'une page est importante : la photo de profil est celle qui apparaît dans les résultats de recherche, la photo de couverture sert de bannière en haut de la page entreprise.

3. Nom d'utilisateur et description « À propos »

Le nom d'utilisateur permet aux utilisateurs de Facebook de « mentionner » la page de la PME dans leurs publications. Cela permet ensuite à l'entreprise d'être notifiée de cette mention. Le nom d'utilisateur cliquable dans les publications permet à ceux qui voient la publication de cliquer sur le nom et d'arriver sur la page. Ce nom, limité à 50 caractères, permet également d'obtenir une adresse personnalisée (www.facebook.com/*nom*/). Une zone en milieu de page invite également à « Ajouter une courte description ». Il faut la saisir car elle permet aux personnes présentes sur Facebook de voir en quelques mots ce que propose l'entreprise, et de juger si elles sont intéressées ou non.

4. Lien vers le site Internet de l'entreprise

Cette étape consiste à se rendre dans la rubrique « À propos » et de renseigner l'adresse du site Web de l'entreprise dans la zone prévue à cet effet.

5. Publication d'une actualité

Tant que rien n'est publié, Facebook propose de créer une publication. Le premier message est important et doit inciter au partage.

6. Invitations à aimer la page

Une fois la page de la PME configurée, et une première actualité publiée, il convient de la faire connaître. Pour cela, il faut commencer par inviter des « amis » Facebook à « aimer » en cliquant sur les boutons « Inviter » en face de chaque « ami » présent dans le profil.

6 Mettre en œuvre LinkedIn

I Qu'est-ce que LinkedIn ?

LinkedIn est un réseau social orienté « relations professionnelles », utilisé pour le recrutement, pour la recherche de partenaires, de prestataires et de prospects, et pour « réseauter ». Le réseautage pousse la plupart des utilisateurs de LinkedIn à s'inscrire : garder le contact avec des collègues de promotion, se renseigner sur des professionnels avant une première rencontre, rechercher un stage ou un emploi… Aujourd'hui, près de la moitié de la population active française est inscrite sur LinkedIn (plus de 14 millions en 2018). C'est le réseau social qui présente la moyenne d'âge la plus élevée, plus du tiers de ses utilisateurs ayant plus de 50 ans. Il est donc compréhensible d'y retrouver des entreprises ; cela leur offre la possibilité d'améliorer leur visibilité car LinkedIn permet de faire de la promotion de biens et de services, de promouvoir des domaines d'expertise professionnels par la rédaction d'articles ciblés, de publier des offres d'emploi et de faire de la veille. Comme sur Facebook, la PME ne dispose pas d'un profil utilisateur mais d'une « page entreprise ».

II Créer une page entreprise sur LinkedIn

Pour créer une page entreprise, il faut disposer d'un profil personnel d'un niveau minimum « Intermédiaire », c'est-à-dire suffisamment renseigné (parcours, expériences, compétences…) et, bien sûr, être employé dans l'entreprise.

1. Logo et photo de couverture

Les pages entreprises avec logo sont beaucoup plus susceptibles d'être vues. Il faut ajouter un logo de l'entreprise de bonne qualité et de préférence carré (à cadrer avant de le mettre en ligne).
La photo de couverture doit être engageante.

2. Descriptif

Une attention particulière doit être apportée à la rédaction du descriptif de l'entreprise, qui doit être clair et concis, tout en étant complet. On dispose de 2 000 caractères, mais seuls les 650 premiers sont visibles directement.

3. Spécialisations

Les spécialisations ajoutées permettront à la page entreprise d'être mieux référencée sur la plateforme.

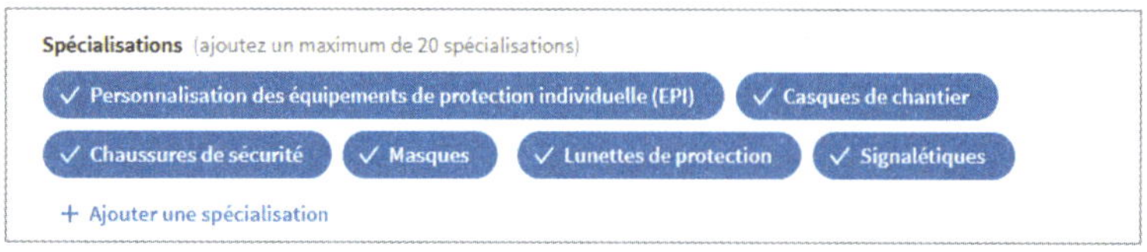

4. URL du site Web, taille de l'entreprise, secteur, année de création, type d'entreprise

Veiller à la réalité de tous ces éléments.

5. Lieux

Indiquer l'adresse de l'entreprise (au moins une s'il y en a plusieurs).

6. Groupes

Cette étape est importante car elle permet à la page entreprise d'avoir une visibilité plus importante auprès de membres, parfois très nombreux, intéressés par le secteur d'activité de la PME. ▶▶▶

▶▶▶

III Publier du contenu sur LinkedIn

Comme sur les autres réseaux sociaux, il est important d'alimenter régulièrement sa page entreprise en rédigeant des articles et en partageant des contenus. Il peut s'agir de documents multimédias (photos ou vidéos professionnelles), des témoignages, des retours d'expériences, des interrogations aussi afin de susciter l'intérêt de son réseau ou des opinions sur des sujets d'actualité en lien avec son activité.

1. Les types de contenus

Avant de publier un contenu, il faut garder à l'esprit qu'il s'agit d'une plateforme professionnelle. Il ne faut en aucun cas confondre LinkedIn avec Twitter ou Facebook : ici, il n'est pas question de poster des contenus non professionnels (avis personnels, partages familiaux, traits d'humour...).
Il ne faut pas confondre une « nouvelle » avec un prospectus publicitaire et se contenter de poster un nouveau produit comme sur un catalogue. Il faut absolument le contextualiser au sein d'un partage de conseil ou du retour d'expérience d'un client.

2. L'utilisation des contenus multimédias

Un article posté avec une vidéo ou une photo offre un taux de partage beaucoup plus élevé qu'un article simple. Il ne faut donc pas hésiter à enrichir une publication à l'aide d'un média pertinent.

3. L'audience ciblée

LinkedIn offre la possibilité de cibler uniquement une partie de son audience lors de la publication d'une nouvelle. Cette option permet de filtrer ceux qui pourront voir la publication en fonction de nombreux critères :

- langue ;
- zone géographique ;
- fonction ;
- école ;
- secteur d'activité ;
- taille de l'entreprise ;
- niveau hiérarchique...

IV Répondre aux commentaires

Quel que soit le réseau social utilisé, un compte, une page ou un profil d'entreprise qui se contente de publier sans jamais répondre à un commentaire perd sa communauté au fil du temps. Il faut donc toujours veiller à répondre aux commentaires laissés sur une publication.

V Rédiger une offre d'emploi

Une des fonctionnalités prisées par les entreprises sur LinkedIn est l'ajout d'offres d'emploi. Plusieurs objectifs se trouvent généralement derrière ces publications :
– **donner un aperçu de l'entreprise :** les offres d'emploi permettent de parler de l'entreprise sous une forme moins commerciale, au travers des compétences et expériences demandées ;
– **recruter les meilleurs talents :** une offre d'emploi bien conçue permettra de trouver la personne qu'il convient. Il faut donc veiller à bien prendre le temps de la concevoir.

FICHE RESSOURCE

7 Gérer la réputation de l'entreprise sur Internet

I L'e-réputation

Il faut distinguer « identité numérique » (ou électronique) de « e-réputation ». L'identité numérique est constituée des informations publiques disponibles sur le site Internet de l'entreprise ou sur ses pages Facebook ou LinkedIn. L'identité numérique représente donc la PME telle qu'on souhaite la présenter, avec uniquement des informations contrôlées, filtrées et maîtrisées.

L'e-réputation, ou réputation électronique, est constituée de ce que les autres disent de la PME, propos sur lesquels elle n'a pas forcément d'influence : une mention dans un avis sur un forum, dans un article de presse ou dans un échange sur un réseau social. L'e-réputation est donc à surveiller pour permettre à l'entreprise d'identifier au plus tôt le début d'une crise médiatique pouvant affecter son image de marque.

Il existe de nombreux services d'alerte tels que Talkwalker, Giga Alert ou Google Alerts. Ces services préviennent par mail dès qu'un mot ou une expression que l'on a définie apparaît dans les résultats de moteurs de recherche. Ce type de service est donc très utile pour surveiller la réputation de l'entreprise.

II La mise en place d'un service d'alerte avec Google

Ouvrir un navigateur à l'adresse : https://www.google.fr/alerts (ceci nécessite une identité Google).

Le service étant beaucoup utilisé pour veiller sur son e-réputation, deux alertes sont proposées : la première avec l'identité de la personne qui crée l'alerte et la seconde avec son adresse mail.

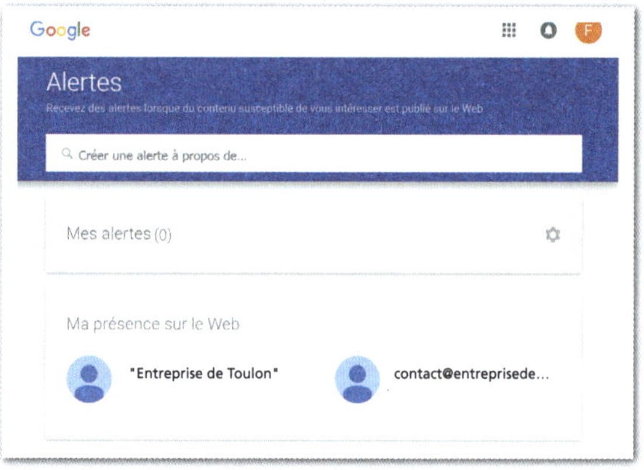

Pour créer une nouvelle alerte, il faut saisir le mot ou le groupe de mots à rechercher.

Un aperçu du résultat est automatiquement proposé.

Six options sont configurables grâce au menu « Afficher les options ▼ ».

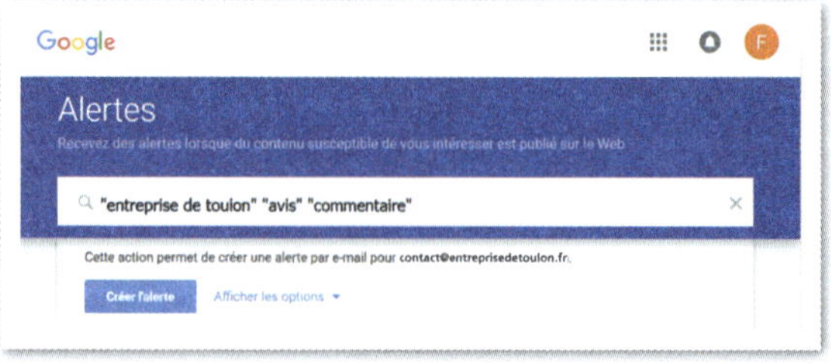

III La mise en place d'outils spécialisés

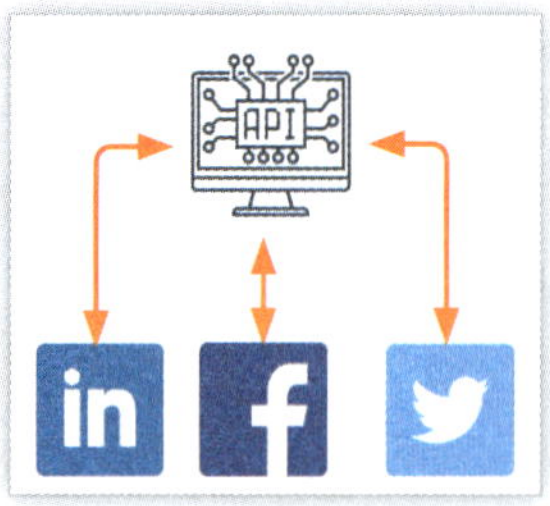

De nombreux outils aident à se concentrer sur l'essentiel des réseaux sociaux en évitant de perdre du temps sur des parcours longs et inutiles. Trois gestionnaires de réseaux sociaux se distinguent en entreprise : Hootsuite, Sprout Social et TweetDeck (uniquement pour Twitter). Ces outils permettent de regrouper de nombreux réseaux sociaux au sein d'une seule et unique interface, ce qui permet de gagner du temps.

Par exemple, Hootsuite permet de publier le même message sur l'intégralité des réseaux sociaux de l'entreprise en un clic, instantanément ou de façon planifiée. La plateforme permet également d'obtenir des statistiques détaillées sous forme de rapports d'audience avec, pour chacun, des indicateurs précis d'engagements ainsi que des données détaillées sur les cibles atteintes.

Proposer un plan de communication sur les réseaux sociaux

Vous effectuez un stage de six semaines dans la PME Musique.
Créée en 1981, Musique est installée sur trois sites de l'agglomération toulonnaise (Toulon, Hyères et Six-Fours-les-Plages). Elle est spécialisée dans la formation professionnelle pour adultes dans le secteur des musiques actuelles (cours de musique blues, jazz, rock et musiques du monde).
Votre responsable, Alice Hertsaumere, directrice du service pédagogique, se plaint du peu d'activités dans certaines tranches de la journée. Elle a besoin d'idées neuves et vous demande votre avis sur les actions à entreprendre pour que la formation aux musiques du monde ne soit plus « déserte » à certaines heures.

Consignes

1. **Analysez le planning hebdomadaire.**
2. **Élaborez un plan de communication sur les réseaux sociaux permettant d'obtenir de nouveaux inscrits aux formations dans les créneaux les plus désertés.**
3. **Présentez oralement votre analyse ainsi que votre plan de communication à votre responsable.**

Annexe • Planning hebdomadaire « Musiques du monde », site de Toulon

	Lundi	Mardi	Mercredi	Jeudi	Vendredi	Samedi
9 h-10 h	35-60 ans	35-60 ans	25-35 ans		+ 60 ans	18-25 ans, 35-60 ans
10 h-11 h	35-60 ans	35-60 ans	25-35 ans		+ 60 ans	18-25 ans, 35-60 ans
11 h-12 h	35-60 ans	35-60 ans	25-35 ans, 35-60 ans		+ 60 ans	18-25 ans, 35-60 ans
12 h-13 h						
13 h-14 h			18-25 ans		18-25 ans, 35-60 ans	
14 h-15 h			18-25 ans		18-25 ans, 35-60 ans	
15 h-16 h	35-60 ans, + 60 ans		18-25 ans		35-60 ans	
16 h-17 h	35-60 ans, + 60 ans		18-25 ans, 35-60 ans, + 60 ans		35-60 ans	
17 h-18 h	18-25 ans		18-25 ans, 35-60 ans	18-25 ans	35-60 ans	
18 h-19 h	18-25 ans	18-25 ans, 25-35 ans, 35-60 ans	18-25 ans, 25-35 ans, 35-60 ans	18-25 ans	18-25 ans, 25-35 ans, 35-60 ans	
19 h-20 h	18-25 ans, 25-35 ans	25-35 ans	25-35 ans	18-25 ans, 25-35 ans	25-35 ans	
20 h-21 h	18-25 ans, 25-35 ans	25-35 ans	25-35 ans	18-25 ans, 25-35 ans	25-35 ans	

■ 18-25 ans ■ 25-35 ans ■ 35-60 ans ■ + 60 ans

Grille de contrôle de l'acquisition des compétences

Analyse du planning

Compétences professionnelles	Maîtrisées	Non maîtrisées
Évaluer l'enjeu des demandes.		
Interpréter un document.		

Élaboration d'un plan de communication

Compétences professionnelles	Maîtrisées	Non maîtrisées
Être autonome et faire preuve d'initiatives.		
Développer une image valorisante et fidèle de l'entreprise.		
Proposer une analyse pertinente du marché de la PME.		
Proposer des actions de communication adaptées à la cible.		

Présentation orale

Compétences professionnelles	Maîtrisées	Non maîtrisées
Utiliser un registre de langage adapté à l'interlocuteur.		
S'exprimer clairement et de façon concise.		
Répondre de façon adaptée à la demande, éventuellement la reformuler.		
Donner des informations précises et fiables en s'appuyant sur les documents utiles.		
Être à l'écoute des suggestions.		
S'affirmer.		

Chapitre

8 Argumenter et dialoguer

RÉFÉRENTIEL **S 5.8.** Les instruments de dialogue

Situation professionnelle

Vous travaillez au sein de la direction de l'entreprise Rapid Express Région Rhône-Alpes, implantée à Lyon.

Son activité consiste à effectuer l'enlèvement d'enveloppes ou de colis chez les clients et d'en assurer la livraison dans les meilleurs délais dans un périmètre géographique relativement restreint (agglomérations ou périphéries, zones commerciales et industrielles, aéroport).

Un chef d'atelier supervise l'atelier Maintenance du parc automobile, qui occupe deux mécaniciens et un carrossier.

RAPID EXPRESS
Région Rhône-Alpes

Les 25 coursiers livreurs, dont l'équipe est gérée par un responsable Logistique, exercent leur activité en horaires fractionnés, décalés. Ils interviennent en zones de trafic parfois saturé (embouteillage, stationnement urbain…).

Chaque client déclenche le ramassage par Internet, au moment de sa commande avec paiement en ligne, ou par téléphone. L'enlèvement, à l'adresse et au jour qu'il a indiqués, s'effectue par un coursier livreur du lundi au vendredi entre 15 h et 18 h. Il peut être exécuté le jour même selon certaines conditions. Pour les particuliers, cette demande est souvent occasionnelle. Pour les professionnels, le passage d'un chauffeur peut se faire de manière programmée (de 1 à 5 fois par semaine).

Vous occupez un poste de responsable administratif auprès d'Alex Horn, le directeur de l'agence Rhône-Alpes. M. Horn a la réputation de ne pas attendre l'apparition d'un problème pour s'entretenir avec le personnel. Il invite les chefs de service à rester proches des salariés et à instaurer un dialogue permanent.

1 Analyser une argumentation

Situation 1 : au cours du déjeuner dans le restaurant d'entreprise, vous écoutez l'argumentation du chef d'atelier chargé de l'entretien et de la maintenance des véhicules de livraison.
Situation 2 : vous recevez Pierre, secrétaire administratif, à qui vous demandez des explications sur ses retards de plus en plus fréquents.

Pour chacune des deux situations :

1. **Précisez l'objectif de chacun des protagonistes.**

Fiches ressources 1 2 3

2. **Analysez l'argumentation qu'ils développent à l'aide de votre boîte à outils.**
3. **Appréciez leur efficacité.**

Annexe • Écouter l'argumentation du chef d'atelier et celle du secrétaire administratif

Situation 1
« Il faudra bientôt remplacer nos 4 fourgonnettes 9 m^3 ! Diesel polluant et beaucoup de problèmes. Au-delà de 300 000 km, l'entretien devient trop cher. Sans compter le risque de panne qui peut immobiliser une livraison en cours. De plus, les livreurs se plaignent du jeu dans la direction et du bruit. À mon avis, l'achat de camionnettes d'un volume inférieur, 6 m^3, ferait bien l'affaire. J'ai testé un modèle : bonne maniabilité, confort de conduite, constructeur français. En effet, ce type de véhicule utilitaire offre un volume de stockage important malgré sa petite taille. Idéal pour les livraisons en ville ! »

Situation 2
« Mes retards sont toujours dus à un manque de places sur le parking. Je tourne une heure chaque matin avant d'en trouver une !
Et encore, parfois, je me gare assez mal et gêne les voitures des collègues. Pourtant, moi, j'ai choisi une petite voiture. Ce n'est pas comme ceux qui occupent deux places avec leur super bagnole ! Il me faudrait une place réservée. J'ajoute que le parking pour le personnel est notoirement insuffisant par rapport au parking clientèle. D'ailleurs, regardez, les places réservées aux clients handicapés ne sont pratiquement jamais occupées. »

2 Préparer des arguments pour la création d'un espace d'accueil

Le directeur commercial reçoit assez souvent les clients qui souhaitent une prestation personnalisée. S'il n'est pas disponible, c'est vous, ou l'un(e) de vos collègues, qui les recevez et êtes obligé(e) de les faire patienter dans votre bureau, qui est suffisamment spacieux, en l'absence d'espace d'accueil. Vous êtes mécontent(e) de cet arrangement qui perturbe votre travail, vous fait perdre du temps et ne donne pas une bonne image de l'entreprise. Vous voulez proposer à M. Horn, le directeur de l'agence, la création d'un espace d'accueil. Vous savez qu'il sera difficile à convaincre car un projet de rénovation des bâtiments est déjà bien avancé.

- **Préparez vos arguments de façon méthodique à l'aide de votre boîte à outils avant d'engager le dialogue.**

Fiches ressources 2 3

3 Caractériser différents types d'arguments

Lors de dialogues avec les salariés de Rapid Express ou différents partenaires, vous vous trouvez dans deux types de posture :
– soit devoir argumenter pour expliquer, défendre un point de vue ou un dossier ;
– soit comprendre les arguments développés par vos interlocuteurs qui veulent vous convaincre.

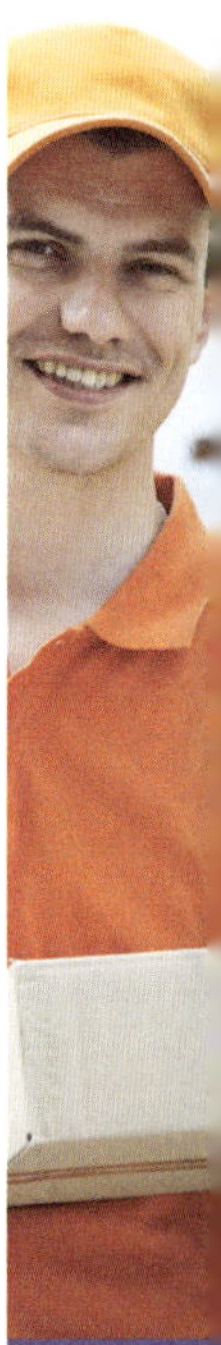

1 **Reliez chaque argument à leur type.**

2 **Justifiez chacune des associations établies.**

Fiche ressource 4

Arguments	**Type d'argument**
« Ce serait bien que nous participions à nouveau cette année à la foire-exposition de Lyon. L'équipe des commerciaux souhaite y retourner, nous avions établi des contacts clients intéressants l'an passé. »	
« Je vois que vous ne partagez pas notre point de vue. De toute façon, vous n'avez pas le choix. C'est le DG qui a pris la décision. Vous n'avez qu'à l'appliquer, c'est tout… »	Argument d'autorité
« Si vous voulez mon avis, il faut changer de fournisseur, notre expérience le prouve. En effet, il tient de moins en moins ses engagements concernant le contrôle technique des véhicules et ses prix sont supérieurs à ceux de ses concurrents. »	Argument d'analogie
Les intempéries sur la région retarderont les livraisons de ce lundi. Les gros clients concernés par ce retard doivent en être informés rapidement. Le directeur commercial s'adresse à son assistante : « Vous savez mieux y faire que moi avec les clients. Appelez, s'il vous plaît, M. Dument de la société Timexport… »	Argument de communauté
La direction de Rapid Express veut implanter une nouvelle plateforme à Valence. Elle a fait appel à un négociateur en immobilier d'entreprise qui lui fait une proposition : « Cet entrepôt est idéalement situé, en zone industrielle, à proximité de la sortie d'autoroute, et les bureaux correspondent à vos besoins. Le loyer entre dans votre budget. C'est vraiment le produit qu'il vous faut. »	Argument de cadrage
M. Horn s'adresse aux chefs de service au cours d'une réunion : « Les travaux de rénovation de nos bâtiments devraient pouvoir commencer en janvier. J'ai fait appel au cabinet d'architecture Delta, dont la réputation n'est plus à prouver. C'est le meilleur dans la région. »	Manipulation

4 Conduire un dialogue argumenté avec un démarcheur

EXPERTISE

Le directeur commercial reçoit le président de l'association « Les Foulées lyonnaises », qui le sollicite pour sponsoriser la 10e édition d'un événement sportif local qui aura lieu au cours du week-end des 1er et 2 mai. Durant ces deux jours se dérouleront des épreuves sportives de course à pied : marathon, relais en binôme, courses de 5 et 10 km et combiné canoé-course. Le président de l'association a visiblement dressé un véritable « plan de bataille » pour le convaincre.

Fiches ressources 1 2 3

1. Préparez les arguments respectifs.
2. Simulez l'échange.

Annexe • Fiches de rôle des deux acteurs en présence

Le président de l'association « Les Foulées lyonnaises »

Il présente l'intérêt pour Rapid Express de financer cet événement sportif : mettre en avant son nom et ses services. Le retour sur investissement est difficile à quantifier mais il insiste sur la visibilité à gagner : retombées médiatiques (presse et TV locales, public…).

Pour toucher le directeur commercial, il tente de lui faire partager sa passion autour d'un projet déjà rodé. Il insiste encore sur sa cohérence avec l'image de l'entreprise (dynamique, jeunesse, rapidité), mais aussi sur les valeurs que l'événement véhicule, son originalité, sur le fait qu'il permettra à Rapid Express de se démarquer de la concurrence, ce qui changera de la publicité dans un journal ou sur un panneau d'affichage au bord d'une route.

Devant les hésitations du directeur commercial, le président valorise la dimension de l'événement, ses extensions (sites Web, page Facebook…), la manière dont Rapid Express pourra éventuellement reprendre contact avec le public ciblé et la façon dont il pourra relayer cette opération dans sa communication interne.

Le dossier qu'il laisse en quittant l'entreprise est solide et assure la légitimité de l'événement : présentation de l'équipe projet, historique, motivations, photos, réponses aux questions que le sponsor se pose.

Le directeur commercial

Il questionne sur le profil de la cible touché par cet événement : s'agit-il de jeunes ? d'hommes ? de femmes ? De quelles catégories sociales ? Cela représente combien de personnes au total ?

Il ne semble pas convaincu que cet événement puisse établir un « lien » avec la clientèle de Rapid Express.

Enfin, la proposition commerciale n'est ni claire ni crédible. Le directeur commercial veut savoir précisément comment la marque Rapid Express apparaîtra. Sera-t-elle le seul sponsor ou y en aura-t-il d'autres ? Quel est le prix à payer pour sa participation ?

5 Dialoguer pour recueillir des informations

Dans un souci de fiabilité des échanges d'information et de sécurité des données, vitales pour l'entreprise, ce sont les ingénieurs du service informatique qui assurent la maintenance du réseau informatique. L'ensemble des utilisateurs est régulièrement informé des évolutions du système d'information (SI) et sensibilisé à son usage responsable.
Toutefois, de temps à autre, quelques réclamations ou plaintes surgissent : difficultés ou lenteurs de connexion au serveur, problèmes d'accès aux fichiers de l'intranet, de gestion des droits d'accès... Vous vous rendez dans le bureau d'Anne, la responsable du service Relation clientèle, pour comprendre exactement la situation.

Fiche ressource 5

1. **Dans quel contexte se fait l'échange ?**
2. **Quels sont les éléments qui montrent qu'il s'agit d'une consultation ?**
3. **Qualifiez l'objectif, l'engagement du dialogue, sa progression et son aboutissement.**
4. **Quel intérêt présente-t-il pour chacun des acteurs ?**

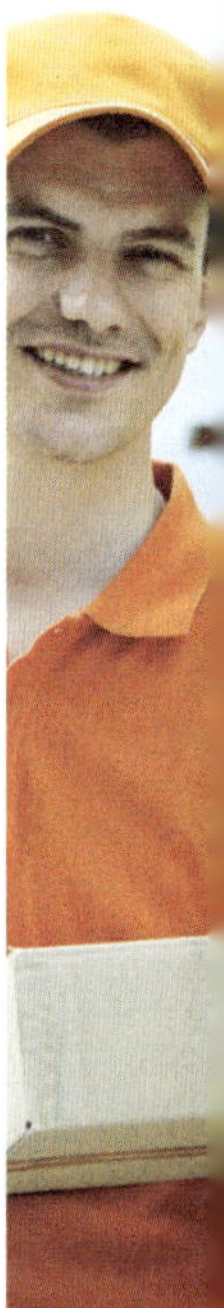

Annexe • L'échange avec Anne

Vous : Bonjour, Anne. Alors, il y a des plaintes sur le fonctionnement du service informatique ?

Anne : Non, il ne s'agit pas vraiment de plaintes. Et le service informatique fait tout ce qu'il peut.

Vous : Alors de quoi s'agit-il ?

Anne : Depuis une semaine, j'ai constaté un net ralentissement de la navigation sur Internet. Quand je vais sur YouTube, les vidéos mettent 30 secondes à s'ouvrir et c'est hyper saccadé, impossible à regarder, alors qu'avant, ça fonctionnait correctement. Je trouve aussi que le débit est très irrégulier. Parfois, ça va un peu mieux, mais parfois, c'est bien pire.

Vous, *étonné(e)* **:** Ah bon, vous regardez des vidéos ?

Anne, *prudemment* **:** Oui, on y trouve des tutoriels très bien faits quand on a un problème.

Vous : Quels types de tutoriels ? Pour quels problèmes ? Vous avez des exemples ?

Anne : Oui, je devais améliorer mon diaporama de présentation de nos services à de gros clients. Il me fallait un support au top et j'ai trouvé les conseils d'un expert dans la com' vraiment performants.

Vous : Avez-vous contacté le service informatique ?

Anne : Oui, ils me disent que, pour eux, tout est normal, que le débit est suffisant, et ils n'expliquent ni cette baisse ni l'instabilité que j'ai constatées. De mon côté, je me demande s'il ne s'agit pas d'un virus car Internet Explorer s'ouvrait régulièrement sur une page disant que le site « dazwindapp.xyz » était inaccessible. En fouillant sur le Net, j'ai trouvé comment arrêter l'ouverture intempestive de ces pages en supprimant « dazwindapp » du planificateur de tâches. Pensant que mes problèmes de réseaux étaient liés à ce virus, j'ai demandé une réinitialisation de mon poste de travail mais ça n'a pas réglé la lenteur ou l'instabilité d'Internet.

Vous, *impressionné(e) par le niveau des connaissances d'Anne que vous méconnaissiez* **:** Bon, je vais aussi voir le service informatique et je vous tiens au courant.

6 S'informer auprès d'un salarié expert

La canicule a mis hors service l'ensemble des matériels informatiques de l'entreprise. Il est 19 h. Vous recevez le chef du service informatique, Julien Roupie, dans le bureau et en présence de M. Horn afin d'obtenir des explications et de faire le point sur la situation.

Fiche ressource 5

1. **Dans quel contexte se déroule ce dialogue ?**
2. **Cela impacte-t-il le rapport chef d'entreprise (supérieur)/chef du service informatique (subordonné) ?**
3. **Qualifiez la demande, les attentes de M. Horn.**
4. **Qualifiez la réponse qu'il obtient.**
5. **Tirez des conclusions sur la qualité de ce dialogue.**

Annexe 1 Le portrait du chef du service informatique

Julien Roupie a été recruté il y a 7 ans pour mettre en place et développer le service informatique, ce qu'il a parfaitement réussi. Expert dans son domaine, il est capable d'intégrer rapidement la complexité des situations. Il déploie une énergie reconnue auprès de son équipe de deux informaticiens.

Annexe 2 Dialogue à trois

M. Horn, *un peu brusque* : Bonsoir, Julien. Je rentre de Bruxelles. J'ai essayé de vous joindre toute la journée. Impossible !

Julien : Pas étonnant, j'ai été très occupé toute la journée avec mon équipe pour remettre le système informatique en route. On y travaille encore.

M. Horn, *interrogatif* : En une seule journée, nous avons déjà subi de graves préjudices. Que se passe-t-il ?

Julien se lance dans des explications techniques qui échappent visiblement à son auditoire.

M. Horn, *l'interrompant au bout de quelques minutes, impatient* : Votre jargon informatique, je n'y comprends pas grand-chose. Tout ce qui m'intéresse, c'est de savoir quand tout cela sera en état de marche.

Julien, *avec beaucoup d'assurance* : Je pense qu'on devrait y arriver dans la nuit, redémarrage demain, en tous les cas avant la reprise demain matin.

Vous : Vous avez l'air sûr de vous. Il faudrait que cela ne se reproduise pas. Prenez toutes les garanties. Faut-il encore améliorer la ventilation et la climatisation du local des serveurs ?

M. Horn, *soulagé* : On connaît votre engagement et votre mobilisation constante.

De retour dans votre bureau, vous pensez que vous auriez pu en profiter pour parler du problème d'Anne, certes moins grave, mais à qui vous avez promis une réponse.

7 Établir une concertation sur une proposition de la direction

EXPERTISE

L'entreprise utilise depuis longtemps déjà une application informatique « Gestion de la flotte » qui permet de suivre en temps réel les 108 véhicules de livraison. M. Horn vous a demandé de préparer un dossier sur des améliorations possibles de l'application proposées par le fournisseur : désormais, le gestionnaire de flotte pourrait recevoir automatiquement en ligne des feuilles de temps des livraisons et des comptes rendus de conduite des livreurs, 24 heures sur 24 et 7 jours sur 7. Les livreurs en seraient également destinataires sur leur application mobile. Connaissant la réticence de ces derniers sur la question de la géolocalisation, vécue pour la plupart comme un flicage de la direction, vous organisez une réunion de concertation avec les représentants du personnel.

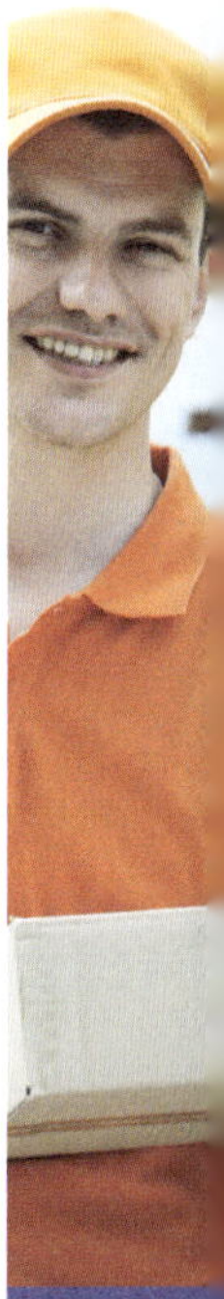

Fiches ressources 4 5

1. **Cette réunion présente-t-elle les caractéristiques d'une réunion de concertation ? Justifiez votre réponse.**
2. **Repérez les avis des représentants du personnel plutôt favorables au projet et ceux qui sont susceptibles de le bloquer. Comment lever les freins ?**
3. **Repérez les arguments susceptibles de rapprocher la direction des représentants du personnel.**
4. **Classez les arguments de la direction du plus efficace au moins efficace.**

Annexe 1 Les participants à la réunion de concertation

Du côté de la direction : M. Horn, la DRH, le gestionnaire de flotte, vous-même
Du côté du personnel : les représentants du personnel (un élu FO, deux élus CGT)

Annexe 2 L'expression des participants à la réunion

Les points de vue exprimés par la direction

1. Optimisation des circuits de livraison. Meilleur accueil des clients, prévenus automatiquement par SMS en cas d'éventuels retards dus à des imprévus sur la route.
2. Repérage par alerte immédiate des véhicules en panne, donc dépannage plus rapide.
3. Réduction des coûts qui augmentent (carburant, assurances, entretien de la flotte).
4. Meilleure gestion des primes au rendement.
5. Investissement incontournable face à la forte concurrence dans ce secteur d'activité.

Les avis exprimés par les représentants du personnel

a. La priorité : le renouvellement d'une partie des véhicules.
b. Autre priorité : éviter l'isolement et le stress des livreurs quand le planning ne peut pas être respecté (mauvais temps, embouteillages dus à des accidents ou des chantiers en cours).
c. Besoin d'une formation à la conduite économe et responsable.
d. Augmentation du salaire de base.
e. Rendement contraire à la sécurité.

VIDÉO

8 Analysez le contexte dans lequel se déroule un entretien d'appréciation

liennathan.fr/2x98tj

Martine Sadier, la DRH, reçoit Anne, l'assistante de direction au service RH, dans son bureau.
À son arrivée, la DRH est occupée au téléphone : « Non, écoutez, non, je vous ai dit la semaine dernière que ce serait… Excusez-moi. » Elle aperçoit Anne : « Oui. Entrez, Anne », puis elle reprend sa conversation au téléphone : « Je vous rappelle demain. Au revoir. » Elle raccroche puis se consacre à Anne : « Je coupe mon portable. Je vous en prie, asseyez-vous. Alors, vous êtes prête pour cet entretien annuel ? »

VIDÉO

Fiche ressource 6

1. **Quelles sont l'identité et la fonction des deux interlocutrices participant à ce dialogue ?**
2. **Caractérisez ce type de dialogue bien particulier : objet et finalité de l'entretien entre la DRH et son assistante (notamment, le lien hiérarchique), incidence sur la conduite du dialogue.**
3. **L'endroit où se déroule l'entretien instaure-t-il une ambiance, un climat propice à l'échange ?**
   Justifiez votre réponse au moyen d'indices sur les attitudes, le langage non verbal, les mimiques des deux interlocutrices.

VIDÉO

9 Analyser le déroulement et le contenu de l'entretien d'appréciation

liennathan.fr/2x98tj

VIDÉO

Une fois Anne installée, Mme Sadier engage le dialogue avec elle.

Fiche ressource 5

1. **Comment Mme Sadier a-t-elle préparé cet entretien ?**
2. **Analysez les différentes phases de l'entretien (accueil, bilan de l'activité, perspective d'évolution de carrière, conclusion).**

1 Comment convaincre ?

Intention VISIBLE du locuteur qui essaie de convaincre

PERSUADER

La persuasion consiste à tenter d'obtenir l'adhésion de son interlocuteur en jouant sur ses attentes, ses rêves ou ses émotions. Celui qui essaie de persuader fait preuve d'autorité, de force de suggestion, de séduction, de tentation. Il peut s'appuyer sur le désir ou la crainte.

Exemple : une publicité cherche à persuader en jouant sur des rêves de beauté, de prestige, de confort.

ARGUMENTER

Argumenter consiste à exposer le bien-fondé d'un point de vue, d'un avis ou d'une opinion. Celui qui veut convaincre va tenter d'obtenir l'adhésion de son interlocuteur en faisant appel à sa raison. Il respecte la liberté de pensée de l'autre. Son but n'est pas de « convaincre à tout prix ».
Les arguments, avancés comme éléments de preuve, doivent être ordonnés, dans le cadre d'un raisonnement, sous forme de plan et s'inscrire dans une stratégie argumentative.

Celui qui essaie de convaincre laisse peu de liberté à son interlocuteur.

Celui qui essaie de convaincre laisse la liberté de choix à son interlocuteur.

MANIPULER

Manipuler consiste à installer une emprise sur l'interlocuteur et à le rendre dépendant. L'auditoire croit avoir affaire à un argument qui le laisse libre, alors que dans les faits, la manipulation le prive de sa liberté de choix. La manipulation conduit l'interlocuteur dans l'erreur parce qu'on ne lui donne pas toutes les informations qui lui permettraient de se construire une opinion fondée. Elle peut s'appuyer sur la séduction, faire appel à un sentiment de culpabilité, voire être verbalement violente.

Exemples : « Je serai vraiment déçu si tu refusais » (culpabilisation). « Tu es si compétent en la matière » (flatterie). « Tu es la seule personne qui me comprenne » (séduction). « Si vous n'acceptez pas cette mission, votre contrat ne sera pas renouvelé » (menace).

INFLUENCER

Celui qui cherche à exercer son influence agit pour orienter le cours des événements, pour que les décisions à prendre aillent dans le sens qui a sa préférence. Il y consacre du temps et de l'énergie, ne ménage pas ses efforts pour transformer les personnes hostiles en personnes neutres, puis ces dernières en alliées. Le pouvoir confère une position privilégiée car l'individu qui exerce l'influence est généralement plus écouté et suivi.
Le charisme est la qualité d'une personne qui exerce une influence naturelle sur les autres par ses discours, ses attitudes, sa personnalité. L'individu charismatique possède des aptitudes pour être un bon dirigeant.

Intention DISSIMULÉE de celui qui essaie de convaincre

2 Utiliser sa boîte à outils pour argumenter efficacement

1. Introduire le dialogue.	Dégager les faits ou le problème qui justifie le dialogue.	*Avant toute chose / Au préalable / En préambule*
	Attirer l'attention de l'interlocuteur.	*Savez-vous que… ?* *J'attire votre attention sur le fait que…*
	Exprimer ce qu'il y a de nouveau.	*Le fait nouveau est que… – Ce qui apparaît de nouveau… – Ce qui se révèle…*
2. Présenter le premier argument.	Commencer l'argumentation.	*D'abord – Tout d'abord – En premier lieu – Pour commencer – Nous commencerons par…*
	Introduire des exemples probants et décisifs.	*Ainsi – Par exemple – Notamment – Comme – Prenons le cas de… – Citons l'exemple de… qui confirme/démontre…*
	Tirer la conclusion d'un exemple.	*Autrement dit – En un mot – Bref – Pour résumer – Dans les faits – En réalité – Ce qui veut dire que… – Ce qui signifie…*
3. Ajouter d'autres idées.	Continuer l'argumentation.	*Ensuite – En second lieu – Par ailleurs – Nous continuerons par…/avec… – À cela s'ajoute – N'oublions pas non plus que…*
	Ajouter éventuellement une idée encore plus forte (insister, renchérir).	*Mieux encore – Non seulement… mais encore/aussi – Du reste – D'ailleurs – Même – Ajoutons (encore, également, aussi)*
4. Conclure l'argumentaire.		*Enfin – Finalement – En définitive – En guise de conclusion – Pour toutes ces raisons – Pour terminer – Pour conclure*
	En s'impliquant personnellement, en donnant son avis.	*D'après nous – À notre sens/avis – Pour notre part – De notre point de vue – En ce qui nous concerne – Nous sommes d'avis que…*
	En donnant son avis avec prudence (sur des faits incertains).	*Peut-être – Vraisemblablement – Il nous semble que… – Nous aurions tendance à penser que… – Il est probable que… – Il se peut que… – Il est possible que… – Il est peu probable que… – Il n'est pas sûr que…*
	En donnant son avis avec conviction (sur des faits certains).	*Certainement – Sans aucun doute – Évidemment – Incontestablement – Manifestement – Naturellement – Nous sommes persuadés/certains que/de…*
5. Répondre à une proposition.	En maintenant son opinion.	*Nous restons persuadés/convaincus que… – Nous maintenons que…*
	En exprimant son accord.	*Nous partageons ce point de vue/cette opinion/cet avis/cette position/ce sentiment – Nous approuvons – Nous sommes du même avis.*
	En exprimant son désaccord.	*Nous rejetons – Nous nous inscrivons en faux contre… – Nous nous élevons contre… – Nous nous opposons à… – Nous tenons à exprimer notre désaccord face à… – Nous désapprouvons…*

3 Construire un argument en l'adaptant à son interlocuteur

Argumenter, c'est chercher à convaincre son interlocuteur. Pour cela, il faut lui présenter des arguments solides. L'ensemble des arguments constitue l'argumentaire.

I De la construction d'un argument solide à l'argumentaire

L'idée contenue dans un argument peut avoir différentes sources. La solidité de l'argument dépend de la fiabilité et la qualité de la source.

Sources
- La connaissance d'un domaine d'activité dont on a la maîtrise
- Les propos d'un expert sur la question, une autorité qui fait foi
- Un document relativement inattaquable (contrat, règlement)

→ **ARGUMENT** Éléments de preuve
+
JUSTIFICATION
+
EXEMPLE

} Somme des arguments ordonnés dans un **raisonnement logique** sous forme de propositions enchaînées
=
ARGUMENTAIRE (téléphonique, de vente…)

Exemples

Argument	Justification	Exemple
Notre service offre le meilleur rapport qualité/prix du marché.	Nous connaissons la sensibilité des clients : ils veulent toujours le meilleur prix, mais sans perdre sur la qualité.	Délais de livraison respectés à 100 %

II L'adaptation de l'argument à l'interlocuteur

Un argument ne peut pas être déconnecté de la personne à laquelle il s'adresse. Il tire sa puissance de la prise en compte de la question posée, du besoin exprimé par l'interlocuteur. Une bonne connaissance de sa personnalité permettra une meilleure adaptation du ou des arguments exposés.

	Face à un interlocuteur interne	Face à un client
Besoin de sécurité	Souligner le rôle efficace des procédures, s'appuyer sur le règlement intérieur.	Valoriser les aspects techniques (solidité, garantie), la réputation établie de l'entreprise.
Besoin d'être reconnu	Valoriser la mission confiée.	Proposer des conditions particulières, exceptionnelles du fait de la fidélité appréciée du client.
Besoin de se faire valoir	Donner des responsabilités et les justifier.	Mettre en avant le prestige de la marque, sa notoriété dans le milieu de référence.
Personne qui doute d'un projet	Donner des assurances sur les moyens, des garanties d'encadrement.	Démontrer son sérieux, son professionnalisme.

4 S'appuyer sur le type d'argument adapté aux circonstances

I S'appuyer sur des arguments d'autorité

Utiliser des arguments d'autorité consiste à mobiliser une autorité acceptée par l'auditoire qui défend l'opinion que l'on propose ou que l'on critique.
On fait référence à une personne reconnue et experte en la matière. L'autorité provient de l'expérience, du savoir, des compétences, des fonctions exercées, de la valeur morale... Cette autorité inspire confiance.

Quand ?

Quand l'auditoire doute, n'a pas confiance. Il s'estimera alors plus facilement convaincu par des arguments soutenus par des personnes et/ou une institution reconnues, donc fiables.

Exemples :
– La prestigieuse revue internationale *X* a conclu ce débat.
– L'ONU confirme...

II S'appuyer sur des arguments de communauté

Ils consistent à faire appel à des croyances, des opinions ou à des valeurs partagées par l'auditoire. L'appel à des présupposés communs est largement utilisé. L'argumentaire peut s'appuyer sur des valeurs supérieures. On justifie ses opinions en ayant recours à la hiérarchisation de ces valeurs, à des normes, des idées reçues...

Quand ?

Quand l'auditoire est susceptible d'avoir un sentiment d'appartenance à un collectif plus fort que des sentiments individualistes, centrés sur l'intérêt personnel.

Exemple : « Nous devons avant tout respecter nos engagements vis-à-vis de nos clients : qualité du service, respect des délais. »

III S'appuyer sur des arguments de cadrage

Ils consistent à présenter le réel d'un certain point de vue, en amplifiant certains aspects et en en minorant d'autres de façon à faire ressortir la légitimité d'une opinion. La description n'est pas objective, on insiste sur un point particulier de manière à lui donner le plus d'importance.

Quand ?

Quand un certain point de vue semble bien plus convaincant que d'autres.

Exemple : « Ce mobilier de bureau est très design, il s'intégrera parfaitement dans les lieux. » Le vendeur met l'accent sur l'esthétique et occulte le côté pratique, le prix...

IV S'appuyer sur des arguments d'analogie

L'analogie consiste à établir une correspondance entre deux faits jusqu'alors éloignés qui va permettre de transférer à l'une les qualités reconnues à l'autre. Elle peut être basée sur l'utilisation d'exemples qui permettent la généralisation.

Quand ?

Quand on présente à l'auditoire un phénomène qui n'est peut-être pas très clair pour lui parce qu'il fait partie d'un domaine inconnu ou peu familier.

Exemple : l'entreprise X a bien réussi à gagner des clients en développant sa branche « e-commerce ».

5 Conduire un dialogue constructif avec le personnel de l'entreprise

I Dans quel contexte s'ouvre le dialogue ?

Les organisations sont de plus en plus soumises à une demande pressante de dialogue de la part du personnel. Qu'il soit à l'initiative de l'entreprise ou engagé en réponse à des événements extérieurs, le dialogue est censé apporter de la transparence sur le fonctionnement de l'entreprise, donc réduire malentendus et conflits internes.

II Qui sont les acteurs en présence ?

Le dialogue peut instaurer un échange entre :
– deux personnes de même niveau hiérarchique ou de niveaux différents ;
– un responsable et un groupe de personnes plus ou moins organisé, ayant des intérêts communs.

III À quoi sert le dialogue au sein d'une PME ?

Il peut remplir deux finalités différentes :
– la consultation : il s'agit de recueillir des informations, des avis, des points de vue, ou le positionnement d'une personne ou d'un groupe de personnes sur une question précise (origine d'un dysfonctionnement ou d'un conflit, choix d'une modalité d'organisation) ;
– la concertation : il s'agit d'organiser et de conduire un échange dynamique, interactif et constructif avec un collectif de salariés, souvent à partir d'une proposition. Un débat contradictoire permet alors, à partir des attentes des uns et des autres, de se comprendre, d'échanger des informations, des points de vue pour essayer d'aboutir à un accord.

IV Quelle démarche retenir ?

1. Clarifier les attentes et demandes des parties en présence

	Contexte
Dialogue avec un salarié	– Faire le point avec un salarié sur son parcours professionnel. – Obtenir une modification des comportements.
Dialogue avec un groupe de salariés	– Demande d'informations de la part des salariés pour plus de transparence. – Mise au point de la direction. – Échange sur des attentes plus fondamentales (modification de certaines procédures de gestion, changement des processus ou modèles de management…).

2. Instaurer un climat propice à la qualité des échanges

L'initiateur du dialogue doit veiller à une expression libre et équitable des parties prenantes, minimiser les tensions, recentrer le contenu des échanges sur les questions à aborder.

3. Donner une suite aux échanges

Le prolongement au dialogue est indispensable sous peine de créer un sentiment d'inutilité, de générer frustrations et démotivation. Il peut prendre plusieurs formes : un compte rendu, la fixation de nouveaux rendez-vous, des actions concrètes mises en place en réponse aux attentes.

6 Le déroulement d'un entretien d'appréciation/d'évaluation

Différents points sont généralement abordés lors d'un entretien d'appréciation/d'évaluation, dans un ordre qui contribuera à établir un climat relationnel de confiance. Celui ou celle qui conduit l'entretien aborde généralement les points suivants.

1. « Résumons votre parcours professionnel. »	Le résumé du parcours professionnel du collaborateur le valorise en lui donnant l'occasion de faire reconnaître ses réalisations professionnelles. Cette introduction détend le climat, atténue les appréhensions du collaborateur.
2.« Précisons quelles sont vos fonctions exactes. »	L'analyse de la fonction se fait sous divers éclairages : niveau de responsabilité, tâches, degré d'autonomie, positionnement fonctionnel et hiérarchique, liaisons internes et externes… Une comparaison avec la fiche de fonctions existante permettra de déceler d'éventuels écarts et de les expliquer.
3. « Quel est votre ressenti sur le climat et les relations de travail ? »	Le salarié est invité à s'exprimer librement sur : – ses conditions de travail (matérielles, horaires) ; – l'organisation du travail dans l'unité (délégation des tâches, responsabilisation, circulation de l'information, marge d'initiatives) ; – les relations entre les services, les niveaux hiérarchiques.
4. « Et si nous faisions le bilan de votre activité professionnelle ? »	Le bilan (ou autoanalyse) de la contribution du collaborateur à la réalisation des objectifs permet d'apprécier son implication personnelle, la réalisation des objectifs de son service, de son équipe de travail, des objectifs assignés au projet dont il a été partie prenante.
5. « Il est maintenant temps de tirer quelques conclusions de notre entretien. »	La conclusion de l'entretien doit assurer au collaborateur une issue positive, même s'il s'est déroulé dans une ambiance tendue. Elle doit éviter de générer des malentendus ou des frustrations. Aussi, seront fixés clairement : – des objectifs réalistes pour la période à venir, adaptés à la personne, formulés en termes de résultats précis à atteindre. Ils seront accompagnés des moyens correspondants (formation, moyens financiers, humains, matériels) ; – d'éventuelles possibilités d'évolution dans le poste actuel ou au-delà du poste actuel (promotion, avancement…) ; – d'éventuelles évolutions de la rémunération, l'attribution de primes… ; – les potentialités du collaborateur non exploitées dans le poste actuel, ses aspirations et orientations souhaitées à moyen terme pour y parvenir (conditions à remplir, étapes nécessaires, formations à suivre). Ce dernier point peut faire l'objet d'un entretien spécifique avec un responsable n+1 ou le DRH.

Analyser une argumentation

AUDIO

Vous effectuez votre stage de six semaines dans une confiserie-pâtisserie familiale et artisanale de votre région. Cette PME fabrique puis distribue ses produits dans sa chaîne de magasins implantés dans les 64 villes les plus touristiques de 12 départements du Grand-Ouest, sous l'enseigne à forte notoriété Le Gourmand. Son activité connaît une forte saisonnalité : fêtes de Noël et de fin d'année, Pâques et saison estivale. Vous participez à un échange entre M. Lucet, agent commercial dans l'entreprise, et M. Fécamp, le chef d'entreprise.

Consigne

- **Analysez les arguments échangés en utilisant la grille de lecture page suivante.**

Annexe • Discussion avec MM. Lucet et Fécamp

liennathan.fr/96ivr6

M. Lucet : J'ai pris contact avec un fabricant spécialiste des bonbons anciens du Nord et de l'Est de la France lors du Salon de la confiserie de la Région Hauts-de-France. C'est un artisan créatif, enthousiaste, très talentueux. Nous pourrions l'intégrer à la liste de nos fournisseurs dès à présent…

M. Fécamp, *le coupant* **:** Écoutez, de nombreux fournisseurs nous proposent chaque année des nouveautés. Nous avons déjà du mal à sélectionner parmi les produits proposés… Par ailleurs, vous connaissez parfaitement la procédure à suivre lorsque nous décidons d'intégrer un nouveau fournisseur : test du produit sur deux mois par notre laboratoire puis test en aveugle sur un échantillon de clients pendant six mois. Nous devons la respecter. *Puis voyant l'air dépité de M. Lucet :* Que lui trouvez-vous de bien à ce fournisseur ?

M. Lucet, *reprenant posément* **:** Il vient d'obtenir la distinction « Meilleur ouvrier confiseur de France ». Ses produits ne sont pas distribués en grandes surfaces. Il commence à se développer à l'international, au Japon et en Chine, ce qui garantit la qualité de sa fabrication.

M. Fécamp : On ne va pas signer de contrat avec un nouveau fournisseur dont on n'a aucune garantie en termes de capacité de production, de délais de livraison et de délais de paiement.

M. Lucet, *calmement* **:** Ce n'est pas un nouveau venu dans la Région Hauts-de-France. J'ai pris quelques renseignements auprès d'autres confrères. Il a une excellente réputation sur le plan professionnel, même si sa réussite et son ambition font bien quelques jaloux…

M. Fécamp, *soupirant* **:** Cela signifierait modifier la maquette du catalogue. Nous avons déjà passé plusieurs jours à la finaliser. Et puis combien cela va-t-il encore nous coûter ?

Vous, *jusqu'alors silencieux(-cieuse)* **:** Ce produit peut être mis sur la dernière page de notre catalogue et on peut y ajouter la mention « En avant-première ». La modification ne serait pas si importante que cela. Je peux appeler l'imprimeur et tout peut être réglé rapidement. Le coût supplémentaire ne sera pas exorbitant.

M. Fécamp : Finalement, un artisan confiseur médaillé apporterait un « plus » à notre catalogue. Sans nous engager à long terme, nous pourrions lui proposer de le référencer pour une durée d'un an afin de tester ses bonbons d'antan auprès de notre clientèle. Je ne suis pas contre s'il s'engage à nous livrer d'ici le 15 octobre et s'il accepte nos conditions de paiement. Ce qui me convaincrait encore plus, ce serait qu'il fasse un geste commercial.

M. Lucet : Je m'engage à négocier auprès de lui ce geste commercial dans la journée.

M. Fécamp : Nous sommes d'accord. *S'adressant à vous :* Vous contactez notre imprimeur pour lui annoncer une éventuelle modification de notre catalogue. Je vous propose de nous revoir en fin d'après-midi pour faire le point.

Grille de lecture du dialogue argumenté

Caractérisation des acteurs en présence	
M. Lucet	
M. Fécamp	
Vous	

Identification de leurs objectifs	
M. Lucet	
M. Fécamp	
Vous	

Étude du discours argumentaire	
Identifier l'utilisation qui est faite des pronoms personnels. *Ex. : l'emploi de « nous » sujet + verbe « devoir » ou « pouvoir » est destiné à mobiliser l'auditoire, à assurer sa cohésion dans laquelle le locuteur s'inscrit pleinement.*	
Identifier le degré d'implication des acteurs. *Ex. : des termes comme « je m'engage », « je crois », « je vous assure » indiquent que le locuteur se porte garant de ce qu'il affirme.*	
Identifier les mots utilisés pour présenter les propositions.	

Étude de la dynamique du discours argumentaire (son déroulement)	
Identifier les connecteurs logiques utilisés.	
Identifier la structuration de l'énoncé (chronologie des arguments).	
Identifier la logique persuasive.	
Identifier les points de vue en présence, leur force.	
Analyser la confrontation entre des points de vue en présence.	

Étude de l'efficacité du discours argumentaire	
La logique argumentaire fonctionne-t-elle ?	
L'ajustement entre les protagonistes est-il effectif ?	

Chapitre

9 Animer une réunion

RÉFÉRENTIEL **S 5.6.** La communication dans les groupes

VERS PIX **D 1.1.** Mener une recherche et une veille d'information

D 2.1. Interagir

D 3.1. Développer des documents textuels

Situation professionnelle

Centredélis est issue du démembrement d'un grand groupe multinational de l'agroalimentaire. Cette PME, qui fabrique des desserts glacés, compte 85 salariés et vient d'être reprise par M. Tarmon alors que le groupe, en difficulté financière et ayant délaissé cette branche d'activité, voulait s'en séparer.

Après six mois d'observation, M. Tarmon livre ses conclusions à ses collaborateurs : l'image de l'entreprise semble assez terne auprès des consommateurs locaux du fait de la piètre qualité de ses produits et de son manque d'implication dans la vie locale. Pour M. Tarmon, le positionnement stratégique de Centredélis doit radicalement changer.

Ainsi, concernant les produits, il décide de passer d'une stratégie de domination par les coûts, qui génère actuellement des produits de gamme moyenne, à une stratégie de différenciation par le haut. Il souhaite une forte montée en gamme des desserts glacés en privilégiant la qualité de sa production, donc des matières premières qui devront, dans la mesure du possible, provenir de fournisseurs locaux.

M. Tarmon est par ailleurs soucieux de modifier l'image de l'entreprise au niveau local. Il veut que Centredélis s'insère dans la vie locale et se présente comme un acteur responsable de son environnement direct.

Ce virage stratégique ne pourra être couronné de succès qu'avec l'implication de chaque membre de l'entreprise dans cette nouvelle politique, ce qui implique d'organiser de nombreuses réunions.

1 Cerner l'objectif d'une réunion

M. Tarmon présente son projet à ses collaborateurs. Dans un premier temps, il a réuni les membres du comité de direction, qui ont tout d'abord émis des avis partagés sur la nouvelle politique envisagée mais y ont finalement adhéré. Un séminaire d'une journée, qui regroupera l'ensemble du personnel, est à présent organisé pour exposer l'avenir de la société.

Fiches ressources 1 2

1 **Repérez l'objectif principal de chaque réunion présentée en annexes 2 et 3.**

2 **Proposez à M. Tarmon un ou plusieurs animateurs pour les différentes commissions prévues lors du séminaire. Justifiez vos choix.**

Annexe 1 L'équipe dirigeante de Centredélis

Elena Vidof, 31 ans, est directrice commerciale de Centredélis depuis deux ans. Elle est diplômée d'une école de commerce qu'elle a intégrée après avoir obtenu son BTS Management des unités commerciales. Elle encadre actuellement une équipe de 12 commerciaux répartis dans les grandes régions de la métropole. À celle-ci s'ajoutent deux acheteurs qui travaillent sur le site de Centredélis.

Martine Brancourt, 45 ans, est directrice administrative et financière chez Centredélis depuis 8 ans. Elle est dotée d'une solide expérience car elle a occupé différents postes au sein de l'entreprise. À présent, elle est chargée de la comptabilité, gère les ressources humaines, s'occupe de toutes les questions relatives au financement de l'entreprise (levées de fonds, budgets, tableaux de bord...), valide les contrats émis par la société et assure la gestion administrative des moyens. Elle est assistée par trois collaborateurs possédant des compétences différentes : en comptabilité, juridiques, en gestion des ressources humaines.

Alain Portier est directeur de la production. À 58 ans, il est proche de la retraite. Il a intégré Centredélis il y a 32 ans en tant qu'opérateur puis a gravi les échelons jusqu'à occuper son poste actuel depuis 10 ans. Il encadre 61 personnes aux métiers très différents : des opérateurs sur machine, des pâtissiers chargés de créer les recettes et de superviser les lignes de production, des magasiniers, des caristes, des techniciens de maintenance et des chefs d'équipe.

Annexe 2 Quelques échanges à la sortie du comité de direction

Elena Vidof : Ce projet est enthousiasmant ! Il va remotiver le personnel. Moi, je suis partante. M. Tarmon a de très bonnes idées.

Martine Brancourt : Au début de sa présentation, cela m'a paru irréaliste. Mais petit à petit, je me suis rendu compte que l'idée était intéressante. Même si tous mes doutes ne sont pas levés, je vais le suivre. Après tout, ça peut marcher !

Alain Portier : Pareil pour moi. Au début, je n'y croyais pas. Je me disais qu'il était fou. Mais après l'avoir entendu, je crois qu'il a raison. C'est un vrai challenge et je suis partant à 100 %.

Annexe 3 Le programme du séminaire

ENSEMBLE POUR LE RENOUVEAU DE CENTREDÉLIS

M. Tarmon a l'honneur de vous inviter à un séminaire
sur l'avenir de notre entreprise.
Il se tiendra le 12 novembre N au palais des congrès
de la zone industrielle de La Battue.

La journée se déroulera comme suit :

9 h 00 Accueil café

9 h 30 Assemblée plénière : exposé des grands axes de la nouvelle stratégie et réponses aux questions

12 h 00 Déjeuner libre

14 h 00 Réflexions en commissions sur les thèmes suivants :
1. Commerce équitable
2. Implication de l'entreprise dans la vie locale
3. Renouvellement du catalogue pour des produits tendance et équitables
4. Repenser la production

17 h 00 Retour en séance plénière sur les travaux des commissions et bilan de la journée

18 h 00 Fin du séminaire

2 Trouver des alternatives aux réunions

Le prédécesseur de M. Tarmon avait pour habitude d'organiser un très grand nombre de réunions et d'y convoquer un maximum de personnes. De nombreux collaborateurs perdaient donc leur temps en réunion, au détriment de leur travail, quand ils n'étaient pas concernés par l'objet de certaines de ces réunions. Mme Brancourt, la directrice administrative et financière, a alerté M. Tarmon à ce sujet. Ce dernier entend changer les pratiques. Il a recensé quelques situations et vous demande de réfléchir à des solutions alternatives aux réunions.

Pour chaque situation présentée en page suivante : Fiche ressource 1

1. **Dites si l'organisation d'une réunion vous semble indispensable. Justifiez votre réponse.**
2. **Dans le cas où la réunion n'est pas nécessaire, proposez une ou plusieurs solutions alternatives.**

Annexe • Exemples de réunions

Réunion du service administratif et financier pour présenter le nouveau module RH du PGI au gestionnaire des ressources humaines. Durée : 3 heures
Réunion de tous les commerciaux pour leur demander d'utiliser le nouveau modèle de bon de commande. Durée : 1 heure
Réunion de tout le personnel de l'entrepôt pour trouver des solutions au grand nombre d'erreurs d'inventaire relevées au cours de ces derniers mois. Durée : 2 heures
Réunion de tous les commerciaux dans le but de fixer les objectifs individuels pour le prochain trimestre. Durée : 3 heures
Réunion de tout le personnel début janvier afin que M. Tarmon présente ses vœux et les objectifs pour la nouvelle année. Durée : 1 heure

3 Inviter les participants à une réunion

Dans le cadre de sa nouvelle politique, M. Tarmon entend renforcer les liens commerciaux avec ses fournisseurs locaux. Il vise ainsi deux objectifs : la montée en gamme des desserts glacés et l'engagement dans le tissu économique local.
Afin d'informer ses partenaires de ce changement stratégique, M. Tarmon vous charge de les convier à un petit-déjeuner informatif.

1 Sur poste informatique, rédigez et présentez une invitation type destinée aux fournisseurs. Fiche ressource 1

2 D'après vous, à quelle date faut-il envoyer les invitations ? Justifiez votre réponse.

Annexe • Consignes de M. Tarmon

M. Tarmon : Notez bien que le petit-déjeuner se déroulera le 14 mars. Pour choisir les fournisseurs, sélectionnez dans la base de données ceux qui se situent dans le département ou dans un rayon de 40 km.

Vous : Comment se déroulera ce petit-déjeuner ?

M. Tarmon : Les fournisseurs arriveront en début de matinée. Comme vous serez chargé(e) de les accueillir, je vous laisse le soin de déterminer l'heure. Mais pas trop tard quand même ! Ensuite, nous prendrons ce petit-déjeuner, puis je présenterai le projet à l'aide d'un diaporama. Enfin, il convient de consacrer un moment pour échanger et que je puisse répondre aux éventuelles questions.

Vous : Combien de temps durera ce petit-déjeuner ?

M. Tarmon : Il devrait durer la matinée. Je n'ai pas d'idée très précise. Qu'en pensez-vous ?

Vous : Oui, cela me semble bien compte tenu de ce que vous avez prévu. Avez-vous une idée de la durée de votre présentation ?

M. Tarmon : Je ne sais pas trop, vous me connaissez, je suis bavard…Elle devrait prendre un peu plus d'une heure.

Vous : Très bien, je réserve tout de suite la salle « Berry ». Il me semble que c'est la plus chaleureuse et donc la mieux adaptée à votre objectif.

M. Tarmon : C'est parfait ! Merci.

4 Préparer l'animation d'une réunion en présentiel

EXPERTISE

Les commerciaux habitent dans leurs régions respectives afin d'être au plus près de leurs clients, essentiellement des pâtissiers et des restaurateurs.
Mme Vidof, la directrice commerciale, les convoque chaque mois au siège de l'entreprise afin :
- de faire le point sur les objectifs de la période écoulée ;
- de leur communiquer les nouvelles consignes ;
- de les motiver.

L'organisation de ces réunions mensuelles provoque des tensions entre Mme Vidof et Mme Brancourt, la directrice administrative et financière. Cette dernière les juge inutiles alors que la directrice commerciale les estime indispensables.
M. Tarmon envisage une solution qui pourrait satisfaire les deux directrices : l'organisation de réunions virtuelles. Mme Vidof est d'accord sur le principe, mais elle connaît mal le fonctionnement. Or, elle devra présenter cette nouvelle organisation auprès de son équipe de commerciaux lors de la prochaine réunion mensuelle. Vous êtes chargé(e) de l'aider.

Fiche ressource 4

1 À l'aide de vos recherches sur Internet et des annexes 1 et 2, réalisez sur poste informatique le diaporama que Mme Vidof présentera à cette réunion.

2 Rédigez un petit guide sur la préparation de la réunion et la régulation des interventions des participants lors des réunions en webconférence.

Annexe 1 Les arguments des directrices

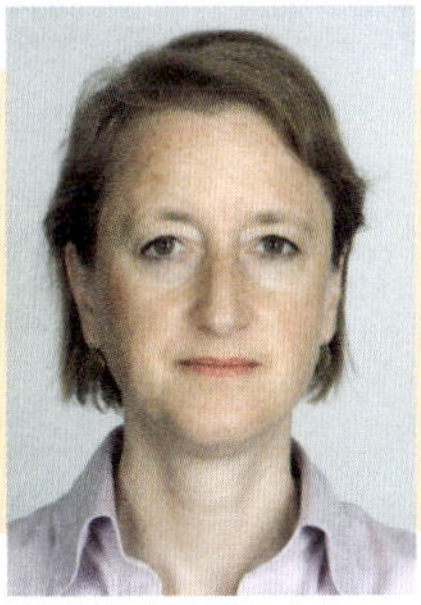

Mme Brancourt : « Ces réunions coûtent trop cher en déplacements et en temps de travail non productif. Elles pourraient se faire individuellement par téléphone entre Mme Vidof et chacun des commerciaux. »

Mme Vidof : « Ces réunions sont certes coûteuses mais indispensables dans le cadre de l'animation de mon équipe. Elles permettent de sortir les commerciaux de leur isolement, de les dynamiser grâce à ces moments d'émulation et d'échange de bonnes pratiques. Sans elles, je crains de voir la motivation des commerciaux s'émousser et donc, notamment, le portefeuille de prospects diminuer. Or, la nouvelle stratégie de Centredélis nécessite un accroissement de l'activité des commerciaux. Je suis convaincue qu'il faut les accompagner grâce à des rencontres régulières. »

▶▶▶

Annexe 2 Les consignes de Mme Vidof sur le contenu du diaporama

Il faudra expliquer ce qu'est une réunion virtuelle (en particulier, la webconférence), envisager le matériel nécessaire et insister auprès des commerciaux sur le fait que c'est Centredélis qui paie le matériel et les abonnements. Ils n'auront rien à débourser. Vous devrez aussi les rassurer sur la facilité d'utilisation. Les commerciaux ont peur de se retrouver isolés. Vous devrez trouver les arguments qui pourraient les convaincre. Vous pourrez aussi insister sur les atouts collaboratifs de ce type de réunion. Enfin, pensez à donner quelques conseils pour le bon déroulement des réunions virtuelles car les codes vont changer.

5 Animer une réunion en présentiel

EXPERTISE

Victime d'un léger accident de la circulation, Mme Vidof sera en retard à la présentation des webconférences aux commerciaux. Comme vous avez préparé son animation, elle vous demande de commencer la réunion.

- **Par groupes de 4, simulez l'animation de cette réunion. L'un(e) introduit la réunion et présente le diaporama à l'aide du guide d'animation qu'il (elle) a réalisé, les autres observent et analysent cette présentation.**

Fiches ressources 2 3

Grille d'observation p. 160

6 Préparer et animer une réunion à distance

EXPERTISE

Mme Vidof, la directrice commerciale, est inquiète pour son équipe de commerciaux. Depuis la mise en place de la nouvelle politique instaurée par M. Tarmon, ils sont soumis à des objectifs exigeants et leur charge de travail a beaucoup augmenté. De plus, leur dispersion géographique (un ou deux par région) les isole. Certains commerciaux lui ont déjà fait part de leur mal-être et les autres n'ont pas encore conscience des effets néfastes que peut engendrer le stress.
Dans le cadre de la politique générale de protection des travailleurs dans l'entreprise, Mme Vidof envisage de tenir une webconférence qui répondra à des questions simples du type « Qu'est-ce que le stress ? Quelles en sont les conséquences ? Comment le repérer ? Quelles mesures ont été mises en place par l'entreprise ? ». Vous êtes chargé(e) de préparer cette webconférence.

1. **À l'aide de vos recherches sur Internet et des annexes 1 et 2, réalisez sur poste informatique le diaporama que Mme Vidof présentera à cette réunion.**

Fiches ressources 2 3 4

2. **Préparez le guide d'animation qu'elle pourra utiliser.**
3. **Par groupes de 3, simuler l'animation de cette webconférence. L'un(e) présente le diaporama à l'aide du guide d'animation qu'il (elle) a réalisé, et les autres posent des questions.**

Annexe 1 Extrait de l'entretien avec Alex

Alex est assistant ressources humaines auprès de Mme Brancourt, directrice administrative et financière.

Vous : Alors, tu as vu le stress augmenter dans l'entreprise ?

Alex : Nous constatons de plus en plus de problèmes de sécurité et de maladie chez les commerciaux. Depuis le début de l'année, il y a eu 3 accidents de la route dont un avec blessures, alors qu'il y en avait aucun auparavant. De plus, un commercial a eu un problème cardiaque et un autre est en grande souffrance. Mme Vidof l'a eu en pleurs au téléphone hier, il est complètement débordé.

Vous : Mais c'est vraiment grave !

Alex : Oui c'est un risque à prendre au sérieux, même si certains commerciaux le prennent à la légère et pensent qu'un peu de stress ne peut pas faire de mal. D'ailleurs, l'entreprise s'en préoccupe et met des actions de prévention du stress en place.

Vous : Lesquelles ?

Alex : M. Tarmon a crée une commission stress constituée d'un représentant de la direction, un membre du CSE, un commercial et moi-même. Nous avons proposé trois mesures de prévention du stress :

- Une cellule d'écoute joignable par téléphone au 08 XX XX XX. Chacun peut appeler pour parler de ses problèmes de stress au travail. L'idée est d'aider à faire prendre conscience de la gravité de la situation, de donner des conseils et de briser l'isolement pour ceux qui travaillent souvent seuls. La cellule se chargera aussi d'alerter la direction en cas de problème particulièrement grave.
- Une boîte à idée pour que chacun fasse des propositions pour diminuer les situations stressantes. C'est très important pour nous d'associer l'ensemble des membres du personnel qui ont certainement de très bonnes idées auxquelles nous n'avons pas pensées.
- Un questionnaire à remplir et renvoyer tous les ans pour suivre le stress dans l'entreprise. Cela nous permettra d'avoir des indicateurs fiables qui orienteront nos actions dans les années futures. Il faut insister auprès du personnel que ce questionnaire est anonyme et qu'ils ont tout à gagner à le remplir honnêtement. Nous avons besoin de bien comprendre les situations de chacun pour proposer des mesures qui répondent au mieux aux problématiques des uns et des autres.

Vous : Il faut vraiment que tous les commerciaux comprennent l'importance de la prévention contre le stress.

▶▶▶

Annexe 2 Distinguer les deux types de stress

Le stress est-il toujours bon ?

Selon des idées reçues, le bon stress permettrait de pousser les salariés à se dépasser. Il existerait également un mauvais stress qui pourrait avoir de graves conséquences (un *burn out* par exemple).

Mais il n'y a ni bon ni mauvais stress car il s'agit d'une réaction biologique à une stimulation extérieure. Le rythme cardiaque s'accélère pour une meilleure oxygénation des muscles et du cerveau, les pupilles se dilatent, le corps se prépare à la riposte.

Cette réaction est en principe passagère et aide à surmonter les difficultés (prendre la parole en public par exemple). Une fois la difficulté terminée le stress se dissipe et les symptômes disparaissent. C'est ce qu'on appelle le stress aigu.

Quand la situation de stress s'installe durablement, on parle de stress chronique. Le salarié a l'impression qu'il est dans l'impossibilité de faire face aux exigences de son emploi au regard des ressources qu'on lui accorde. Ce type de stress provoque des troubles physiques (maladies cardio-vasculaires par exemple) et psychiques (dépression par exemple).

7 Analyser une réunion

Les nouvelles mesures stratégiques de M. Tarmon portent leurs fruits : l'activité de Centredélis est en pleine croissance, les commandes se multiplient. Mme Dos Santos, l'assistante commerciale, chargée notamment de la gestion des commandes, est débordée. Les retards s'accumulent et les clients sont mécontents. M. Tarmon demande à Mmes Brancourt et Vidof de trouver une solution à moyen constant (sans embauche). Mme Brancourt convoque l'ensemble des assistants de l'entreprise afin de revoir la répartition des tâches. La réunion ne s'étant pas passée comme prévu, vous cherchez à en comprendre les raisons.

1. **Repérez les points qui ont posé problème en termes d'animation (annexe) et proposez des améliorations.**

Fiche ressource 3

2. **Après avoir analysé cette réunion, entraînez-vous en binômes à l'introduire afin que chacun comprenne ce qu'on attend de lui.**

Annexe • Le compte rendu de la réunion

Compte rendu de la réunion du 14 avril N

Alléger la charge de travail dans le service commercial

Heure de début : 8 h 30	Heure de fin : 9 h 30
Étaient présents : Mme Brancourt, DAF Mme Dos Santos, assistante commerciale M. Bonnet, assistant RH Mme Belabd, assistante comptable	**Était excusé :** M. Zuchini, assistant juridique

Mme Brancourt introduit la séance à 8 h 30 : « Bonjour à tous. Je vous ai réunis pour résoudre le problème de Mme Dos Santos. J'écoute vos propositions. »

M. Bonnet s'interroge : « Mme Dos Santos a un problème ? Personne ne nous en a parlé. »

Mme Dos Santos prend la parole : « Je n'en peux plus, je croule sous les dossiers. En plus, mes horaires ne me conviennent pas du tout. Je ne peux plus aller chercher ma fille à la crèche car je termine mon travail trop tard. Mon mari ne le peut pas non plus, je suis donc obligée de faire appel à une nounou, ce qui nous coûte très cher. »

Mme Belabd : « C'est vrai qu'on nous oblige à avoir les mêmes horaires que la production, alors que ça serait plus pratique pour tous si on avait des horaires variables. Cela se fait dans beaucoup d'entreprises. »

M. Bonnet : « Si j'ai bien compris, cette réunion porte sur les conditions de travail. C'est vrai qu'il y a des choses à dire. J'ai proposé à M. Tarmon d'adhérer à la crèche interentreprises de notre zone industrielle. »

Mme Dos Santos : « Oui, mais ce n'est pas le seul problème. Depuis que M. Tarmon est arrivé, je suis débordée de travail, je n'y arrive plus. Je vais craquer. »

Mme Brancourt : « Justement, c'est ce problème que nous devons traiter aujourd'hui. Comment peut-on faire pour aider Mme Dos Santos ? »

Mme Dos Santos : « Moi, je pense qu'il faut embaucher un autre assistant commercial. Il y a du travail pour deux. »

Mme Belabd : « C'est une bonne idée. Cela permettrait à Mme Dos Santos de partir plus tôt le soir. »

Mme Brancourt précise : « Les embauches ne sont pas à l'ordre du jour. Vous ne pourriez pas aider Mme Dos Santos dans son travail ? »

Mme Belabd et M. Bonnet : « On a déjà beaucoup de travail ! »

Durant 25 minutes, chacun se plaint de ses conditions de travail et sans réelles propositions pour alléger le travail de Mme Dos Santos.

Mme Brancourt clôture la réunion : « Cela fait une heure qu'on partage nos points de vue sur le problème de Mme Dos Santos. Nous n'avons pas trouvé de solution, mais nous avons ouvert les débats et échangé des idées. C'est une bonne chose. Merci, mesdames et monsieur. »

8 Traiter les incidents lors d'une réunion

EXPERTISE

Des travaux de rénovation sont prévus dans l'atelier n° 2, qu'il faut donc déménager temporairement. Les machines, matériels et outils doivent être disposés dans l'atelier n° 4, actuellement vide mais de taille inférieure.

M. Portier organise une réunion avec ses chefs d'équipe afin de réfléchir aux modalités du déménagement et à la manière d'optimiser l'espace dans l'atelier n° 4.

Il n'a pas l'habitude d'organiser des réunions et sait, par expérience, que ses collaborateurs sont indisciplinés dans ce cadre. Il garde d'ailleurs un souvenir douloureux de la dernière réunion qu'il a animée et vous relate les incidents afin que vous puissiez le conseiller (annexe). Il compte sur votre aide pour que la prochaine réunion se déroule mieux.

1 **Proposez à M. Portier la conduite à tenir pour chaque situation qui lui pose problème. Justifiez vos propositions.**

Fiches ressources 2 3

2 **Après avoir prodigué vos conseils, entraînez-vous à l'oral par groupes de 4. Pendant que l'un(e) introduit la réunion, les autres jouent les participants indisciplinés que l'animateur(trice) doit recadrer.**

Annexe • Retour sur une réunion qui s'est mal passée

Situation	Réaction de M. Portier
Des participants n'étaient pas encore arrivés à l'heure à laquelle la réunion devait commencer.	« J'ai attendu que tout le monde soit là. La dernière fois, nous avons démarré avec 45 minutes de retard… »
Un brouhaha important perdurait en début de réunion.	« J'ai dû crier pour me faire entendre ! »
Un des participants n'a pas levé les yeux de son téléphone.	« Cela m'énerve tellement que j'ai fait comme si je ne le voyais pas. »
Un des participants a monopolisé la parole.	« Je l'ai laissé terminer, le retard s'accumulait… »
Plusieurs participants parlaient en même temps ou se coupaient la parole.	« J'ai encore été obligé de hausser le ton pour les faire taire. »
Deux participants ont passé leur temps à bavarder.	« Je les ai regardés avec insistance, mais comme ils continuaient, j'ai dû me fâcher pour qu'ils m'écoutent. »
Un des participants écoutait attentivement mais n'est jamais intervenu.	« Un de mes ouvriers a des idées très pertinentes mais ne parle jamais en réunion. Il vient me faire ses remarques en aparté le lendemain. La dernière fois qu'il a fait ça, je lui ai dit que c'était trop tard. Depuis, il ne dit plus rien, ni pendant ni après la réunion. »
Un des ouvriers faisait sans arrêt des blagues pour faire rire tout le monde.	« Je l'ai laissé faire car on rigole bien. Mais au bout d'un moment, ça m'énerve, alors je me fâche. »

1 La diversité des réunions

I Les effets attendus d'une réunion

Malgré le coût d'une réunion, les entreprises en organisent beaucoup car elles permettent :
- de diffuser et de recueillir des informations rapidement ;
- de collecter des idées grâce à l'émulation que provoquent les échanges ;
- d'apaiser les inquiétudes d'un groupe de personnes ou de le convaincre ;
- de rompre l'isolement et de dynamiser les membres du personnel qui travaillent seuls.

Les réunions varient en fonction des objectifs poursuivis. Il est donc essentiel de bien cerner l'objectif afin d'adapter le mode d'animation.

II Les types de réunion

Type de réunion et objectif(s) principal(aux)	Mode d'animation
La réunion informative Assurer une communication descendante, transmettre une information. 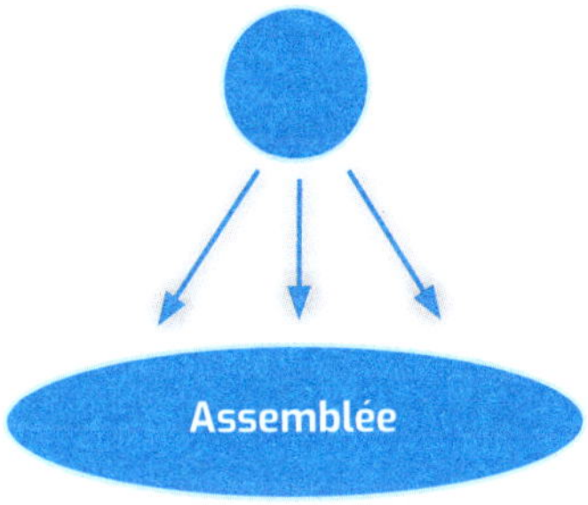 	– L'animateur possède des compétences supérieures aux participants de la réunion. C'est un expert. Il présente un exposé face à une assemblée. – Il est possible de réunir un grand nombre de personnes. – Le plan de la salle peut s'apparenter à un amphithéâtre ou une salle de classe. – Un moment de questions-réponses peut être prévu à la fin de la réunion.
La réunion participative Faire adhérer un groupe à un objectif défini en amont. 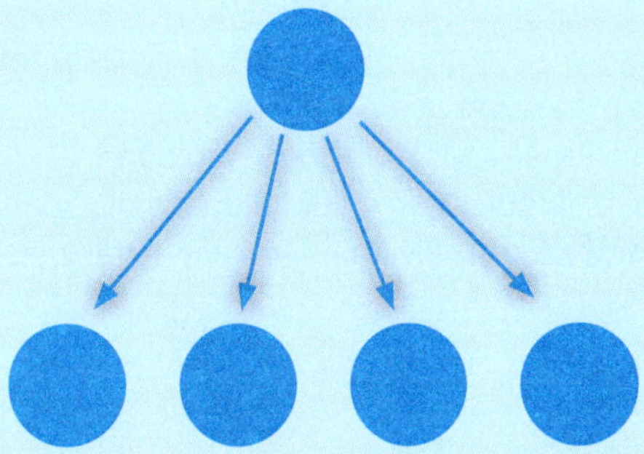	– L'animateur maîtrise parfaitement son sujet. C'est un expert ou un supérieur. – Il propose l'objectif et demande à chacun de participer afin de trouver la meilleure méthode pour l'atteindre. – Le groupe est constitué d'un petit nombre de personnes pour permettre les échanges. – Le plan de la salle est en U ; il s'organise autour de l'animateur.

▶▶▶

Type de réunion et objectif(s) principal(aux)	Mode d'animation
La réunion de travail Rechercher et trouver une solution sur un point particulier, préparer ou construire une décision. 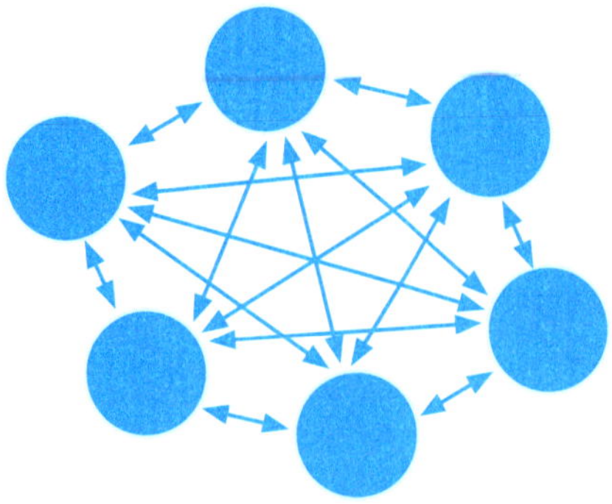	– L'animateur n'a pas de solution à proposer. Il soumet une méthode de travail mais n'impose pas de décision. Il peut avoir des connaissances du sujet moins importantes que celles des participants. Il canalise les idées et aide le groupe à déboucher sur une solution. – Le groupe est constitué d'un petit nombre de personnes expertes qui échangent intensément. – La réunion se déroule autour d'une table. L'animateur n'a pas de place définie. Il se fond dans le groupe.
La réunion de créativité Rechercher le plus grand nombre d'idées sur un sujet. Une solution n'est pas nécessairement recherchée. 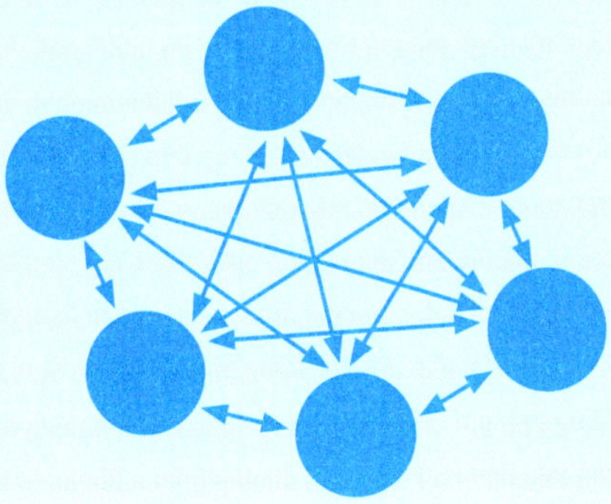	– L'animateur peut avoir des connaissances très inférieures à celles du groupe. Il présente le problème ou le sujet et laisse les participants s'exprimer. – Le groupe est constitué d'un petit nombre de personnes issues d'horizons très variés pour croiser les regards. – La réunion se déroule autour d'une table. L'animateur n'a pas de place définie. Il se fond dans le groupe.

III Les limites de la pratique des réunions

Trop de réunions peuvent provoquer les effets contraires à ceux attendus : lassitude, impression de perdre son temps... Leur pratique doit être réfléchie.
Quelques questions doivent se poser pour savoir si l'organisation d'une réunion est indispensable :
– S'adresse-t-on à une ou à plusieurs personnes ?
– L'information ne serait-elle pas diffusée plus efficacement à l'écrit ?
– Les personnes conviées sont-elles toutes concernées par l'objet de la réunion ?
Dans le cas où une réunion n'est pas nécessaire, il faut prévoir des solutions alternatives, écrites ou orales (instructions écrites, entretiens individuels en face-à-face ou téléphoniques...).

2 L'animateur

Il ne suffit pas de bien cerner l'objectif et d'inviter les bonnes personnes pour réussir une réunion. Le succès d'une réunion dépend aussi de la qualité de son animation. Les techniques d'animation ne s'improvisent pas.

I Le statut de l'animateur

Il est essentiel de désigner l'animateur adéquat de la réunion afin que celle-ci soit la plus efficace possible.

- Doit-il être nécessairement un supérieur hiérarchique ?

– Oui, s'il s'agit de faire passer des consignes, des nouvelles règles ou convaincre.
– Non, si une réflexion sur un thème doit être menée. La présence d'un supérieur hiérarchique peut inhiber les participants.

- Quel style d'animation doit-il adopter ?

– Un style directif s'il s'agit d'une réunion informative, pour gagner en temps et en efficacité.
– Un style participatif dans les autres types de réunions car les échanges sont à privilégier.

II La posture de l'animateur pour faire face aux incidents

L'animateur doit garder à l'esprit qu'il est le garant de l'efficacité de la réunion. Il doit notamment :
– savoir être directif tout en préservant la fluidité des échanges ;
– faire preuve de rigueur dans la gestion du temps afin que la réunion débute et se termine à l'heure ;
– rester centré sur l'objectif de la réunion ;
– inviter habilement les intervenants à revenir vers l'objet de la réunion quand il y a des digressions.
L'animateur a également pour rôle de faciliter les échanges. Il doit :
– s'effacer pour laisser la parole aux participants ;
– être pédagogue pour que chaque participant cerne les enjeux de la réunion et que chacun se comprenne ;
– s'affirmer pour mener à bien les débats. Il doit faire preuve d'assertivité pour canaliser les interventions inappropriées, intervenir pour faire cesser les comportements gênants ;
– valoriser autant que possible les interventions en se gardant de tout dénigrement ou accès de colère ;
– s'interdire de prendre à partie ceux qui expriment des idées qui ne lui conviennent pas.

3 Le déroulement type d'une réunion de travail

I L'introduction de la réunion

1. Débuter par un message de bienvenue.
2. Se présenter dans le cas où certains participants ne connaissent pas l'animateur.
3. Rappeler l'objectif de la réunion.
4. Exposer le déroulement de la réunion (horaires et méthode de travail).
5. Faire un tour de table qu donne l'occasion à chacun de se présenter brièvement (quand les participants ne se connaissent pas).

II Le cœur de la séance

1. Présenter avec précision le problème ou la question à traiter. Un support de type diaporama peut s'avérer utile.
2. Donner la parole au groupe, c'est-à-dire :
- recentrer systématiquement les débats sur l'objectif de la réunion ;
- clarifier les idées exprimées en questionnant et en reformulant les différentes interventions. L'animateur pratiquera l'écoute active ;
- résumer régulièrement les interventions ;
- relancer les débats en cas d'essoufflement du groupe ou de silence ;
- concilier les idées en contradiction ;
- maîtriser le temps, qu'il s'agisse du temps de parole de chacun ou de la durée de la réunion.

III La conclusion de la réunion

1. Clore les débats en en faisant une synthèse.
2. Rappeler les décisions prises.
3. Clarifier les suites à donner en distribuant les tâches.
4. Planifier éventuellement la prochaine réunion.

4 Les supports d'animation des réunions

Accompagner le discours de l'animateur d'un support visuel peut renforcer l'efficacité de la réunion.
Ce support permet :
– de clarifier les propos ;
– de présenter des informations graphiques (schémas, diagrammes...) ;
– de maintenir l'attention ;
– d'aider à retenir les idées clés.

I La présentation des supports projetés

Certaines règles simples doivent être respectées afin que le diaporama ou tout autre support projeté atteigne son objectif. L'éloignement des auditeurs et le procédé de vidéoprojection nécessitent d'observer des règles de présentation qui visent à renforcer la lisibilité du document tout en restant dans le cadre de la charte graphique de l'entreprise.

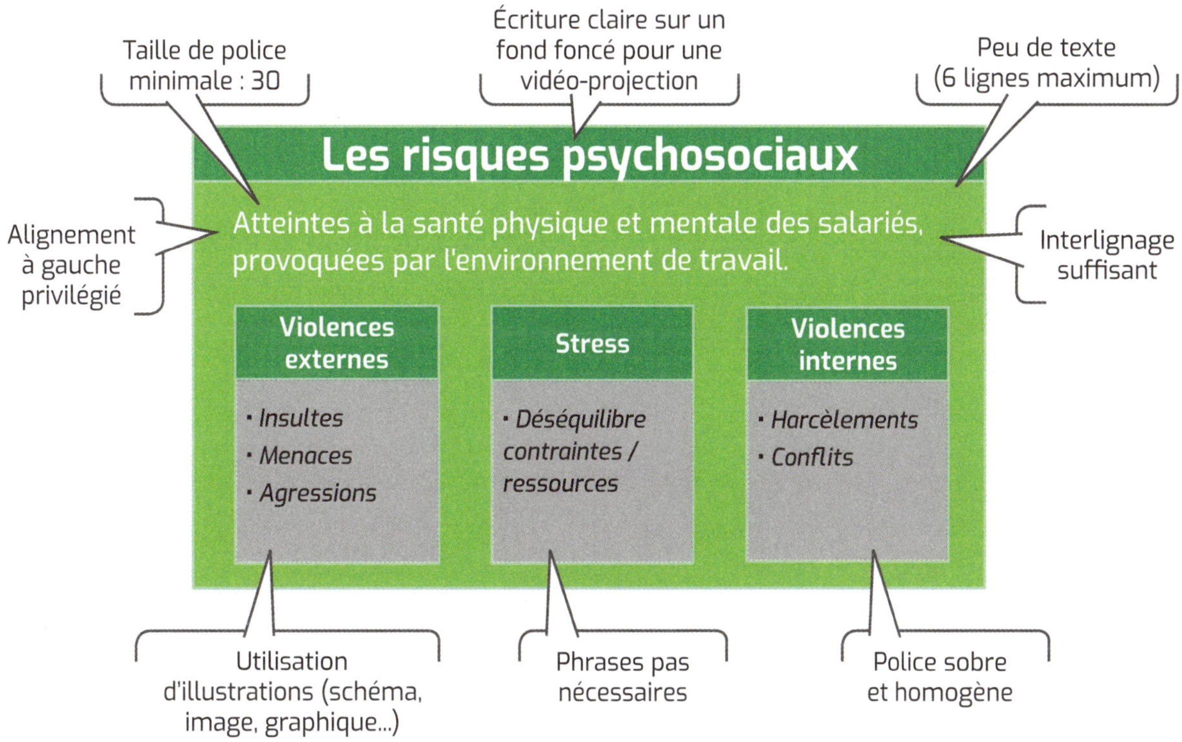

II L'utilisation d'un guide d'animation

L'animateur ne peut pas improviser son discours, même en utilisant un support visuel. Sans préparation, il risquerait de répéter le contenu de son diaporama, ce qui n'a aucun intérêt pour les auditeurs. Il doit donc préparer des fiches qui le guideront dans son animation afin de conduire la réunion avec rigueur.
Avec le guide d'animation :
– aucun contenu n'est oublié ;
– le temps est maîtrisé ;
– le plan est respecté et les propos sont ordonnés ;
– le stress de l'animateur est contenu grâce à ses fiches.

▶▶▶

Le guide d'animation peut se présenter sous la forme d'un tableau. Le contenu ne doit pas être rédigé afin que l'animateur ne lise pas. Il doit être uniquement composé de mots-clés.

Exemple de guide d'animation (extrait)

Diaporama	À dire	À faire	Durée
Vignette de la diapositive	– Souhaiter la bienvenue. – Se présenter.	Faire circuler la feuille d'émargement.	3 minutes

PowerPoint permet de basculer sous Word le contenu d'un diaporama ainsi que les commentaires dans un tableau à trois colonnes : numéro du diaporama, vignettes du diaporama et commentaires. Il suffit ensuite de retravailler ce tableau pour obtenir un guide d'animation opérationnel (la commande se trouve dans le menu « Fichier »).

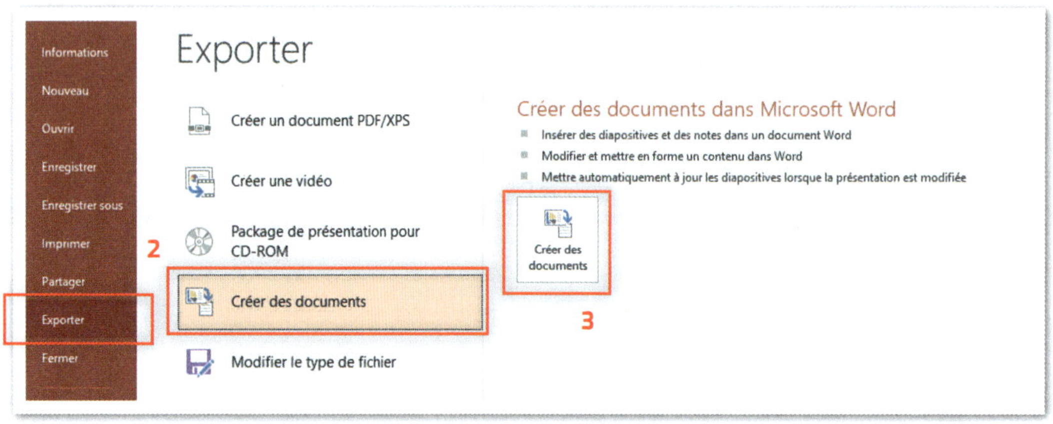

Observer et analyser une réunion de travail

Vous avez effectué un stage de six semaines dans l'entreprise Essen-ciel. Cette entreprise produit des parfums et des cosmétiques à base d'huiles essentielles issues de plantes d'origine biologique. La PME connaît une forte croissance. Les distributeurs (pharmacies et parfumeries) sont de plus en plus nombreux. Les trois commerciaux sont donc très sollicités et doivent se déplacer de plus en plus souvent.
Les déplacements des commerciaux pèsent lourdement sur les finances de l'entreprise. Actuellement, chaque commercial est intégralement remboursé de ses frais sans réel contrôle car la direction privilégie la confiance. La directrice d'Essen-ciel, Mme Lavande, réunit les commerciaux afin de rechercher des solutions pour faire des économies sur les déplacements sans compromettre leur activité.

Consignes

1. **Par groupes de 4, simulez la réunion : vous incarnez Mme Lavande pendant que les autres étudiants jouent le rôle des commerciaux.**
2. **Analysez l'animation de cette réunion.**

Annexe • Quelques remarques des commerciaux

M. Delphi

Je fais toujours attention aux dépenses de déplacement. Je choisis des hôtels de gamme intermédiaire. Je ne prends pas de petit-déjeuner, mais mon déjeuner est souvent très copieux. Et comme j'aime bien manger, je choisis de bons restaurants.

M. Flottant

Il n'y a pas de contrôle et on ne m'a jamais rien dit. Je me fais plaisir en choisissant des hôtels luxueux. J'aime bien me détendre dans un jacuzzi après une journée de travail fatigante.

Mme Poète

Je suis sans cesse sur les routes. Parfois, j'ai l'impression que certains déplacements pourraient être évités si j'arrivais à mieux regrouper les rendez-vous avec mes clients.

Grille d'observation et d'analyse d'une réunion de travail

Organisation matérielle de la réunion	**Points maîtrisés**	**Points à améliorer**
Clarté des convocations et de l'ordre du jour		
Qualité de la salle de réunion (confort, équipement)		
Mise à disposition des documents nécessaires		
Qualité de l'accueil		
La prise de parole en public par l'animateur	**Points maîtrisés**	**Points à améliorer**
Le volume de la voix est proportionné au nombre de participants et à la configuration de la salle.		
La diction est claire.		
Le débit est contrôlé.		
Les gestes et la posture sont en congruence avec le discours.		
Le visage reflète l'ouverture et l'écoute.		
Le regard balaie l'ensemble des participants.		
Le langage est adapté aux participants.		
La maîtrise de la méthode d'animation d'une réunion de travail	**Points maîtrisés**	**Points à améliorer**
Une phase d'accueil est prévue.		
L'exposé de l'objectif à atteindre et la méthode de travail sont présentés de façon claire et précise.		
L'animateur régule les débats : il valorise, encourage, relance ou apaise les tensions.		
L'animateur recentre les débats sur le sujet.		
L'animateur reformule et synthétise régulièrement.		
L'animateur gère les incidents avec assertivité.		
La conclusion de la réunion rappelle les décisions prises.		

Chapitre 10

Animer un travail collaboratif dans le cadre d'un projet

RÉFÉRENTIEL	**S 5.6.** La communication dans les groupes
VERS PIX	**D 1.1.** Mener une recherche et une veille d'information
	D 2.1. Interagir
	D 2.2. Partager et publier
	D 2.3. Collaborer

Situation professionnelle

La PME O'cho produit des isolants thermiques et acoustiques pour les bâtiments. Elle possède deux sites de production géographiquement éloignés : l'un à Nancy (Grand Est) et l'autre, où se situe le siège, en périphérie de Marseille (Provence-Alpes-Côte d'Azur). Elle compte 325 salariés, dont 200 en production. Le personnel connaît une grande diversité : 17 nationalités aux pratiques culturelles et religieuses très variées, des différences d'âge importantes (28 apprentis et 12 % des ouvriers de plus de 55 ans). Cependant, il reste majoritairement masculin, l'entreprise n'employant que 20 % de femmes, essentiellement dans les bureaux.

La croissance de cette entreprise très innovante a été particulièrement rapide. Les vagues de recrutement se sont multipliées dans un secteur pourtant en pénurie de main-d'œuvre. O'cho a ainsi intégré 65 collaborateurs ces 18 derniers mois.

Les exigences de rendement et de qualité, les conditions matérielles de travail difficiles et la variété des origines du personnel provoquent de fortes tensions dans les ateliers. Quelques membres du personnel sont stigmatisés par les autres. Les clivages se creusent, à tel point que certains collègues ne se parlent plus. Les responsables d'atelier ont alerté la direction à plusieurs reprises ces derniers mois.

M. Martinez, le directeur des ressources humaines, décide de trouver une solution pour apaiser ces tensions qui jouent sur la performance et le bien-être des salariés. Il souhaite promouvoir la richesse de cette diversité afin d'en faire une force, et non gommer les différences.

Pour atteindre cet objectif, il a formé un groupe de projet « Diversité » – composé de collaborateurs des deux sites de production, issus de toutes professions de l'entreprise et de toutes origines – et vous associe étroitement à son animation.

1 Définir un groupe

M. Martinez a convié au siège de l'entreprise les membres du groupe de projet « Diversité » afin de leur exposer son objectif. Soucieux de la réussite de cette première approche, il a présenté longuement son diagnostic sur la diversité. La réunion a donc pris une forme informative, où les interactions étaient réduites au minimum.
À la suite de cette rencontre, M. Martinez vous confie qu'il n'a pas ressenti l'adhésion qu'il espérait. Vous échangez alors sur la méthode d'animation pour que les collaborateurs s'unissent enfin autour de ce projet. D'après vous, cette réunion a effectivement rassemblé des personnes, elle n'a pas formé un groupe.

Fiche ressource 1

1. **Repérez les éléments constitutifs d'un groupe qui font défaut dans cette situation.**
2. **Pour chaque élément manquant, trouvez une ou des actions à mener afin que l'ensemble des collaborateurs forme véritablement un groupe.**
3. **D'après vous, quel plan de présentation du projet aurait davantage convaincu les participants ?**

Annexe 1 Présentation des membres du groupe de projet « Diversité »

M. Martinez, directeur des ressources humaines, exerce ses fonctions dans l'entreprise depuis 8 ans. Il est toujours à l'écoute des remarques de ses collaborateurs.

M. Begag a intégré le site de production de Nancy l'année dernière en tant que chef d'atelier. Témoin de nombreuses altercations racistes dans son équipe, qui regroupe des personnes issues de 15 origines ethniques différentes, il a déjà alerté la direction à deux reprises.

M. Vidof est chef d'atelier à Marseille. Après 31 ans d'ancienneté dans l'entreprise, il va bientôt partir en retraite. Il est régulièrement raillé sur son âge et son manque de connaissances dans le domaine du numérique.

M. Lefranc et Mme N'Daye sont opérateurs à Nancy. Leur chef d'atelier, M. Begag, a pu constater qu'ils faisaient systématiquement taire les remarques discriminantes proférées par certains de leurs collègues

M. Li est opérateur à Marseille. Père d'un petit garçon déficient visuel, il est très impliqué dans l'intégration des salariés en situation de handicap. Il est d'ailleurs actuellement tuteur d'un jeune apprenti sourd.

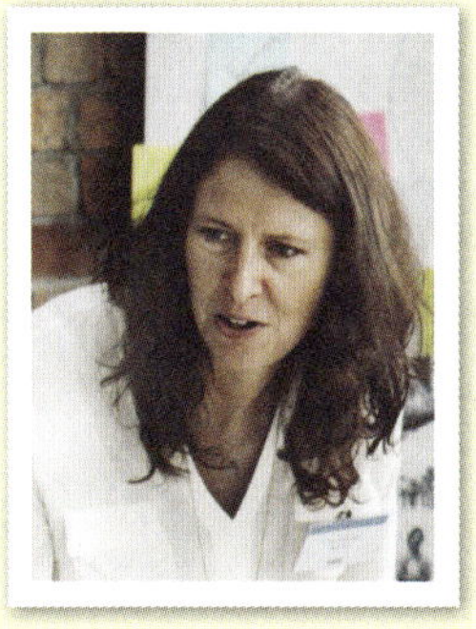

Mme Mucchini occupe le poste d'ingénieure en recherche et développement.
Elle est aussi représentante du personnel auprès du comité d'hygiène, de sécurité et des conditions de travail (CHSCT). Évoluant dans un monde d'hommes, elle est particulièrement sensible aux questions relatives à la discrimination.

Annexe 2 Quelques échanges par petits groupes à la sortie de la réunion

• Le groupe des Nancéens
Mme N'Daye, *à MM. Lefranc et Begag* **:** L'idée est bonne, mais je n'ai pas très bien compris ce qu'on attend de nous.
M. Lefranc : On est les seuls de Nancy, ils sont tous de Marseille. Nous, on travaille loin du siège, ils vont vite nous oublier !
M. Begag : Oui, d'autant plus qu'à la fin de la réunion, on ne connaît toujours pas les autres participants.
Mme N'Daye : Pourquoi il y a une ingénieure dans le groupe ? Elle n'a pas de problème, elle !
M. Lefranc : En tout cas, si on nous fait déplacer sans cesse à Marseille pour ce genre de réunions, ça va coûter cher à l'entreprise !

• Le groupe ouvrier de Marseille
M. Li, *à M. Vidof* **:** Comment ça va se passer ? On va nous réunir souvent ? Il va falloir faire des choses ? On va nous faire travailler en dehors de nos horaires de production ou pendant ? Si c'est pendant, qui va me remplacer ?
M. Vidof : Je ne sais pas…
M. Li : Mais qu'est-ce qu'on attend de nous au fond ?

• Les cadres de Marseille
Mme Mucchini, *à M. Martinez* **:** Le projet me semble excellent, mais tu aurais pu prévoir une petite collation après la réunion, histoire d'échanger sur nos expériences, nos idées sur la question. Tu ne crois pas ?
M. Martinez : Tu penses que cela aurait vraiment apporté quelque chose ?

2 Créer une carte mentale de synthèse

Les membres du groupe de projet ont peu de connaissances sur la diversité en entreprise. M. Martinez vous demande de réaliser un document synthétique qui couvrira tous les champs de la diversité et de la lutte contre les discriminations au travail. Mme N'Daye, ainsi que MM. Li et Vidof, proposent de vous aider.

Fiche ressource 3

1. **Réalisez une carte mentale sur la diversité et la lutte contre les discriminations en entreprise à partir de vos recherches sur Internet. Pour cela :**
   – inscrivez-vous sur le site https://www.mindomo.com/fr/ ;
   – créez la carte mentale à partir de l'ébauche présentée en annexe.
2. **Partagez la carte mentale avec vos trois équipiers en la leur adressant par mail.**
3. **Complétez collectivement cette carte.**
4. **Entraînez-vous à exposer la carte mentale finalisée devant votre équipe à l'aide de l'outil « Présentation » de Mindomo.**

Annexe • L'ébauche de la carte mentale

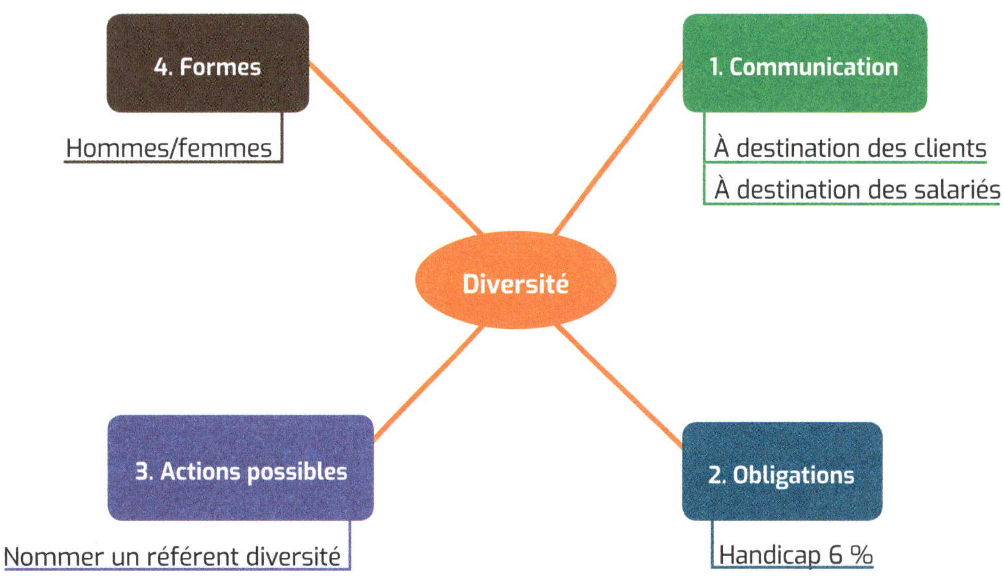

3 Identifier les phénomènes d'influence dans la prise de décision

Lors d'une nouvelle réunion, M. Martinez fait le point sur les actions menées et celles qui restent à réaliser.

Fiche ressource 2

1. **Quelle est la décision prise en fin de réunion ?**
2. **Repérez les phénomènes qui ont influencé cette décision.**

Annexe • Extrait de la réunion relative aux actions à mener dans le cadre du projet « Diversité »

M. Martinez : Nous sommes d'accord, nous signons la charte de la diversité demain et, à plus long terme, nous obtiendrons le Label Diversité. Quelqu'un a-t-il une autre idée d'action ?

M. Begag : On pourrait organiser des ateliers « théâtre » pour sensibiliser le personnel des ateliers à la lutte contre les discriminations.

M. Martinez : J'hésite… Cela me semble beaucoup de travail pour un résultat incertain.

M. Vidof : Oui, concentrons-nous sur l'obtention du label, c'est déjà un gros travail !

Mme Mucchini : À force de se disperser, on risque de se perdre. Il me semble préférable de nous focaliser sur la labellisation.

M. Li : Je suis d'accord.

Les autres acquiescent.

M. Begag : Vous trouvez mon idée mauvaise ?

Tous se regardent et regardent M. Martinez.

M. Martinez : Ce n'est pas une mauvaise idée, mais je ne vois pas en quoi cette activité serait profitable.

M. Begag : La charte et le label sont des actions desquelles les opérateurs sont exclus. Ils risquent de penser que cela ne changera pas leur quotidien. Or, nous recherchons exactement le contraire. La charte et le label ne feront pas changer leur comportement. Il faut provoquer une véritable prise de conscience !

M. Vidof : Mais on parle de la lutte contre les discriminations dans la charte, elle les concerne tout autant que nous !

M. Begag : Cela reste très théorique pour les opérateurs, alors qu'une séance de théâtre marquerait les esprits. Et bien souvent, les comédiens impliquent les spectateurs en les faisant monter sur scène.

Mme N'Daye : Tu commences à me convaincre…

M. Begag : L'organisation de ce type d'atelier n'est pas si compliquée. On fait appel à une troupe de théâtre sur chaque site et les séances se dérouleraient sur deux jours afin qu'un maximum d'employés puissent y participer.

M. Vidof : Tu as raison, je ne voyais pas les choses comme ça. Tout compte fait, c'est une bonne idée.

M. Li : Je suis d'accord.

M. Martinez : Puisque M. Begag nous a convaincus, je valide cette idée. Qui s'occupe d'organiser les ateliers « théâtre » sur les deux sites ?

4 Repérer le style de direction de l'animateur d'une réunion

Le groupe de projet est de nouveau réuni afin de créer une cellule d'écoute. M. Martinez n'étant pas disponible, il est remplacé par M. Vidant, le directeur général d'O'cho. La réunion se passe mal et les participants en sortent consternés.

1 **Identifiez le style de direction de M. Vidant. Justifiez votre réponse.** Fiche ressource 2

2 **D'après vous, quelles conséquences ce style peut-il avoir sur la créativité du groupe ? sur la motivation du groupe ?**

Annexe • Extrait de la réunion portant sur la création d'une cellule d'écoute

M. Vidant : Nous sommes réunis aujourd'hui pour débattre sur la mise en place d'une cellule d'écoute dédiée aux discriminations. Comme cette idée m'enthousiasme, j'ai décidé de présider la réunion à la place de M. Martinez qui, par ailleurs, n'était pas disponible ce jour. Vous n'y voyez pas d'inconvénients ? *(Les participants se regardent sans répondre.)* Bon, j'ai déjà prévu un local. Il se situe à côté de mon bureau. Cela montre que je suis très impliqué dans le projet.

Mme Mucchini, *après une légère hésitation* **:** Êtes-vous sûr que ce soit le meilleur endroit ? Le personnel peut se sentir impressionné par votre proximité.

M. Vidant : Mais non ! Au contraire, je suis toujours à l'écoute, vous le savez bien !

M. Begag : Il faudrait définir la mission et la composition de cette cellule.

M. Vidant, *souriant* **:** Ce n'est pas compliqué, elle est là pour écouter !

M. Begag : Certes, mais pas uniquement. Il faudra agir à la suite des témoignages, sinon elle ne servira à rien.

M. Vidant : Je m'en chargerai personnellement. Et je vous assure que dans quelques mois, j'aurai passé l'envie aux collaborateurs de se chamailler.

Mme N'Daye : On parle de lutte contre les discriminations, pas de chamailleries.

M. Vidant : Pour moi, c'est la même chose.

La réunion se poursuit de la même façon et se termine par une intervention du directeur.

M. Vidant : Nous sommes donc tous d'accord, la cellule d'écoute sera à côté de mon bureau. Je la présiderai et je déléguerai mon assistante pour écouter les collaborateurs. Qui veut se charger d'aménager le local ? Il faut que cela soit fait avec goût pour que les gens s'y sentent bien. Je pense qu'il vaut mieux confier cette tâche à nos deux collègues féminines…

Mme Mucchini se lève prestement et sort en claquant la porte. Les autres baissent la tête. M. Vidant désigne donc Mme N'Daye pour aménager le local de la cellule d'écoute.

5 Rechercher des idées à l'aide d'un remue-méninges

Dans le plan d'action élaboré par le groupe de projet figure l'organisation d'une journée « Diversité » dont l'objectif est de sensibiliser l'ensemble des salariés à la richesse de la diversité et aux conséquences de la discrimination.

Jusqu'à maintenant, le groupe n'a proposé aucune idée concrète et vous devez soumettre une ébauche de programme à M. Martinez. Ce dernier vous a indiqué qu'il était prêt à utiliser une part du budget de formation pour cet événement ; vous bénéficiez donc de moyens financiers suffisants. Vous organisez une séance de remue-méninges avec quatre membres du groupe de projet.

Fiche ressource 3

1. **Durant la phase de divergence du remue-méninges, notez l'ensemble des idées proposées.**
2. **Durant la phase de convergence du remue-méninges, sélectionnez collectivement les idées qui semblent les plus intéressantes.**
3. **Réalisez l'ébauche du programme de cette journée « Diversité ».**

6 Partager un document

M. Martinez voudrait lancer très prochainement le processus de labellisation. Avant cela, il doit présenter cette action au comité de direction. Il vous demande de préparer un diaporama sur le Label Diversité. Le processus est long et compliqué. Devant l'ampleur de la tâche, vous demandez à l'un des membres du groupe de projet de vous aider.

Fiche ressource 4

1. **Créez un nouveau diaporama sur le site Google Slides.**
2. **Partagez ce document avec le membre du groupe (partage en modification).**
3. **Réalisez ensemble le diaporama.**
4. **Partagez le diaporama terminé avec votre professeur (partage en lecture seule).**

Annexe • Les questions que se pose M. Martinez à propos du Label Diversité

– Qu'est-ce qu'un label ?
– À quoi pourrait-il servir à l'entreprise ? Quels en sont les avantages ?
– Qui labellise ?
– Quelle est la procédure pour obtenir ce label ?
– Est-ce qu'il concerne tout type d'entreprise ? Faut-il être une grande entreprise pour être labellisé ou les PME peuvent-elles y prétendre ?
– Quelles entreprises sont déjà labellisées ? Trouver quelques exemples significatifs pour convaincre le comité de direction.

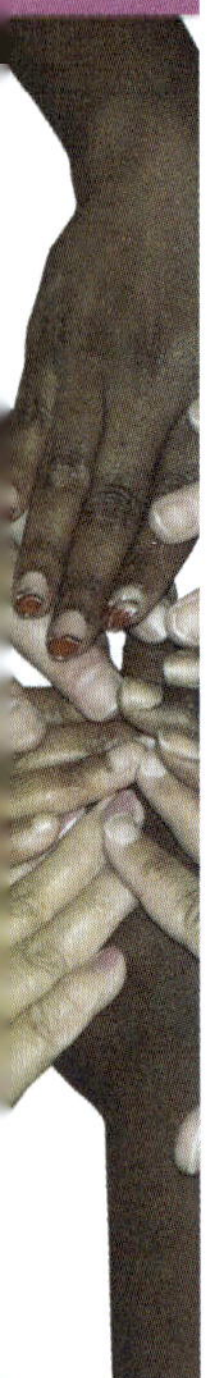

7 Utiliser un outil collaboratif dans le cadre d'un projet

EXPERTISE

Mme Mucchini, M. Begag et vous-même êtes chargés de l'organisation des ateliers « théâtre » sur les deux sites. Vous conviez vos collègues à une réunion virtuelle afin de mettre en commun votre travail.
À l'issue de vos échanges, vous constatez que même si tout semble avoir été dit, rien n'est vraiment défini. Vous décidez donc d'utiliser le site de gestion de projet Trello pour clarifier la situation. Il s'agira de savoir à tout moment :
– ce qui doit être fait, ce qui reste à faire, ce qui a été fait ;
– qui doit faire quoi et à quelle date.

Fiche ressource 4

1 **Inscrivez-vous sur le site https://trello.com/.**

2 **Créez un tableau « Atelier théâtre ».**

3 **Établissez trois listes : « À faire », « En cours », « Fait ».**

4 **Invitez trois collaborateurs (M. Martinez, M. Begag, Mme Mucchini) pour composer votre équipe. Assignez-leur le rôle de contributeur.**

5 **Au brouillon, réalisez un tableau récapitulatif des activités à conduire et des personnes en charge des tâches correspondantes.**

6 **Créez les cartes correspondant aux activités. Assignez un responsable à chaque activité, dressez des listes de tâches et indiquez les dates importantes.**

Annexe • Votre compte rendu à la suite de la réunion virtuelle

- J'ai contacté plusieurs troupes de comédiens, j'ai les devis. Je dois finaliser le comparatif afin de le soumettre à M. Martinez. Je prendrai ensuite contact avec les troupes sélectionnées (une à Nancy, une à Marseille).
- Mme Mucchini gère les inscriptions des participants aux ateliers. Elle nous a présenté un formulaire d'inscription. Elle se charge des impressions des formulaires, de leur distribution puis de la collecte des inscriptions. Elle fera ensuite le planning des ateliers.
- M. Begag s'occupe de la communication auprès des salariés (il compte faire une affiche à placarder dans les ateliers et envoyer un mail à chacun).
- Mme Mucchini et moi lui avons indiqué que sa participation ne pouvait se résumer à ces deux tâches. Il va donc aussi assurer la communication auprès des chefs d'atelier (liste des ouvriers assistant à la pièce de théâtre à fournir une semaine avant pour qu'il puisse gérer les remplacements et description des modalités d'organisation). Il communiquera ensuite à chaque participant le jour et l'heure de son atelier (par publipostage mail, par exemple).
- Restait à prendre en charge l'accueil des troupes les 23 et 24 mars : réservation de la salle dans les deux sites, réservation de la cantine pour le repas du midi (deux jours avant), commande de café pour l'accueil (la veille). J'ai proposé de m'en charger à Marseille. M. Begag le fera à Nancy.
- M. Begag et moi, nous nous occuperons de rédiger l'article « Retour sur » à diffuser sur l'intranet après les ateliers.
- M. Martinez se charge du financement du projet : il valide le montant, suit le budget (rémunération des troupes, accueil café et repas du midi) et transmet la facture des troupes au service Comptabilité.

1 Le groupe de projet

Les personnes réunies pour mener à bien un projet constituent un groupe de projet.

I Les caractéristiques d'un groupe de projet

Un projet est un « processus unique, qui consiste en un ensemble d'activités coordonnées et maîtrisées comportant des dates de début et de fin, entreprises dans le but d'atteindre un objectif » (ISO 10006, 1997). Cette définition met en lumière plusieurs caractères du projet qui ont un impact sur le groupe :

– le projet poursuit un but unique et non duplicable, il se distingue donc des activités régulières. Cela nécessite une grande créativité et une collaboration importante de la part du groupe ;

– il a un début et une fin. Les collaborateurs sont rassemblés de manière temporaire, même si le projet peut durer plusieurs années. Au début du projet, les acteurs se découvrent. Quand il est terminé, ils se séparent pour travailler sur un autre projet ou reprendre leurs activités d'origine.

II Les modalités de fonctionnement d'un groupe restreint

Le **groupe restreint** rassemble un petit nombre de personnes qui poursuivent un but commun.

Les éléments composant un groupe restreint

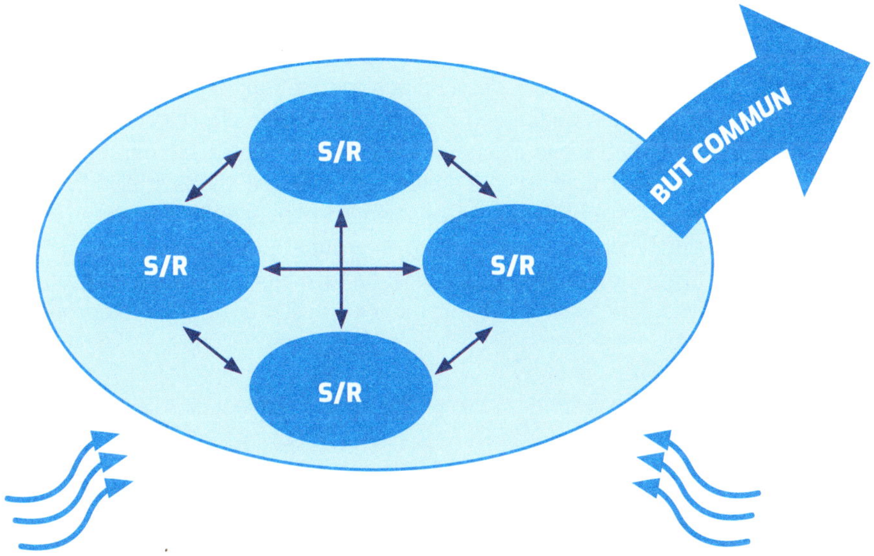

Les éléments du groupe	Les conséquences sur la dynamique du groupe
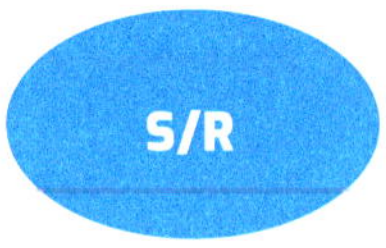	Les individus qui constituent le groupe ont un **S**tatut, à savoir une fonction attribuée. Ils exercent un **R**ôle, adoptent un comportement attendu ou non des autres membres du groupe. L'animateur du groupe doit s'assurer que chacun a connaissance de son statut afin que les membres adoptent le rôle qui leur a été confié. Une méconnaissance des statuts ou une distorsion entre statut et rôle peut provoquer des tensions dans le groupe.
	Le groupe restreint se caractérise par des relations interindividuelles, que l'animateur doit encourager. Ces relations peuvent être formelles ou informelles. Elles peuvent porter sur le travail à réaliser ou sur d'autres thèmes qui entretiennent les relations sociales. Dans tous les cas, les membres d'un nouveau groupe doivent apprendre à se connaître pour que son fonctionnement soit efficient.
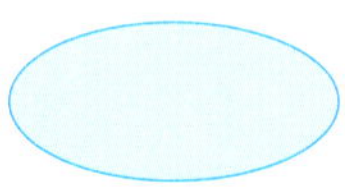	Un ensemble de normes marquent l'appartenance au groupe et permettent de distinguer les personnes qui appartiennent au groupe de celles qui n'en font pas partie. On distingue deux types de normes : – les normes explicites, comme les règles de fonctionnement du groupe ; – les normes implicites, comme les habitudes ou les rituels. Toutes les normes sont élaborées ou adoptées collectivement sous l'impulsion de l'animateur du groupe. Un groupe devra donc construire ces différentes règles ou habitudes dès sa création afin d'obtenir une identité qui lui est propre.
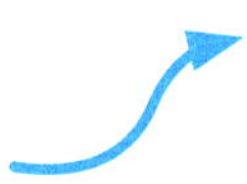	La cohésion représente les forces qui poussent les membres à vouloir rester dans le groupe. Ces forces recèlent deux dimensions : – la dimension opératoire, c'est-à-dire atteindre l'objectif commun. Plus le groupe adhérera au but commun et aux normes, plus il sera cohésif ; – la dimension affective, c'est-à-dire les relations entre les membres du groupe. Un groupe ne sera cohésif que si les relations interindividuelles sont nombreuses, qu'elles soient formelles ou informelles. La cohésion favorise la motivation d'un groupe. Elle doit être régulièrement entretenue par des actions visant à favoriser le prestige du groupe (valoriser le but commun) et encourager les relations au sein du groupe.

2 La dynamique de groupe

L'expression « dynamique de groupe » définit l'ensemble des phénomènes qui se produisent dans les groupes restreints. Cette dynamique concerne notamment les phénomènes d'influence tels que l'exercice du pouvoir et la prise de décision dans le groupe.

I L'exercice du pouvoir par le leader du groupe

Le pouvoir est exercé avant tout par le leader du groupe. Celui-ci poursuit deux objectifs complémentaires :
– la **réalisation du but du groupe** : c'est la fonction de production (exemple : il organise le travail en donnant les consignes) ;
– la **conservation du groupe** : c'est la fonction de régulation (exemple : il apaise les tensions ou remotive les membres du groupe).

Chaque leader exerce ses fonctions selon un style de commandement qui lui est propre. On distingue trois grandes catégories de style de direction :
– le **style autoritaire** : le leader décide de tout sans concertation. Les membres du groupe doivent lui obéir ;
– le **style démocratique** : les décisions sont discutées et prises par le groupe. Le rôle du leader tient dans sa force de proposition et sa qualité d'animation ;
– le **style « laisser-faire »** : le leader reste passif. Il se contente de répondre aux questions du groupe sans faire aucune proposition.
Il n'existe aucun style de direction idéal. L'exercice du leadership doit s'adapter aux circonstances.

II La prise de décision dans le groupe

Le groupe subit des influences quand il prend des décisions :
– soit **il suit la pression de la majorité** : c'est le cas le plus fréquent, on parle de conformisme. Les membres du groupe modifient leur comportement ou leur façon de penser pour se conformer à la majorité. Ce type d'attitude évite les remises en cause et les conflits, mais enferme le groupe dans ses habitudes ;
– soit **il se conforme à la minorité active** : parfois, un ou quelques membres du groupe s'écartent du conformisme pour proposer une idée nouvelle ou adopter un comportement différent. Ceci peut provoquer des conflits, mais affirmé(e) avec fermeté et constance, l'idée ou le comportement peut être adopté(e) par le groupe. Cette minorité active a un rôle innovant.

3 Les techniques de créativité

Au cours d'un projet, le groupe doit trouver des solutions à divers problèmes et/ou rechercher des idées innovantes, qui émergent grâce à des techniques de créativité.

I La recherche d'idées : le remue-méninges

Il s'agit de trouver un maximum d'idées grâce au report du jugement. Le remue-méninges se déroule en deux temps.

La pensée divergente : recueillir un maximum d'idées

L'animateur du groupe présente le problème.

Il rappelle les règles de fonctionnement :
- s'interdire les critiques ;
- s'abstenir de l'autocensure ;
- rebondir sur les idées des autres.

Il régule les débats en faisant cesser les critiques et en stimulant les membres du groupe dans leur créativité.

Il recueille l'ensemble des idées sans jugement mais de façon ordonnée.

La pensée convergente : sélectionner les idées

Les critères de sélection des idées sont définis collectivement.

Le groupe procède à la sélection puis au classement des idées.

II Les associations d'idées : la carte mentale (ou schéma heuristique)

La carte mentale, appelée aussi « schéma heuristique » ou « *mind mapping* », est une méthode qui consiste à développer sa pensée ou à la synthétiser par association d'idées à partir d'un concept central. C'est une technique visuelle qui donne un aperçu global de toutes les idées. Elle se pratique seul ou en groupe.

La méthode obéit à peu de règles. Il faut :
– écrire ou dessiner le concept au centre d'une feuille ;
– établir un certain nombre de catégories qui constituent les branches de premier niveau de la carte. L'outil étant visuel, l'utilisation de couleurs et d'images est recommandée ;
– le développement des branches se fait ensuite par association d'idées. Seuls des mots-clés sont inscrits sur les branches.

Des applications en ligne permettent d'élaborer, de partager et de présenter ce type de schéma, notamment Mindomo (https://www.mindomo.com/fr/).

Exemple de carte sur l'organisation d'un déplacement à Moscou

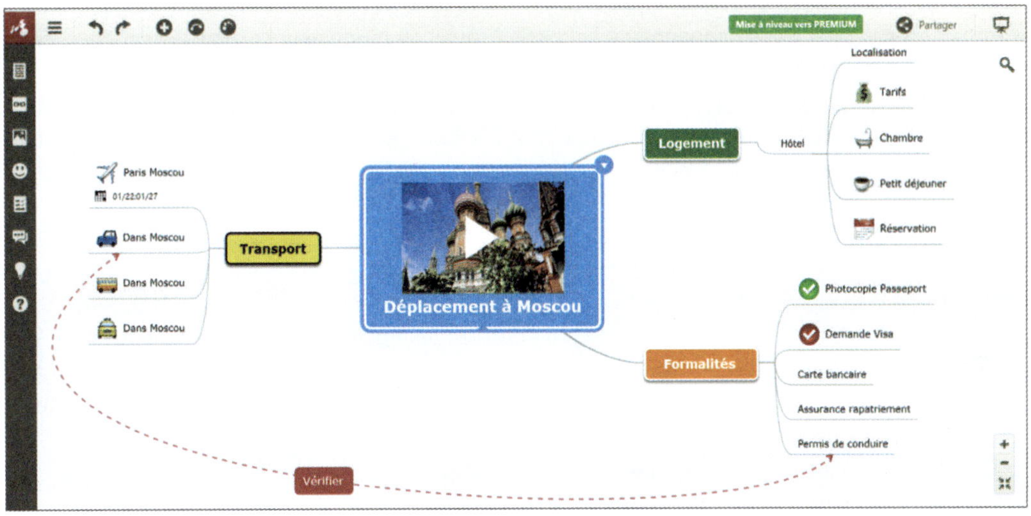

Mindomo permet :
– d'insérer des pictogrammes (☺) pour le visuel ou pour définir ce qui a été fait et ce qui reste à faire ;
– de joindre des fichiers (▣ : texte, image, vidéo) et des liens (▣) ;
– de paramétrer une tâche (▣) – par exemple, lui attribuer une date ou l'assigner à quelqu'un ;
– de commenter une tâche (▣) ;
– d'ajouter des connecteurs (▣) pour relier des tâches appartenant à des groupes d'activité différents ;
– de partager la carte (▣) pour y travailler à plusieurs ;
– de transformer la carte en diaporama (▣) pour la présenter lors d'une réunion.

4 L'élaboration de documents à plusieurs

Le travail collaboratif est commode quand les personnes se trouvent au même endroit, mais il est plus complexe et nécessite l'utilisation d'outils informatiques quand elles sont géographiquement éloignées. Plusieurs collaborateurs peuvent travailler sur un même document en temps différé grâce à des échanges de courriels (travail en mode asynchrone). Cependant, cette méthode peut être source d'erreurs et d'incompréhension si l'un d'eux se perd dans les différentes versions du document.
Deux fonctionnalités essentielles contribuent à l'élaboration simultanée d'un document à plusieurs (travail en mode synchrone) : le partage de document et l'accès aux révisions successives.

I Le partage de document

Partager un document signifie autoriser d'autres personnes à travailler sur ce document. Dans la plupart des cas, celles-ci sont invitées par courriel. Les applications collaboratives proposent différents types de partage.
Le collaborateur à l'origine du partage doit effectuer le paramétrage adéquat. Il peut ainsi autoriser :
– l'apport de modifications dans le document ;
– uniquement l'ajout de commentaires ;
– la lecture seule du document.
De plus, il peut autoriser ou non les contributeurs à inviter d'autres contributeurs.

II L'accès aux révisions successives

Travailler à plusieurs sur un document implique que chacun sache qui fait quoi et quand ont eu lieu les différentes modifications.
En mode synchrone, une étiquette de couleur indique le nom du contributeur en action.
En mode asynchrone, les modifications successives sont enregistrées et apparaissent dans différentes couleurs.
L'historique des versions indique qui a apporté des modifications et à quel moment. Il est possible de revenir sur chacune des versions élaborées par le groupe de travail afin d'identifier les contributions de chacun.
Chaque modification peut être commentée, ce qui permet d'interroger son auteur. La fenêtre « Commentaires » lui permet de répondre. Le mode « Commentaire » fonctionne en modes synchrone et asynchrone.

Animer une séance de remue-méninges

Vous avez effectué un stage de six semaines dans l'agence ÉvénemenCiel. Cette agence offre aux entreprises des organisations d'événements clés en main : congrès, galas, inaugurations, animations de salons, séminaires de motivation d'équipes, journées portes ouvertes. Elle compte 28 collaborateurs répartis sur deux sites en Île-de-France.

Malgré l'utilisation systématique d'outils collaboratifs, la distance entre les deux sites pose des problèmes de coordination du travail et démotive les collaborateurs qui perdent plus d'une heure dans les transports s'ils doivent se rendre d'un site à l'autre. Certains ont renoncé à se déplacer et travaillent de manière isolée, ce qui est contraire à l'activité en mode projet et à la culture d'entreprise.

Scénario **Le directeur d'ÉvénemenCiel a décidé de regrouper les deux sites dans un local adapté à la nouvelle structure de l'agence et bien situé pour les clients. Il vous confie le projet « Déménagement », sur lequel trois de vos collègues travailleront également. Vous organisez alors une séance de remue-méninges afin de faire émerger les idées les plus efficaces pour faire aboutir ce projet.**

Consignes

1. **Par groupes de 4, simulez la réunion : vous animez le remue-méninges et les autres étudiants jouent le rôle des collègues.**
2. **Analysez l'animation de cette réunion.**

Annexe • Les contraintes liées au déménagement

Le déménagement aura lieu dans quatre semaines exactement. Il se fera le mardi, le mercredi ou le jeudi.

Le budget qui lui est consacré doit être le plus limité possible.

L'agence ne fermera pas pendant le déménagement, qui ne doit en aucun cas impacter son activité.

La composition des bureaux reste à définir. Il y aura trois agents par bureau, sauf pour les deux directeurs qui auront un bureau individuel.

Grille d'observation et d'analyse d'une séance de remue-méninges

L'introduction du remue-méninges	**Points maîtrisés**	**Points à améliorer**
Le problème est présenté de manière claire et précise.		
Les contraintes sont intégralement exposées.		
Les règles de fonctionnement du remue-méninges sont annoncées avant de débuter la phase de divergence.		
La phase de divergence	**Points maîtrisés**	**Points à améliorer**
L'animateur fait preuve d'une écoute bienveillante.		
L'animateur sollicite tous les participants, *a fortiori* ceux qui n'osent pas intervenir.		
L'animateur régule la séance en interdisant tout jugement ou toute moquerie.		
L'animateur note ou fait noter l'intégralité des idées, sans aucune censure.		
La phase de convergence	**Points maîtrisés**	**Points à améliorer**
Les critères de sélection des idées sont fixés collectivement en tenant compte de l'objectif et des contraintes.		
La pertinence d'une idée à retenir est débattue par l'ensemble des participants.		
Les idées retenues sont classées.		
L'animateur réalise une synthèse en fin de séance afin que chacun sache ce qui a été retenu.		

Chapitre 11

Gérer des tensions et des conflits

RÉFÉRENTIEL **S 5.7.** La gestion des conflits

Situation professionnelle

Vous travaillez en tant que collaborateur(-trice) au siège d'Isyaxa, une importante société de recouvrement qui emploie une centaine de personnes réparties entre son siège de Nantes (dont vous dépendez) et quatre agences en province.

Le développement de la société l'a conduite à mener un important recrutement de personnel. Ainsi, en quatre ans, la société a triplé son chiffre d'affaires.

Son métier : assurer, pour le compte des entreprises, la récupération des dettes auprès des clients débiteurs. L'intervention des agents de recouvrement a un impact psychologique très important qui conduit, la plupart du temps, au paiement des factures impayées. Chez Isyaxa, la culture du résultat et le goût du challenge sont particulièrement entretenus. Toutes les équipes de recouvrement sont motivées vers un seul et unique objectif : l'encaissement des impayés.
Les équipes sont essentiellement constituées d'agents de recouvrement expérimentés.

La DRH a récemment alerté David Phil, le directeur général de la société, sur un mal-être général induit par le stress, qui entraîne, d'après elle, des arrêts de travail de plus en plus nombreux. La direction a elle-même constaté une dégradation du climat social qui se traduit par de nombreuses tensions dans les relations interpersonnelles.

1 Identifier les causes des tensions internes

Les représentants du personnel ont demandé un entretien avec le dirigeant pour parler du malaise ambiant parmi les agents de recouvrement. L'alerte récente du médecin du travail a incité David Phil, le directeur général, à organiser une rencontre. La DRH et vous-même y êtes convié(e)s pour prendre des notes et faire le compte rendu.

Fiche ressource 1

1. **Quelle est la source essentielle des tensions internes ?**
2. **Relevez et classez les causes qui génèrent du malaise.**
3. **En quoi l'activité particulière de la société peut-elle y contribuer ?**
4. **Quels en sont les effets les plus visibles ?**
5. **Précisez les enjeux pour la société Isyaxa.**

Annexe 1 Les missions des agents de recouvrement et l'organisation de leur travail

Les agents de recouvrement doivent être capables d'établir la meilleure stratégie de relance des impayés, de mener les entretiens téléphoniques souvent difficiles pour convaincre les clients de régler les factures échues. Ils ont une connaissance pointue des procédures administratives et juridiques pour monter les dossiers en contentieux ou saisir les tribunaux dans le cadre d'un recouvrement judiciaire.
En fonction du volume de dossiers à traiter, la direction détermine des objectifs quantitatifs (nombre d'appels et de relances) et qualitatifs (sommes recouvertes) à réaliser.
La rémunération des équipes de chaque agence est fixée principalement sur les résultats, gage d'un engagement de qualité fort des salariés d'après le PDG.

Annexe 2 L'entretien avec les représentants du personnel

Hubert : L'organisation du travail est déplorable. Quels sont les critères de répartition des dossiers entre collègues ? Nous subissons une surcharge de travail due aux difficultés économiques (augmentation des créances, des contentieux…) et les journées de travail sont de plus en longues.

Caroline : Pourquoi, lors du récent déménagement des services, la nouvelle distribution de l'espace n'a pas pris en compte nos besoins ? À quand la prise en compte des absences, du besoin de formation ?

Hélène : Les conditions matérielles de travail (locaux exigus, température excessive…) sont abominables.

Romane : un partage d'expérience, le fait d'avoir le temps d'échanger entre nous sur les dossiers difficiles seraient les bienvenus ! Et aussi avoir plus d'autonomie dans le suivi des dossiers.

David Phil : Je sais que le renouvellement du logiciel métier a engendré des difficultés d'adaptation et a ralenti la prise en charge de vos dossiers…

2 Désamorcer les risques de développement des tensions

M. Phil souhaite montrer qu'il veut apporter une réponse rapide à cet état de tension. À sa demande, en collaboration avec la DRH, vous proposez des mesures à prendre en vous appuyant sur le contenu des entretiens avec les représentants du personnel.

- **Rédigez une note confidentielle à l'attention du dirigeant pour lui proposer quelques mesures d'urgence, dans le respect des contraintes propres à la société.**

Fiches ressources 1 2

3 Résoudre des désaccords entre salariés

L'utilisation du véhicule de fonction de l'entreprise Isyaxa pose souvent des problèmes. Ainsi, Hubert, responsable du secteur « Recouvrement amiable », et Philippe, responsable du secteur « Règlement judiciaire », souhaitent l'utiliser mercredi prochain. Hubert ayant réservé le véhicule depuis une semaine, il s'estime prioritaire. Philippe a une mission urgente à accomplir : d'après lui, il doit donc être prioritaire. Chacun estime être dans son droit, le ton monte...

Excédé par ces querelles incessantes, M. Phil convoque les deux salariés afin de régler définitivement le problème : Hubert sera désormais prioritaire pour l'utilisation du véhicule de fonction du lundi au mercredi midi et Philippe du mercredi midi au vendredi soir, à eux ensuite de s'organiser. En sortant du bureau du DG, les deux collègues semblent encore plus insatisfaits. Si le compromis permet une égalité de traitement, il ne résout ni le problème d'Hubert qui a besoin du véhicule pour se rendre au greffe du tribunal, ni celui de Philippe qui a rendez-vous chez un client important mercredi en fin de matinée...

Fiche ressource 2

1. **Exposez la problématique et les objectifs des différents intervenants.**
2. **Comment le DG règle-t-il le problème ?**
3. **Pourquoi cette solution génère-t-elle de l'insatisfaction ?**
4. **Le désaccord peut-il dégénérer ? Comment ? Pourquoi ?**
5. **Quel est, d'après vous, le comportement à adopter pour rapprocher les points de vue ?**
6. **Quelle solution alternative pourrait régler le problème ?**

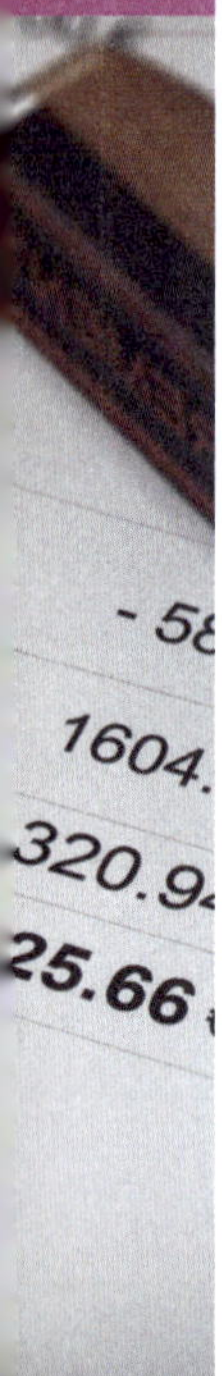

4 Repérer et traiter des comportements difficiles

Au quotidien, vous êtes confronté(e) à des personnes qui peuvent être source de conflit.

1. **Caractérisez chacun de ces profils par un qualificatif : agressif, coléreux, égocentrique, plaintif.** Fiche ressource 1
2. **Choisissez l'attitude à adopter face à ces personnalités difficiles.**
3. **Quelles phrases vous semblent plus adaptées à chacune d'entre elles ?**

Annexe 1 Quelques profils difficiles

Il manque d'écoute, recherche les faiblesses des autres, est sur la défensive en permanence. Il critique et fait des reproches de façon ironique. C'est lui qui a raison ; les autres ont tort et il veut les faire plier de façon tyrannique. Il parle fort, crie et peut, en situation extrême, sous l'emprise de la colère, se révéler violent, verbalement et/ou physiquement.

Elle se plaint sans cesse à haute voix et se place en victime : tout le monde est toujours contre elle. Elle déconcentre ses collègues et finit par les démoraliser. Elle rejette les solutions qui lui sont apportées, suggérées.

Il ramène tout à lui et a tendance à dramatiser sa propre vie, à l'extrême. Extraverti, il s'ouvre à tout le monde de ses problèmes personnels. L'intensité de ses émotions et son hyperactivité épuisent ses collègues.

Il n'est jamais satisfait, trouve toujours quelque chose à redire. Contestataire, rien n'est assez bien. C'est toujours la faute des autres. Lui ne se remet jamais en question, il préfère déstabiliser les autres et ne propose jamais rien.

Annexe 2 Les attitudes à adopter

- Rester calme et serein.
- Rester bienveillant.
- Écouter.
- Recentrer la discussion sur les faits.
- Mettre le collègue difficile face à ses contradictions.
- Ne pas se laisser intimider.
- Exprimer ses sentiments.
- Avoir un échange franc.

Annexe 3 Les phrases à utiliser

- « Que veux-tu dire exactement ? »
- « Donne-moi des précisions… »
- « Mon sentiment est que je n'arrive pas à installer une relation de confiance entre nous. »
- « J'ai besoin que tu me reprécises ton point de vue, qui semble contraire au mien… »
- « Concrètement, que proposes-tu ? »
- « Pour quelles raisons dis-tu ça ? »
- « Comment justifies-tu ton attitude ? »
- « Sais-tu quel est l'impact de ton comportement sur tes collègues ? »

5 Prévenir le stress générateur de conflits potentiels

La DRH a proposé, à titre expérimental, une réunion pour libérer la parole des salariés. Un groupe de parole a réuni une dizaine de collaborateurs durant une heure, sans que ceux-ci soient particulièrement repérés comme étant dans une situation professionnelle à risque.

Fiches ressources 1 2

1. **Analysez, pour chacun des témoignages, les facteurs déclencheurs, les conséquences et réactions individuelles.**
2. **Quel intérêt ce type d'échanges présente-t-il ?**
3. **Dégagez de ces témoignages une liste de conseils susceptibles de prévenir le stress.**

Annexe • Quelques témoignages des salariés

Hubert, 52 ans, responsable du secteur « Recouvrement amiable »

« Difficultés à respirer, mal au cœur… Pendant les premières années, je me suis rendu malade au boulot ! Je travaillais beaucoup, mais j'avais tout le temps l'impression d'être submergé, de devoir tout faire en même temps, et donc de ne rien faire bien. Ce malaise a disparu depuis que j'affiche, sur le mur de mon bureau, de grands plannings détaillant les priorités, les différentes tâches à accomplir, leur temps de réalisation… Désormais, ma charge de travail me motive et ne m'écrase plus. »

Caroline, 28 ans, agent de recouvrement

« Je suis d'un naturel assez anxieux. J'ai toujours peur d'être examinée ou jugée par les autres, surtout dans les réunions où je prends rarement la parole. J'appréhende les débriefings du lundi matin où il faut rendre compte de l'avancement de nos dossiers. Quand je suis sous le feu des projecteurs, je suis proche de la peur panique d'être jugée négativement par mon superviseur. »

Kader, 35 ans, agent de recouvrement

« Lorsque j'ai une surcharge de travail, dans la journée, je fais des pauses régulières. Autant que possible, 10 minutes de micro-sieste par jour. Plutôt que de travailler dans l'avion ou le train, je dors ou je lis pour arriver serein à mon rendez-vous, après un petit café dans le bar du coin. »

Romane, 33 ans, agent de recouvrement

« J'étais incapable de hiérarchiser les tâches à accomplir. Résultat : je me sentais perpétuellement débordée. Aujourd'hui, je ne me laisse plus avoir. Quand une urgence se présente, je négocie si nécessaire pour décaler l'échéance d'un autre dossier ou obtenir l'aide d'un collègue. Mais attention, après un gros coup de collier, je m'offre un spa ou une séance de massage pour décompresser ! »

Julie, 48 ans, conseillère juridique

« Au quotidien, le stress le plus pesant est souvent celui des autres. Il entretient des tensions et des conflits. Aussi, en apprivoisant mon propre stress, j'apprends aussi à gérer celui des autres, celui de mon chef et celui des collègues, ceux qui ne travaillent bien que dans l'urgence. »

6 Analyser l'impact des comportements dans une situation de recadrage d'un salarié

Le chef du service contentieux a convoqué Justin, agent de recouvrement, afin de lui demander de revoir un dossier qui lui semble bâclé. En effet, un client, M. Jussieu, a confié à Isyaxa le recouvrement d'une dette de 16 200 €. Mais du fait de la mauvaise foi avérée du débiteur, un recouvrement amiable ne semble plus possible. C'est un cas délicat à gérer, la conciliation a échoué.

Fiches ressources 2 3

1. **Analysez le comportement de Justin durant l'entretien.**
2. **Quels sont ses traits de caractère qui se dévoilent ?**
3. **Sont-ils bien pris en compte par son chef de service, qui prétend bien le connaître ?**
4. **Quel effet cela a-t-il au final ?**
5. **Était-il possible de trouver une sortie honorable pour les deux protagonistes ? Comment ?**

Annexe 1 Le portrait des protagonistes

Le chef de service contentieux, M. Chipoy	Justin
Généralement calme et à l'écoute, il sait faire preuve de fermeté si nécessaire pour rappeler les délais, les règles à respecter. Conscient des difficultés liées au recouvrement, il sait qu'il faut maintenir le moral des équipes à tout prix.	Il ne demande jamais d'aide à un collègue, de peur de paraître incompétent. Il sait se faire entendre et préfère jouer cartes sur table, souvent de façon impulsive. Il refuse les tâches qui ne relèvent pas de ses attributions.

Annexe 2 L'entretien de recadrage

Le chef du service contentieux vient de prendre connaissance du dossier du client Jussieu traité par Justin, qui attend sa validation. Son travail est insuffisant. Il l'a convoqué pour le lui dire.

M. Chipoy : Je souhaiterais que tu reprennes le dossier du client Jussieu. C'est un client important, nous ne pouvons pas le négliger. Il veut faire le point sur l'avancement de son dossier lundi, l'enjeu est essentiel pour lui. Il faut faire vite.

Justin devient soudainement très tendu. Il s'énerve.

Justin : Impossible pour lundi !

M. Chipoy : Le traitement est incomplet, il manque des pièces, je n'ai rien de solide à dire à M. Jussieu lundi, je ne peux pas valider ton travail. Maintenant, notre rôle est de l'accompagner et de le conseiller dans les démarches à suivre pour entamer une procédure judiciaire.

Justin : De toute façon, c'est rarement bien, tu traques toujours le détail qui manque ! Alors que la plupart des collègues sont moins consciencieux. Depuis un bon moment déjà, je sens que tu m'en veux et tu ne m'écoutes pas. La dernière fois, je t'ai parlé du problème du client Bridoux, tu m'as interrompu en me disant que j'avais assez d'expérience pour le régler tout seul. J'en ai assez !!

M. Chipoy, *surpris par sa réaction, sur un ton apaisant* **:** Écoute, on se connaît bien. On est entrés dans la société la même année. Ce n'est pas grave ! Inutile de se disputer… Reprenons le travail. Je te dis exactement comment tu vas boucler ce dossier : il faut lui proposer les services de notre réseau de partenaires, huissiers et juristes, et la coordination des différents interlocuteurs.

Justin : Non, il n'en est pas question ! *Il se lève et sort du bureau en claquant la porte. On l'entend dans le couloir, exaspéré :* S'il n'est pas content, il n'a qu'à le faire lui-même.

7 Résoudre un conflit entre deux salariés

Vous avez connaissance de quelques conflits, connus des chefs de service et de la direction. Celle-ci vous demande d'agir pour les résoudre car ils perturbent le fonctionnement des services.

Fiches ressources 1 3

1. **Analysez chacun de ces conflits (acteurs, enjeux, statuts, source et type de conflit).**
2. **Proposez des modalités de résolution.**

Annexe • Quelques situations à risque

Carole, secrétaire dans le service « Recouvrement amiable », est timide et discrète mais très efficace dans son travail. Justin, agent de recouvrement, extraverti et très dynamique, diminue Carole, qu'il traite de « mollassonne ». Carole, blessée par les remarques de plus en plus insistantes de son collègue, considère que Justin la harcèle mais ne répond pas et s'efforce de rester calme. Le chef du service sent que Carole ne va pas tarder à craquer.

Marc et Dan, agents de recouvrement, ne s'entendent absolument pas. On les a changés de bureau, mais en vain. La situation s'est encore aggravée. Ils ne se parlent plus, dissimulent des informations. D'après certains collègues, ils seraient en compétition pour un poste qui va être vacant dans une agence de province.

Récemment, dans un souci d'équité et d'efficacité, une nouvelle répartition des tâches a été décidée au sein de la DRH. Marie s'occupait jusqu'à présent des demandes de formation. Cette tâche a été attribuée à Laure, une jeune diplômée en ressources humaines arrivée depuis peu dans l'entreprise. Marie se sent rabaissée et vit cette décision comme une sanction. Un conflit ouvert a éclaté entre les deux collègues.

8 Proposer un mode de dépassement des conflits

EXPERTISE

Du fait de sa croissance rapide, la direction de la société Isyaxa envisage de déménager car les locaux actuels sont trop petits. Des rumeurs se propagent : le DG aurait signé, dans la plus grande discrétion, un contrat de location d'un immeuble à Rezé (Sud Loire). Le personnel n'est pas informé du projet, mais au siège, les fuites ne tardent pas.
Les chefs de service ont des avis partagés : l'un d'eux est fermement opposé au projet, deux sont hésitants et prêts à adhérer à la décision. Parmi les salariés, certains ne sont pas d'accord et regrettent de ne pas avoir été informés plus tôt. D'autres, au contraire, pensent que Rezé n'est pas si loin et que ce déménagement leur permettrait de travailler dans des locaux plus spacieux. Mais des problèmes de circulation se poseront pour le personnel résidant sur Nantes.
Le projet, en suspens, doit toutefois être tranché car la question divise le personnel.

Fiche ressource 3

1. **Ce conflit aurait-il pu être évité ? Si oui, comment ?**
2. **Quel mode(s) de dépassement la direction peut-elle adopter ? Quel est celui à retenir ? Justifiez votre réponse.**

9 Résoudre un conflit avec un client

EXPERTISE

M. Jussieu se présente dans votre bureau ce lundi matin à la première heure. Il demande où en est l'avancement de son dossier. Cela fait trois mois qu'il a fait appel à Isyaxa. Il attend toujours le règlement de sa facture s'élevant à 16 200 € et vous rappelle ironiquement les engagements de la société Isyaxa.

Fiche ressource 3

1. **Quels sont les points forts de votre réponse ?**
2. **Quels en sont les points faibles ?**
3. **Proposez d'autres arguments de nature à sortir du conflit.**

Annexe 1 Les engagements de la société envers ses clients

L'offre de recouvrement de créances de la société Isyaxa garantit aux clients :
- l'engagement total des équipes de recouvrement pour obtenir le paiement des créances impayées ;
- la mise en œuvre rapide de tous les moyens pour arriver à l'encaissement des factures ;
- un taux de recouvrement supérieur à 80 % ;
- que toutes les créances confiées ont fait l'objet d'un travail d'étude complet.

Annexe 2 Votre réponse

« Je vous comprends, M. Jussieu. Votre trésorerie peut être mise en difficulté. Justin, un de nos meilleurs agents, s'est occupé à plein temps de votre dossier. Mais la situation est complexe. La phase de recouvrement amiable a échoué. Nous allons utiliser une procédure judiciaire simplifiée, l'injonction de payer. Les formalités réduites pourraient permettre d'obtenir rapidement le paiement de votre facture de 16 200 €. »

10 Résoudre un conflit avec un fournisseur

EXPERTISE

Devis du 15 mai N
Bon pour accord en date du 18 mai N
Date de la prestation : 30 mai N

Entrées au choix
Pamplemousse Fruits de mer
Dôme de Magret de canard et Foie gras
Cornet Pomme Grany, Céleri, Saumon fumé
Ballottine Sandre et Saumon
Terrine de Lièvre aux Pruneaux

Salades au choix
Caponnatta de Langouste
Salade d'Endives, Pommes, Noix, Comté, Crabe

Plats chauds au choix
Chiffonnade de Bœuf et ses Petits Légumes
Saumon frais

Fromage fermier – Pain aux noix
Pâtisseries : Brochette Macarons et Gâteaux ou Crémeux, Chocolat blanc, Cookie

Un traiteur a été retenu pour prendre en charge le buffet organisé pour fêter l'arrivée d'un nouveau directeur général à la tête du siège social. Des clients et partenaires importants seront invités.
Un acompte de 50 % a été versé à la commande. Le solde sera à régler 15 jours avant la prestation. Le prix est de 17,53 € HT (18,50 € TTC) par personne, boissons non comprises.
Deux semaines avant le buffet, vous souhaitez modifier la commande et réduire le nombre de convives initialement prévu (de 108 à 88).

- **Quels arguments pouvez-vous développer devant le refus catégorique du traiteur et éviter l'escalade dans le conflit qui vous oppose ?**

1 Identifier les sources de tensions

Repérer les causes des tensions est indispensable pour prévenir la dégradation des situations.

Sources de tensions liées à l'organisation	Sources de tensions liées au comportement des individus
La communication interne L'absence de communication ou une mauvaise communication sont les causes les plus fréquentes de tensions. La rétention d'informations, les informations mal interprétées sont sources d'incompréhension entre les individus.	**La personnalité et l'attitude des individus** La personnalité de certains collaborateurs peut être à l'origine des conflits les plus difficiles. C'est le cas des individus qui se révèlent trop autoritaires, colériques, extrêmement critiques, négatifs, provocateurs, têtus, très sûrs d'eux, manipulateurs, très compétitifs. Les conflits de personnalité sont les plus difficiles à résoudre car ils touchent aux traits de personnalité profondément ancrés chez les individus.
L'organisation du travail De nombreux désaccords naissent : – de l'absence de consignes ou de procédures. Dans cette situation, les interprétations varient d'un individu à l'autre. Chacun exécute les tâches à sa façon et s'expose aux critiques des autres ; – de sollicitations contradictoires ; – du manque de ressources : face à des ressources limitées (espace, moyens financiers, humains), des choix doivent être faits pour les partager. Ceci fait naître de la compétition entre les individus. Chaque personne détient son idée sur le meilleur partage, différente de l'autre ; celui qui a l'impression de ne pas recevoir sa juste part éprouvera de la frustration, voire de l'agressivité ; – de la surcharge de travail, qui crée du surmenage (*burn out*), du stress ou des tensions entre individus ; – de la mauvaise répartition des tâches, donnant l'impression que certains en font plus que d'autres sans obtenir pour autant plus de reconnaissance.	**Les intérêts personnels** Les conflits d'intérêts naissent quand un individu détient un avantage, un pouvoir, menacé par d'autre(s). La différence de traitement au sein de l'organisation entre les personnes attise ce type de conflit. *Exemples :* rémunération, primes, place de parking, attribution des bureaux. **La préservation du « territoire »** La rivalité peut opposer des personnes de même niveau hiérarchique fortement attachées à leur territoire et qui ne peuvent pas supporter que l'autre empiète sur son champ de compétences, intervienne ou contrôle ses activités.

FICHE RESSOURCE

2 Initier une démarche de gestion des conflits

Les désaccords, les différences entre les personnes font naître des tensions qui peuvent dégénérer en conflits. Les conflits apparaissent un jour ou l'autre dans toutes les organisations. On peut les considérer comme inévitables et naturels à toutes relations interpersonnelles.

I De la tension au conflit

L'escalade dans le conflit se produit quand un malaise diffus ou un simple malentendu n'est pas traité. Le désaccord devient alors visible et éclate. D'un conflit larvé, on passe à un conflit ouvert. Les protagonistes expriment leur mécontentement de façon plus ou moins virulente : agressions verbales ou physiques. Les traces durables peuvent s'installer : rancœur, opposition permanente, rupture de la communication entre les individus. L'escalade se développe si personne ne parvient, grâce à une communication efficace, à désamorcer et obtenir le dépassement du conflit.

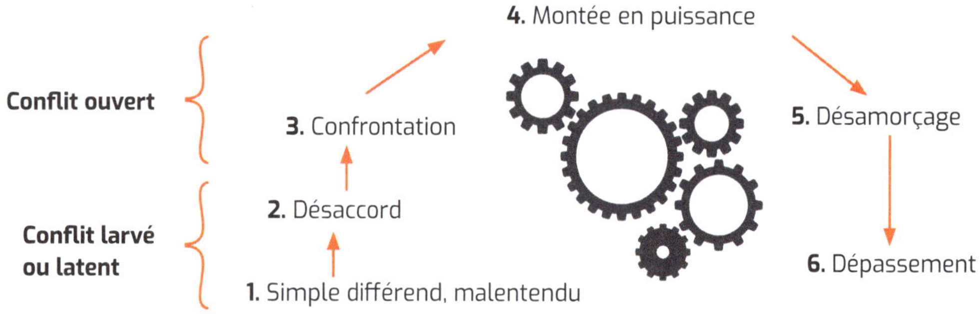

II Les effets des conflits sur l'organisation

1. Les effets destructeurs

L'apparition de conflits dans une organisation est traditionnellement considérée comme mauvaise. Associés à la colère, à l'agressivité, à la violence verbale, les conflits sont à éviter car ils laissent des traces chez les individus et génèrent un mauvais climat social dans l'organisation.

2. Les effets bénéfiques

Les conflits peuvent avoir un effet stimulant sur les individus et l'organisation, mobiliser les énergies. Les idées innovantes surgissent à l'occasion de la confrontation de points de vue différents et conflictuels. Les conflits sont dérangeants, voire dangereux. Cependant, s'ils sont bien traités, ils peuvent avoir des conséquences bénéfiques car ils permettent aux personnes de s'ajuster et de changer. C'est donc notre façon de les appréhender, de les traiter et de les résoudre qu'il faut faire évoluer.

Exemple : un individu extrêmement compétitif qui veut toujours gagner provoque des conflits mais peut aussi se révéler créatif, innovant.

III Les étapes d'une démarche de gestion des conflits

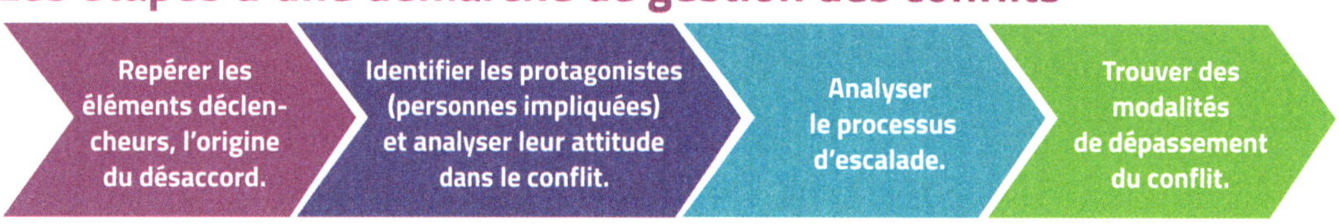

3 Dépasser la situation de conflit

Quand un conflit survient sur le lieu de travail, il est souhaitable d'approcher la situation dans une posture positive et mature pour maximiser les chances de trouver une issue.

I L'approche du conflit

1. Reconnaître l'existence du conflit le plus rapidement possible

Penser que tout va bien et ne pas vouloir considérer l'existence d'un conflit n'aidera pas à le résoudre. Il faut commencer par admettre qu'il y a un problème qui doit être résolu, reconnaître le rôle joué par les acteurs dans la naissance et le développement du conflit, considérer objectivement sa propre responsabilité. Les positions respectives des acteurs doivent être prises en compte. Il est souhaitable d'agir rapidement pour limiter les risques d'aggravation.

2. Se focaliser sur le problème et non sur la personne

Face à un conflit ayant une cause organisationnelle, il faut éviter de personnaliser le problème mais se centrer sur les moyens de le résoudre.

3. Retenir les conditions matérielles favorables à la résolution

Un échange en face-à-face est préférable aux courriels ou au téléphone : choisir un lieu adapté pour ne pas être dérangé. Éviter les discussions devant des témoins non concernés.

II La clarification de la situation

1. Demander clairement les raisons du mécontentement

Au moyen d'entretiens individuels en face-à-face, le collaborateur doit écouter le point de vue de chaque interlocuteur et lui demander de résumer la façon dont il voit les choses.
Il y a probablement des raisons perçues comme objectives par l'interlocuteur. S'informer n'est pas accuser. Il convient de rester neutre et de se montrer curieux (par exemple, « Je me demande pourquoi vous avez haussé les épaules hier en réunion »). Il faut écouter le point de vue de l'interlocuteur sans l'interrompre : laisser s'exprimer toutes les pensées, les sentiments et le vécu de l'interlocuteur, surtout s'il est sur la défensive. Recueillir des informations permet de mieux comprendre son interlocuteur. Vérifier qu'il a fini de parler est indispensable : « Voulez-vous ajouter ou dire autre chose ? »
À ce stade, le but n'est pas d'émettre un jugement ou de convaincre son interlocuteur qu'il a tort ou raison, mais de déceler le plus objectivement possible, dans le point de vue exprimé, ce qu'il comporte d'intéressant, d'acceptable.

2. Trouver des points d'accord

Trouver un terrain d'entente signifie que les parties reconnaissent qu'un problème existe et qu'il doit être résolu, conviennent qu'il faut le dépasser pour aller de l'avant.

3. S'excuser

Reconnaître sa part de responsabilités dans le conflit est nécessaire. Il faut exprimer des regrets : « Je suis désolé d'avoir tenu ces propos blessants. J'étais contrarié mais ce n'était pas normal de te traiter ainsi »...

▶▶▶

▶▶▶

4. Retenir ses impulsions

Si l'interlocuteur est offensant ou blessant, éviter de répondre par des propos qui occasionneraient des regrets par la suite. Prendre le temps de réfléchir et peser ses réponses. Il convient de rester calme et maître de soi-même, de prendre du recul pour mettre l'autre à distance, éviter de se laisser dominer par ses propres émotions. Un langage verbal et un langage non verbal adaptés apaiseront la situation.

5. Éviter les accusations et les reproches

Pour exprimer que l'on se sent lésé ou blessé, il convient de s'affirmer : « Je me suis senti vraiment blessé en réunion que vous ayez obtenu la plus grosse part du budget »...

III Trouver des solutions ou des modes de dépassement

1. Le recours à un médiateur

Avec l'accord des individus impliqués dans le conflit, l'intervention d'une personne extérieure et neutre peut être sollicitée. Ce médiateur a pour rôle de faciliter la concertation pour aboutir à une solution commune. Il est garant des conditions favorables à l'installation d'un dialogue. Cette conciliation a pour objectif de trouver un accord à l'amiable.
Impliqué dans la cohésion de son équipe, le collaborateur peut être amené à jouer ce rôle de médiateur.

2. Le recours à un arbitre

Quand les protagonistes ne font aucun compromis pour trouver une issue à leur différend, c'est le supérieur hiérarchique qui arbitre. Le jugement qu'il rend peut générer des rancœurs, mais permet aux protagonistes de sauver la face, et donc d'échapper à l'humiliation.

3. La négociation

La négociation consiste à rechercher par la discussion une solution acceptable pour tous. Elle ne peut se faire que si les intéressés sont prêts à établir un compromis en faisant des concessions mutuelles.

Analyser des situations de communication conflictuelles

Vous effectuez votre stage de six semaines dans la PME Bois Vosges (88), une menuiserie qui fabrique et commercialise des portes, fenêtres et escaliers en bois traditionnels pour les entreprises du bâtiment.
Vous êtes impliqué(e) dans deux situations de communication difficiles : l'une avec un client, l'autre avec un fournisseur.

Consigne

- **Utilisez la grille page suivante pour procéder à l'analyse complète de chacune des situations.**

Une situation de communication conflictuelle vécue avec un client : l'informer d'un important retard de livraison

Le 31 mars, le client SAS Constructions de Remiremont vous a passé une importante commande de 162 portes, dont 18 unités référence P39458 : bloc-porte en bois exotique plaqué Classique (prix : 178 € HT).
Vous constatez une rupture de stock de bois exotique. La fabrication prendra au moins un mois.
Vous téléphonez au client pour l'informer de ce retard de livraison ; le reste de sa commande est livrable sous 5 jours ouvrables.
Le client réagit extrêmement mal. Il se révèle grossier et ne vous laisse pas le temps de parler. Il veut annuler la totalité de la commande. Il raccroche brutalement. Vous le rappelez pour lui proposer une solution.

Une situation de communication conflictuelle vécue avec un fournisseur : lui annoncer son déréférencement

DivaDéco est l'un de vos principaux fournisseurs de poignées de porte, gonds et huisseries, avec lequel vous entreteniez de bonnes relations commerciales depuis une dizaine d'années. Or, depuis quelque temps, la qualité des produits livrés s'est détériorée. Quelques nouveaux modèles du catalogue ne sont pas fiables et posent des problèmes. Le rapport qualité/prix de ce fournisseur n'est plus compétitif et vous avez eu l'occasion de lui en faire la remarque. Par ailleurs, il a certainement constaté que le volume de vos commandes baissait. Vous songez sérieusement à déréférencer ce fournisseur.
L'agent commercial de DivaDéco, qui vous rend visite environ quatre fois par an, se présente sans avoir pris rendez-vous, en terrain conquis, fier des nouveautés du catalogue. Préoccupé(e) par d'autres problèmes à traiter en urgence, vous êtes agacé(e) de le voir. La discussion prend assez vite une mauvaise tournure…

Grille d'analyse d'un conflit

Les éléments du contexte	
Activité de l'entreprise / Effectif Type d'organisation	
Conditions matérielles	

Les acteurs / protagonistes			
Nom	Statut	Rôle	Enjeux personnels

L'attitude des acteurs dans le conflit (cocher la case qui convient)					
Acteurs	Style coopératif		Style non coopératif		Compromis
	Collaboration	Acceptation	Évitement	Contestation	

Le conflit	
Résumé des faits	
Source(s) ou origine	
Type de conflit	

Le mode de dépassement		
Mode	Choix	Justification
Médiation		
Négociation		
Arbitrage		

Crédits photographiques

p. 7 : sylv1rob1/stock.adobe.com ; p. 8 : contrastwerkstatt/stock.adobe.com ; p. 9 ht : Radoslaw Korga/ stock.adobe.com ; bas : Jeannette Dietl/stock.adobe.com ; p. 11 ht g. : Syda Productions/stock.adobe. com ; ht d. : Chlorophylle/stock.adobe.com ; bas : /stock.adobe.com ; p. 12 : minicel73/stock. adobe. com ; p. 14 g. : Rido/stock.adobe.com ; milieu : sepy/stock.adobe.com ; dr. : Photographee.eu/ stock. adobe.com ; p. 15 : mast3r/stock.adobe.com ; p. 19 ht g. : STUDIO GRAND OUEST/stock.adobe. com ; ht milieu : francescopaoli/stock.adobe.com ; ht dr. : JPCPROD/stock.adobe.com ; bas g. : STUDIO GRAND OUEST/stock.adobe.com ; bas milieu : zest_marina/stock.adobe.com ; bas dr. : Bacho Foto/stock.adobe.com ; p. 20 ht : Veselka/stock.adobe.com ; bas : Evelyn Audureau ; p. 21 : Nathan/ IPLF ; p. 23 : ISO K°photography/stock.adobe.com ; p. 24 ht : janoon028/stock.adobe.com ; bas : contrastwerkstatt/ stock.adobe.com ; p. 25 ht : contrastwerkstatt/stock.adobe.com ; p. 26 : Kzenon/stock. adobe.com ; p. 27 : ISO K°photography/stock.adobe.com ; p. 28 : dalaprod/ stock.adobe.com ; p. 29 : contrastwerkstatt/stock.adobe.com ; p. 31 : Syda Productions/stock.adobe.com ; p. 32 : rdnzl/stock. adobe.com ; p. 37 : Gerhard Seybert/stock.adobe.com ; p. 39 : Boris Stroujko/stock.adobe.com ; p. 40 : goodluz/ stock.adobe.com ; p. 41 : EdNurg/stock.adobe.com ; p. 42 : Minerva Studio/stock.adobe.com ; p. 43 : ismotionprem/stock.adobe.com ; p. 44 : alexey_boldin/stock.adobe.com ; p. 45 : syntheticmessiah/ stock.adobe.com ; p. 46 : Néocom Multimédia ; p. 47 : auremar/stock.adobe.com ; p. 48 : Karine&Uwe Annas/stock.adobe.com ; p. 53 : martinlisner/stock.adobe.com ; p. 55 : jeanphilippe delisle/stock. adobe.com ; p. 56 : Photographee.eu/stock.adobe.com ; p. 58 : Minerva Studio/stock.adobe.com ; p. 59 : Joe Gough/stock.adobe.com ; p. 60 ht : Jackin/stock.adobe.com ; bas : goodluz/stock.adobe. com ; p. 61 : Rido/stock.adobe.com ; p. 62 : AntonioDiaz/stock.adobe.com ; p. 69 : expressiovisual/ stock.adobe. com ; p. 71 : patrick Le Masurier/stock.adobe.com ; p. 72 ht : Colinda McKie/stock.adobe. com ; milieu et bas : grafico2011/stock.adobe.com ; p. 73 : kasto/stock.adobe.com ; p. 75 : emmanuel/ stock.adobe.com ; p. 78 : ht : Brad Pict/stock.adobe.com ; bas g. : Edenred ; bas dr. : Sodexo ; p. 80 : pathdoc/stock. adobe.com ; p. 87 : Joot/stock.adobe.com ; p. 89 ht : Jérôme Rommé/stock.adobe. com ; milieu : AlcelVision/stock.adobe.com ; bas : belyjmishka/stock.adobe.com ; nyul/stock.adobe. com ; p. 92 : Martina Berg/stock.adobe.com ; p. 94 : tiero/stock.adobe.com ; p. 101 : jean song/stock. adobe.com ; p. 105 : chachanit/stock.adobe.com ; p. 106 : ht et milieu : Pexels ; bas : Guy Erwood/ stock.adobe.com ; p. 108 : Minerva Studio/stock.adobe.com ; p. 109 ht : Neyro/stock.adobe.com ; bas : Eléonore H/stock.adobe.com ; p. 110 ht : Kzenon/stock.adobe.com ; bas : liderina/stock. adobe.com ; p. 112 : pixabay ; p. 117 ht : anna_shepulova/stock.adobe.com ; bas : Photographee.eu/stock.adobe. com ; p. 125 : Oculo/stock.adobe.com ; p. 127 ht : Kadmy/stock.adobe.com ; bas : martialred/ stock. adobe.com ; p. 128 : photowahn/stock.adobe.com ; p. 129 : baranq/stock.adobe.com ; p. 130 : Mikael Damkier/stock.adobe.com ; p. 131 : contrastwerkstatt/stock.adobe.com ; p. 132 : WavebreakMediaMicro/stock.adobe.com ; p. 133 : ellisia/stock.adobe.com ; p. 134 : Nathan Technique/ IPLF ; p. 141 : seiler/ stock.adobe.com ; p. 142 ht : elnariz/stock.adobe.com ; milieu : Firma V/stock.adobe. com ; bas : elnariz/stock.adobe.com ; p. 145 ht : Arcady/stock.adobe.com ; bas : BlueSkyImages/stock. adobe.com ; p. 146 : malkovkosta/stock.adobe.com ; p. 147 ht : mrcats/stock.adobe.com ; milieu : Firma V/stock. adobe.com ; bas : elnariz/stock.adobe.com ; p. 148 : matej kastelic/stock.adobe.com ; p. 149 : TRMK/ Shuttestock ; p. 150 ht : WavebreakmediaMicro/stock.adobe.com ; bas : Korta/stock.adobe.com ; 152 : Yakov/stock.adobe.com ; p. 159 : de ht en bas : Hallgerd/stock.adobe.com ; kurhan/stock.adobe.com ; Kim Schneider/stock.adobe.com ; p. 161 : tdoes/stock.adobe.com ; p. 162 : de haut en bas : Rawpixel.com/stock.adobe.com ; Carlos Santa Maria/stock.adobe.com ; Rawpixel.com/stock.adobe.com ; p. 163 : Rawpixel.com sauf 3e : stock.adobe.com ; p. 165 : Carlos Santa Maria/stock.adobe.com ; p. 166 : Daxiao Productions/stock.adobe.com ; p. 167 ht : Rawpixel.com/ stock.adobe.com ; bas : Carlos Santa Maria/stock.adobe.com ; p. 175 : makspogonii/stock.adobe.com ; p. 177 : Olivier Le Moal/stock.adobe. com ; p. 178 : Andrey Popov/stock.adobe.com ; p. 179 : podushko/ stock.adobe.com ; p. 180 de ht en bas : vectorfusionart/stock.adobe.com ; Antonioguillem/stock.adobe.com ; Mangostar/stock.adobe. com ; Antonioguillem/stock.adobe.com ; p. 181 de de g. à dr. et de ht en bas : 1 et 2 : Andrey Popov/ stock.adobe.com ; 3 : asem arab/stock.adobe.com ; 4 : Andrey Popov/ stock.adobe.com ; 5 : digitalskillet1/stock.adobe.com ; p. 182 : fizkes/stock.adobe.com ; p. 183 : xixinxing/ stock.adobe.com ; p. 184 : Igarts/stock.adobe.com ; p. 189 : Photographee.eu/stock.adobe.com.

Pictogramme p. 37, 53, 130, 148, 149, 152, 159, 175 : Daniel Berkmann/stock.adobe.com

Infographie : p. 40 : Alexandre Leguedey

Édition : Florence Terrasse, Laëtitia Hugon
Conception couverture : Vincent Rioult
Conception maquette : Élodie Breda
Mise en pages : Domino

IMPRIM'VERT
Votre imprimeur agit pour l'environnement

MIXTE
Papier issu de
sources responsables
FSC
www.fsc.org
FSC® C022030

N° projet : 10268916 - Dépôt légal : Avril 2021
Achevé d'imprimer en Italie par L.E.G.O. S.p. A., Lavis (TN)